特别感谢中国高等教育学会2020年重点委托课题"高校治理体系中信息化能力研究"（2020ZDWT18）和国家智能社会治理实验特色基地（教育）（浙江大学）对本书出版的支持。

编 委 会

主　编　陈文智

编　委　（以姓氏笔画为序）

丁　宁　王勇超　云　霞　厉晓华　叶成春
叶青松　朱雨萌　许　花　李　艳　杨玉辉
沈丽燕　张永波　张紫徽　陈　默　陈友进
邵　加　赵文婷　胡小杰　施建国　徐　斌
童兆平　谢兰英　翟雪松

高校治理体系中
信息化能力发展研究

陈文智◎主编

RESEARCH ON THE DEVELOPMENT OF
INFORMATIONIZATION CAPABILITY
IN HIGHER EDUCATION GOVERNANCE SYSTEM

ZHEJIANG UNIVERSITY PRESS
浙江大学出版社
·杭州·

图书在版编目（CIP）数据

高校治理体系中信息化能力发展研究 / 陈文智主编
. —杭州：浙江大学出版社，2023.4
ISBN 978-7-308-23538-9

Ⅰ. ①高… Ⅱ. ①陈… Ⅲ. ①高等教育—教育管理—
信息化—研究—中国 Ⅳ. ①G640-39

中国国家版本馆CIP数据核字（2023）第033608号

高校治理体系中信息化能力发展研究

陈文智　主编

策划编辑	吴伟伟
责任编辑	陈思佳（chensijia_ruc@163.com）
责任校对	宁　檬
封面设计	雷建军
出版发行	浙江大学出版社
	（杭州市天目山路148号　邮政编码310007）
	（网址：http://www.zjupress.com）
排　　版	浙江时代出版服务有限公司
印　　刷	杭州宏雅印刷有限公司
开　　本	787mm×1092mm　1/16
印　　张	18.25
字　　数	305千
版 印 次	2023年4月第1版　2023年4月第1次印刷
书　　号	ISBN 978-7-308-23538-9
定　　价	88.00元

序一

当前，新一轮科技革命和产业变革蓬勃发展，我国经济、科技、教育、文化等各领域的科技创新广度、深度显著加大，速度显著加快，尤其是信息技术与教育教学深度融合，新技术运用成果不断涌现，为高等教育高质量发展提供了新的机遇和新的动能，有力推动着教育理念更新、教育模式变革、教育体系重构和教育治理能力提升。

党的十八大以来，以习近平同志为核心的党中央敏锐把握信息时代的"时"与"势"，始终坚持把增进人民福祉作为信息化发展的出发点和落脚点，对我国信息化发展特别是教育信息化作出了全面战略部署。随着新一轮科技革命和产业变革的加速演进，大数据、人工智能、云计算等新技术加速创新，并日益融入经济社会发展各领域、全过程。就教育领域而言，新的信息技术赋能高校治理能力现代化已成为必然发展趋势。高等教育现代化迫切需要统筹运用数字化技术、数字化思维、数字化认知，对高校治理的体制机制、组织架构、方式流程、手段工具等进行系统性重塑，形成结构合理、权责清晰、协调发展、有效制衡的管理和服务体系。然而，目前国内外对于高校治理体系中的信息化能力发展的系统性研究比较欠缺，亟待加强。

在此背景下，中国高等教育学会委托浙江大学启动"高校治理体系中信息化能力研究"课题，以陈文智教授为组长的课题组研究团队经过两年时间的辛苦钻研，取得了重大突破，研究形成了高校治理体系中信息化能力发展指标体系（重点高校版）、高校治理体系中信息化能力发展评估软件、《重点高校治理体系中信息化能力发展 50 强（2021）》、《中国高校治理体系中信息化能力发展报告（2021）》、《浙江省高校教育信息化发展报告（2021）》等多个成果，这些成果对丰富完善高等教育信息化理论具有重要的学术价值，对高校创新拓展教育治理现代化的内涵与路径具有重要的实践指导意义。

在此基础上，"高校治理体系中信息化能力研究"课题组对研究成果进一步整理、提炼，同时充分吸收国内各高校优秀信息化治理案例，出版《高校治理体系中信息化能力发展研究》专著，全面阐述高校信息化治理能力发展的概念、历史沿革、研究现状，指标体系，并通过汇聚部分省份和高校教育信息化大数据，挖掘各维度数据，以小窥大，分析研判了高校教育信息化发展的影响因子和基本要素。更难能可贵的是，该专著从高校教育信息化"体检指标"出发，针对不同高校教育信息化治理成效，通过大数据或实践案例，形成了一系列"体检报告"，并详述了"诊断说明"，最后"对症下药"提出了建设性的"医嘱"。这些"医嘱"既有实践分析，又有理论探讨；既有定量研究，也有定性研判；既有政策意见，也有对策建议；可以帮助高校在国内不同地区、不同类型高校教育信息化的"体检报告"中找到自己的"画像"，获得自身教育信息化发展的对策建议。

衷心期望该专著能引起更多专家学者的高度关注，有力助推高校治理体系数字化、智能化发展，把高校教育信息化、数字化、智能化的目标愿景变成美好现实。

中国高等教育学会副会长、教育部高等教育司原司长

2023 年 3 月 18 日

序二

随着全球加速迈入数字化发展快车道，以数字化、网络化、智能化为特征的网络通信技术加速融入和改变人们的生产生活方式。信息化，为中华民族伟大复兴事业带来了千载难逢的历史机遇。

习近平总书记一直高度关注信息化工作，多次就推进我国信息化、数字化建设以及国家治理体系和治理能力现代化建设发表了系列重要论述，强调没有信息化就没有现代化。党的十八大以来，中央先后发布了一系列关于数字化发展的文件，进一步落实国家治理体系和治理能力现代化建设。引领改革风气之先的浙江，在全国率先部署了数字化改革，数字政府建设取得了有目共睹的成果。浙江大学作为"双一流"建设高校之一和教育信息化的先行者，在"十三五"期间创建了数智驱动的以学生成长为中心的全链路一体化教学支撑体系，成为高校教育数字化转型的典型，引发了众多高校关注。如今，数字治理和教育信息化受到了越来越多高校重视，以立德树人为本的高校信息化治理能力是高校未来发展的重要动力，已成为公认的事实。

顺应时代发展潮流，中国高等教育学会于2020年启动了"高校治理体系中信息化能力研究"的重点研究课题，依托浙江大学并协同浙江中医药大学、浙江工商大学、浙江旅游职业学院、正方软件股份有限公司等的专家共同组建研究团队。在中国高等教育学会姜恩来副会长兼秘书长、高晓杰部长等领导的关心指导下，陈文智教授带领团队边研究、边总结、边应用、边推广，高质量实现研究目标，获得了《浙江省高校教育信息化发展报告（2021）》等重要研究成果。

作为研究课题重要成果之一，《高校治理体系中信息化能力发展研究》一书，融汇了《浙江省高校教育信息化发展报告（2021）》中的重要成果。首先通过深入分析我国高校教育信息化发展现状，明确了研究重点针对高校信息化能力提升及其在学校治理体系中的作用，开展了战略性谋划和体系化推进的研究。其次基于主成分分析法、熵权法和数据包络分析等科学的研究方法，构建了以客观大数据分析为基础的全国高校信息化发展指标体系、DEA 分析模型、指标赋权体系，并提出了多元化、个性化的评估策略。

此专著对于推动我国高校信息化治理能力建设具有积极意义，迈出了新时代数字高校建设新征程中的重要一步。相信专著的出版能够推动社会各方面更加重视高校治理体系中信息化能力建设；同时，专著提供的数据和对策也能够为教育管理部门和各高校推进教育管理信息化工作提供借鉴。

在这新著出版之际，祝愿课题组再接再厉，登高望远又脚踏实地，努力获得更多的研究成果，从而为教育强国建设做出新贡献。

中国学位与研究生教育学会副会长、浙江大学党委原常务副书记

2023 年 3 月 18 日

前　言

党的十九大以来，党中央、国务院对社会治理体系和治理能力现代化提出了系列部署。党的十九届四中全会提出"推进国家治理体系和治理能力现代化"；党的十九届五中全会强调"加强数字社会、数字政府建设，提升公共服务、社会治理等数字化智能化水平"。《"十四五"国家信息化规划》提出，"运用现代信息技术为'中国之治'引入新范式、创造新工具、构建新模式，完善共建共治共享的社会治理制度，提升基于数据的国家治理效能"①。

作为社会治理的重要组成部分，教育领域如何贯彻落实党中央和国务院关于"互联网＋"、人工智能等的战略部署要求，提升教育治理体系和治理能力的现代化水平，成为摆在教育管理信息化工作者面前的重要课题。特别是随着教育部推动教育高质量发展和国家教育数字化战略行动的战略部署，以数字化为杠杆，撬动教育整体变革，带动教育数字转型和智能升级，支撑引领教育现代化已经成为共识。最近几年，各地各校因地制宜，围绕教育教学管理和服务，大力加快教育新基建建设，加快数据共享和融通，加快业务协同和流程重构，着力以治理的数字化推动治理的现代化。

从高校治理体系构建看，依托教育新基建是高校治理体系中信息化能力提升的必然路径。其主要包含四个方面的内容：一是基础设施升级。"云网端数"一体化数字基础建设将完全替代传统的多个系统独立建设方式。二是基于数据的精准决策将成为教育治理的重要特征。实现全样本、全过程、多模态的数据采集，

---

① 参见中央网络安全和信息化委员会：《"十四五"国家信息化规划》（http://www.cac.gov.cn/2021-12/27/c-1642205314518676.htm）。

实现数据的跨部门、跨系统共享，通过决策分析和监测工具将数据转化为"政策证据"等将成为教育管理信息化建设中的重要内容。三是通过管理信息化促进教育协同治理体系的形成将成为教育管理变革的重要路径。四是随着信息化、数据化、智能化程度的不断提升，网络信息安全，特别是数据安全、数据资产、数据确权等成为教育管理中的新问题。

本书以浙江大学承担的中国高等教育学会高等教育科学研究重点委托课题"高校治理体系中信息化能力研究"为蓝本，应时而生，提出了高校治理体系中信息化能力的概念和演进过程，研究分析了国内外高校治理信息化能力发展现状，并以浙江为样本构建了高校治理体系中信息化能力评价指标体系，对全国各类高校开展了信息化能力评测评估。本书还收集了一批典型案例，通过案例汇聚与提炼，描绘了高校治理体系中信息化能力发展的蓝图。本书由浙江大学教授陈文智主持撰写，第一章由浙江大学教授李艳执笔，第二章由浙江大学特聘研究员翟雪松执笔，第三章由浙江大学老师沈丽燕执笔，第四章由浙江中医药大学教授邵加执笔，第五章由浙江工商大学副教授徐斌组织编写，第六章由浙江旅游职业学院教授张永波组织编写，第七章由浙江大学教授陈文智执笔。本书对全国高校的信息化能力评测以全国教育信息化工作管理信息系统填报数据为基础，数据收集覆盖2638所院校，数据截至2022年第一季度。评测分析仅用于学术研究，如有争议之处，敬请包涵。

目　录

第一章　高校信息化治理能力发展的概念与历史沿革

第一节　高校信息化治理能力发展的概念

一、高校治理的概念

高校治理是我国社会治理现代化体系中的重要组成部分。为更好地建设高质量教育体系和实现高等教育内涵式发展，应重视高校自身治理现代化的问题。《国家中长期教育改革和发展规划纲要（2010—2020年）》明确提出，完善治理结构，建设依法办学、自主管理、民主监督、社会参与的现代学校制度，构建政府、学校、社会之间新型关系。这表明，高校治理发展的一个显著趋势是围绕如何处理好政府、高校和社会之间关系这一关键议题，形成共建、共治、共享的治理格局。[①]治理理念的核心是规范多元主体间的利益互动，协调多元主体对公共事务的共同参与，以维持公共秩序和达成共同利益。[②]高校信息化治理是指高校在信息化建设的过程中所遵循的正式或非正式安排，即利用发展自由、协同共治、权责明晰和密切合作等原则手段实现善治（good governance）的目标。[③]

教育治理是由教育管理演变而来的，教育管理注重自上而下的统筹和领导，教育治理既包含由上而下的统筹，也包括了由下而上的多元个体参与过程，甚至

---

① 骆聘三. 积极推进高校治理共同体建设 [N]. 中国社会科学报，2021-12-10(4).
② 葛信勇，王荣景. 高校内部管理机构改革及其治理现代化的路径选择——基于国内五所"双一流"建设高校机构改革实践的调查 [J]. 西南大学学报（社会科学版），2021(3): 152-161.
③ 世界银行，联合国教科文组织. 发展中国家的高等教育：危机与出路 [M]. 蒋凯，译. 北京：教育科学出版社，2001.

是以某个主体为核心向外延伸，更多突出了多元的特征。[①]2013 年，教育部在全国教育管理信息化工作电视电话会议上已经提出要建设好国家教育管理公共服务平台，全面准确地掌握全国学生、教师和学校办学条件的动态数据，提高教育服务水平，支撑教育科学决策，加强教育管理。这种管理方式虽然已经开始引入数据的支撑，但是更倾向于政府作为领导者对教育活动的管理，通过设定明确的管理者即政府，实施一系列的组织、协调、控制等行为来确保高校实现既定的目标。这种管理活动遵循一种垂直的、由上而下的模式。

2019 年，中共中央、国务院颁布了《中国教育现代化 2035》，且随着我国对教育治理体系与治理能力现代化建设的重视，各个地区要实现优化教育资源配置和提升教育质量，就必然要在教育政策、教育体制上着手，将教育管理向教育治理转换。教育治理更倾向于通过制度使不平衡或有冲突的关系得到调和，治理主体不再局限于政府，而是更加多元，包括社会、高校和其他相关利益体等。如果说传统的管理是一种控制，治理则强调引导和对高校个体能力的激活。

基于教育管理向教育治理的转换，高校需要在校内对学生和教师形成校园内的管理闭环，及时掌握师生情况，便于自我管理和监控。同时，高校也需要及时和政府、社会保持信息畅通，及时向外界传递教育信息，确保政府对高校间教育资源的控制和协调，社会可以对高校教育能力和质量进行评价和反馈。这种内外部信息的收集和传递离不开海量的数据积累，高校通过主体内信息的获取、整合以发挥内部治理的作用，再将公开数据或非公开数据向外界传递，从而达到外部治理的效果（见图 1.1）。

近年来，习近平总书记在国家治理能力问题上发表了系列重要论述，强调要以信息化推进国家治理体系和治理能力现代化，利用好信息化手段辅助科学决策。[②]在信息技术的支持下，高校的治理主体间能够高效地共享内外部信息以及实现治理目的，由此可见，信息化是高校教育治理现代化的重要抓手。

---

① 孙阳，李海霞，杜海桂. 大数据时代高校教育治理现代化研究 [J]. 科教导刊，2022(13): 4–6.
② 王运武，李炎鑫，李丹，等. "十四五"教育信息化战略规划态势分析与前瞻 [J]. 现代教育技术，2021(6): 5–13.

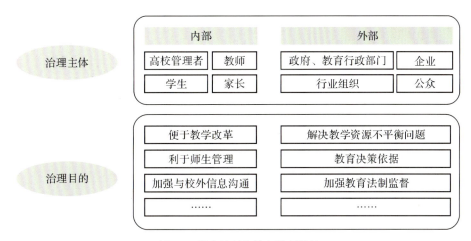

图 1.1　教育治理主体与治理目的

二、信息化能力的概念

信息化能力是指人们完成信息化工作所具备的知识、技能、态度、价值观等个人特征的综合体。[①] 在教育领域，信息化能力包含信息化教学能力、信息化教育治理能力等。高校信息化治理能力是基于学校发展规划和目标，通过促进信息化各单元的发展或单元间的协同，优化高校问题解决和决策的能力。首先，高校信息化治理能力以明确治理目标为导向[②]，目标既可能是消除高校面临的短期困境，也可能是落实中长期发展规划。基于不同目标，信息化治理能力关注的是促进教学、科研等方面目标的效能转化，信息化水平关注的则仅仅是信息化本身各单元指标的完成度，是单维的投入量的比较。其次，高校信息化治理能力突出信息化各单元的协同发展。[③] 高校不同发展阶段的任务不一，对信息化各单元的投入方式也要进行优化。这种优化不是简单调整投入量的比例，而是提升各信息化单元的协同问题解决能力，这就要求高校对各单元投入具有灵活、动态的调控力。

---

① 厉艳飞.信息化水平和信息化能力对企业组织创新影响研究 [D]. 哈尔滨：哈尔滨工业大学，2009.

② 郑勤华，熊潞颖，胡丹妮."互联网＋教育"治理转型：实践路径与未来发展 [J]. 电化教育研究，2020(5): 45–51.

③ 郑禄红，程南清.智慧校园视野下学校信息化领导力的建设及培养路径 [J]. 中国远程教育，2020(8): 55–61.

第二节　高校信息化治理能力发展的历史沿革

鉴于高校信息化治理能力随着高校信息化水平的变化而变化，高校信息化发展的不同阶段为梳理高校信息化治理能力变迁的历史沿革提供了思路。从时间跨度来看，我国高校信息化建设经历了以下四个阶段：第一阶段为应用信息系统建设阶段，第二阶段为数据交换与共享平台建设阶段，第三阶段为面向服务、数据治理阶段，第四阶段为智慧应用、战略支撑阶段。[①]参考我国高校信息化建设的四个阶段，以下对高校信息化治理能力的发展进行梳理。总体而言，以 21 世纪为分界线，高校信息化治理能力的发展主要分为两个发展阶段。

一、21 世纪以前的高校信息化治理能力发展

21 世纪之前，信息技术的发展整体还处于初级阶段，高校信息化治理能力也处于初级水平。具体而言，20 世纪 60 年代到 80 年代，计算机的出现促使高校信息化治理雏形初现。20 世纪 90 年代，互联网的出现不仅为高校开发各类应用系统提供了条件，同时也有助于资源共享以及人们协同地开展相关工作。

20 世纪 60 年代到 80 年代为萌芽期。计算机的出现与应用促使高校的信息化和信息化治理初现雏形。从 20 世纪 60 年代开始，计算机开始在高校的教学与科研活动中扮演角色。除了科学计算外，各种计算机辅助的教育软件如 CAI 软件的开发被列入国外一些高校的研究计划中，不过由于当时计算机应用不普及及其过分集中的使用方式、缺乏方便的人机交互手段，以及价格昂贵等因素，CAI 的实际应用面临诸多困难。从 20 世纪 70 年代开始，个人计算机的普及为 CAI 的应用推广提供了条件。80 年代，美国许多高校建立了 CAI 教室，学生可以在这些教室里通过计算机进行自学，教师也可以在其中开展教学、辅导和培训等活动。伊利诺伊大学是当时在计算机辅助教学活动方面比较先进的学校之一。该校有一个很大的 CAI 中心，在指定的计算机实验室里，师生可以进行不同类型课程的教学活

---

① 张芳.高校智慧校园的建设实践及创新应用——以中央财经大学为例 [J]. 现代教育技术，2022(4): 113–125.

动。比较典型的有，在英语教学中，学生可以通过计算机终端，自学不同难度的英语课程。

20世纪90年代为初步建设应用期。互联网的出现为各类系统的应用、资源共享以及人员协同工作提供了条件。随着网络技术的迅速发展，高校信息化开始起步，以幻灯片、投影仪、摄像机、影碟机等多媒体为核心的设备开始在高校中普及和应用，功能化教室如语音室、多功能演示室、多媒体网络教室逐渐在高校内着手建设。同时，国家开始开展现代远程教育工程，支持高校自主开展校园网络铺设、校内系统业务集成等工作。大部分高等院校利用当时的通信基础设施资源，建设连接中国教育和科研计算机网CERNET的校园网，为广大师生提供便利的校园网络服务，实现了校内图书馆等资源的共享，促进了校内各部门的信息交流、协同工作。CERNET还支持包括中国教育和科研网格、现代远程教育、网上远程录取等多项国家大型教育信息化工程，为高校信息化治理奠定了基础。

但在该时期，虽然计算机已经在高校的活动如教学、科研、行政管理等中得到了一定的应用，但由于缺乏信息化教育管理思维的指导，高校信息化工作仅停留于计算机技术层面，没有把信息化与学校发展事业相结合，没有把信息化建设与高校治理体系相结合，没有把信息化发展规划与教育改革发展相结合。许多高校仅停留在把现代信息技术应用于课堂教学的阶段，没有从根本上改变高校的教学流程、教学治理模式，教学信息化建设与预期目标还有较大的差距，对高等教育信息化治理改革的驱动作用还有待提升。[①]

二、21世纪以来的高校信息化治理能力发展

21世纪以来，随着信息技术的发展，信息技术在高校的应用也逐步深入，高校信息化治理能力也随之提升，主要表现为建设和应用。近年来，随着人工智能、大数据等技术的出现，信息技术促使高校在变革中实现创新发展的目标，高校信息化治理能力也具有了融合和创新的特点。总的来说，21世纪以来，高校信息化治理能力的发展主要分为两个阶段，第一个阶段的关键词是建设和应用，第二个阶段的关键词是融合创新。

---

① 参见：《国内外高校信息化的现状与发展趋势》（https://lunwen.7139.com/228/09/22711.html）。

第一个阶段是建设和应用期。随着信息技术的发展，从2000年开始，高校各个职能部门根据信息化规划和业务需求，开始建设独立的应用信息系统，涌现出办公自动化、财务、教务、科研、人事等应用信息系统。各大高校建设了教学管理系统、科研管理系统、办公自动化系统、信息资源目录服务系统和校园一卡通系统来推进数字校园建设，这些系统逐步替代传统的纸质文档，实现了数据的电子化管理。在校务管理领域，应用信息系统在提高管理效率、确保数据准确和资源共享方面发挥了重要作用。高校行政管理层可以通过信息管理系统收集有关数据信息，及时掌握实时信息，推进信息共享，使行政指令迅速传递到各个部门末端，推动办公自动化和无纸化的实现。

在建设初期，应用信息系统主要采用项目制建设模式。由于顶层设计不足，各自为政的分散式建设和独立运行的烟囱式架构较为普遍。不同系统的软件供应商所用的开发语言、后台数据库和采用的数据标准各异，导致业务系统形成的数据分散于多个异构的数据环境中，"数据孤岛"比比皆是，数据标准不统一，数据结构不一致，数据存储、管理和调用体系存在差异，各部门之间的信息壁垒阻碍着高校信息化治理能力的提升。有的高校尚未统筹规划建设统一的行政管理信息平台，校内各部门在信息管理制度上各自独立、分散分割，难以高效协调各业务部门的职能运行。于是，建设统一身份认证平台，通过共享数据中心进行数据整合和消灭"数据孤岛"，就显得迫在眉睫了。

数据驱动教育治理为消灭"数据孤岛"提供了新思路，其理想状态是打破各个教育治理主体之间的信息壁垒，突破传统从上而下的管理结构，基于各主体之间共同支持和服务高等教育的利益目标，保证彼此之间的信息畅通，为各项政策制度的确定和实施提供依据。但是，在实际运行中，由于各教育治理主体习惯于传统的思维，仍然固守自己的业务和诉求，无法形成协同性，只是将互联网和计算机等信息化工具理解为普通的工作设备，却没有从数字化水平上考虑高校行政管理信息化建设，学生管理、教务管理、财务管理信息平台的数据缺乏系统化和协同化的处理。此外，学校的多个应用系统一般是由不同供应商分别开发的，学校在后期进行业务系统数据集成时，需要与各业务系统厂商分别沟通和商谈系统接口事宜，过高的人力、物力、财力成本往往导致数据驱动治理的模式迟迟不能推进。

在建设的机制保障方面，大多数高校的信息化部门孤军奋战，缺少高校决策层对信息化工作的引导和支持，难以形成多部门共同建设的机制，进而造成信息化工作执行力不足，阻碍信息化治理实际功效的发挥。此外，由于缺少健全的信息化相关制度体系，校内各部门各自为政，工作目标、部门权责划分不清晰，分散了信息化治理的人力和物力，不利于信息化治理工作的后续开展。

在建设的人员保障方面，高校虽然配备了信息技术人员，但人才队伍建设与信息化治理的发展趋势存在不平衡、不匹配的问题。高校中虽然有技术人员负责系统的运行和维护，但随着高校信息化规模逐渐扩大，工作要求和技术难度也相应提高。然而，许多高校尚未意识到人才队伍建设的紧迫性，信息化人才队伍建设停滞不前，远远落后于信息化发展水平。一方面，部分管理人员缺乏信息化专业技能培训，信息技术知识储备有限，管理观念无法迅速适应当前的新理念，难以充分发挥信息化治理的效能。另一方面，职称评定、薪资待遇等限制性因素打击了高校信息化队伍的工作积极性，导致信息化人才流失严重，同时难以吸引高端人才，造成信息化队伍缺乏领军人才，结构趋向老龄化，信息化部门面临"人才空心化"风险。

第二个阶段是融合创新期。随着大数据、云计算、移动互联网、人工智能、5G通信等新技术不断取得新突破，智慧校园、人工智能、数据治理、信息化评价、隐私保护成为高校关注的重点内容。具体而言，该阶段主要表现为基于数据的科学决策、基于政府赋权的各部门协同治理、基于培训等的教师信息素养提升、基于CIO（chief information officer，首席信息官）的人员协同参与机制、基于新技术的教学模式与方法的变革、重视师生需求以及逐步受到关注的数据安全问题。

第一，在"互联网＋教育"的治理理念下，教育治理逐步和大数据、人工智能、区块链等新技术密切融合，促进教育决策科学化、教育治理服务能力的跃升和教育协同治理体系的形成。

一是大数据分析促进教育决策科学化。随着高校快速发展，其办学规模不断扩大，高校人才教育、学术研究、公共服务、后勤保障等方面工作数字化后，形成了海量数据，传统的信息系统难以承载和高效运作，因此运用大数据信息系统迫在眉睫。大数据平台是运用大数据信息的基础，是大规模数据存储和信息流通的阵地，通过接口同步、中间库视图推送等方式，对重要数据进行抽取、清洗、加工、转换，可将各个分散的、烟囱式架构的业务系统中的数据加载到数据中心，方便为其他业务系统提供数据服务，实现应用系统之间的数据融通。数据融通之后，相关人员就可以对教育大数据开展分析，通过对日常教育活动或行为数据的分析和反馈，实现基于"全数据"的精准决策。

大数据促进教育决策科学化的主要原因是决策者通过决策分析和监测工具将数据转化为"政策证据"，实现"基于证据的决策"。基于大数据的决策为决策者提供了广阔的全局视野，能够将影响决策的相关因素量化、可视化、立体化，为决策者提供基于数据的决策建议。云计算、大数据等新技术可以加大数据分析力度，提升数据应用的深度和效度，为教育行政管理人员和决策者提供及时、全面、精准的数据支持，提升教育数据科学性，促进教育治理的现代化。如有些高校运用大数据信息系统准确地记录行政人员的工作完成情况，并对日常工作信息进行抽取、集成、分析，助力精准高效的绩效考评，避免因个人喜好等主观因素产生的影响，实现公平、公正、公开的考评。同时，量化考核还可以纵向和横向对比不同部门行政人员的绩效考核结果，增强考评的激励效应。

在实践中，一些高校通过数据中台的方式实现基于数据的科学化决策。数据中台是一套为持续提高数据质量和数据服务能力而建立的平台与机制，能够将分散在各个"信息孤岛"上的数据整合起来，形成更强的数据服务能力，让师生和管理决策人员能便捷地使用高质量的数据。因此，数据中台一般应具备四种核心功能：数据采集和整合管理、数据清洗和提炼加工、数据可视化和资产服务、数据应用管理和效果评估。数据中台不是单纯的技术化平台，其核心是数据服务能力，通过数据服务直接赋能学校的各项业务应用。[①] 数据中台不仅面向技术人员，更凝聚、整合了学校职能部门的管理人员和业务人员，协同发挥作用。数据中台项目建设和运行成功离不开两个前提：①技术部门和职能部门在思想意识上的高度共识，即数据资产是学校的战略资产；②技术人员和职能部门的业务人员密切配合，共同保证数据中台相关的一系列协同机制得以贯彻。数据中台的功能架构如图 1.2 所示。

---

① 肖炯恩，刘欣荣.智慧校园的数据中台建设与数据治理研究[J].高等职业教育（天津职业大学报），2021(2): 82-86.

图 1.2　数据中台的功能架构

二是通过新技术的深入应用促进教育治理服务能力的跃升。以区块链、人工智能为代表的新兴信息技术的应用促使高校逐步实现"互联网＋教育"。在"互联网＋教育"的影响下，高校不断调整与优化职能部门和相关科室，重构业务管理流程，组建服务型机构。"互联网＋教育"的时空灵活性，以及对正式学习和非正式学习的良好适应性，使得学习过程变得极其便利，但同时也将给学习质量的保证和学习成果的认证带来困难。区块链技术由于其不可伪造、全程留痕、可以追溯、公开透明等特征，能够有力支撑"互联网＋教育"的质量监测服务。而人工智能的不断引入也必将使得教育建模进一步动态化、科学化。可以说，信息技术的不断衍生发展，必将使得"互联网＋教育"更加真实、即时、科学和精准，也促使治理充分落实以人为本的宗旨。

本着"让数据多跑路，让师生少跑腿"的原则，一些高校打破了各业务系统的数据壁垒，利用数据治理建设成果将数据变成互联互通状态，构建以服务为导向的一站式网上办事大厅，实现以流程串联替代用户跑动、以数据共享驱动流程优化、以信息技术引领流程变革，不断开展原始创新和增强服务能力。中国人民大学、浙江大学、华中科技大学、吉林大学等高校针对师生的窗口部门先行探索，建立了师生一站式服务大厅、综合服务平台等，使得传统的分散式服务向集中式服务转变。目前全国已经有超过百余所高校在探索实践一站式服务。华中师范大学推进"五个一"工程，即认证一个口、服务一个厅、流程一张表、决策一平台、数据一个库，实现了管理服务分离、业务模式变革和治理体系优化。2021年9月1日，北京大学正式推出了数字校园卡服务。师生只需一部手机即可实现门禁、就餐、消费、图书借阅等校园卡功能，无卡畅享智慧校园生活成为现实。这不仅提升了广大师生的便利感、获得感，也更切实地解决了实体卡片携带不便、易于丢失、挂失不及时等难点、痛点。①

三是通过新技术的深入应用促进教育协同治理体系的形成。在教育信息化建设背景下，教育管理的时效性、精细化程度很高，能够做到即时响应、科学决策。这一变革有利于改变传统教育治理模式，进而优化政府职能。教育信息化促进了教育治理理念的更新。在新技术的支持下，各项教育服务责任更加明确，运行机制更加透明，参与主体的协同性更高，这些都为教育治理的变革和创新奠定了良好基础，服务意识得以全面强化，从而使教育治理风气为之一新。譬如教育管理部门通过互联网能够及时发布各类管理信息，从而使教育治理工作更加透明。

第二，政府赋权，各部门协同治理。在教育治理中，政府职责由"划桨"转变为"掌舵"。政府赋予学校自主治理的权力，允许社会参与和服务供给。同时，政府也保留了学校对社会参与服务质量的监管及调控权力。政府角色的转变消解了教育管理部门的权力意识，打破了部门之间各自为政的局面，有利于协调各方主体共同参与治理。在政府的引导下，高校内部、高校之间、高校与社会之间通过协同创新或集成创新的方式，建立共建共享的调控机制、管理机制、规范机制和评价机制。信息共享是教育协同治理的关键环节，而信息共享离不开信息化管理平台的支持，信息化管理平台通过平台的信息搜集、在线治理和信息监管等功能实现了各主体之间的信息共享。平台的权限赋予、责任界定和关键节点等功能设置，确保各主体的共同参与治理。

此外，一些高校建立了信息化常设机构，由高校决策层组成的信息化建设领导小组牵头，围绕校情实际，制定科学合理的信息化建设整体框架体系，明确信息化建设指导思想，与社会层面接轨，循序开展高校信息化治理的具体工作。通过信息化常设机构，促进技术部门和其他职能部门的整体协作，消除"信息孤岛"，

---

① 参见北京大学新闻网：《办实事破解治理难题——北大推进信息化建设助力管理服务双提升》（https://news.pku.edu.cn/xwzh/0516e9ae0c5c4d9b9aa8f16d3bb77375.htm）。

实现多元主体的力量的协同，加强信息化的统筹协调能力，大力推进信息资源整合与共享，推进信息化战略的实施。

第三，教师信息素养逐步受到重视，并采取对应的提升措施。教育信息化强有力地支撑了高校治理体系和治理能力现代化。高校治理体系和治理能力现代化具有向高校各业务工作全面融合渗透的特征，所以信息化队伍建设要树立大人才观，而教师是高校中的关键角色，因此，提升教师的信息化素养与信息化能力就成为必要和必需。一些高校重视对教师的培训，结合信息化建设的重点内容，采用专家讲座、集中授课等多种方式，强化专业技能培训，培养高素质复合型领军人才。同时，也有高校采取相应的绩效考核手段，科学评估培训效果，分析不同层次人员的综合素养，进而完善人才培养方案。自2013年暑假起，华中师范大学在4年间共组织培训教师1500人次，熟练利用信息技术进行教学创新的教师比例从27%增长到79%，如今，充电后的"数字化教师"群体已成为推动本科教学改革的主力军。[①]

此外，一些高校也提高人才吸纳能力，通过薪酬激励、校企合作、项目外包等多种举措，精准引进拥有技术和管理双重背景的综合性人才，不断优化信息队伍的人员结构。有些高校挖掘学生资源，提供信息技能培训的机会，培养其信息化创新创业思维，鼓励有能力的学生团队参与到学校信息化建设中，丰富人才队伍后备资源，切实做到培养内部人才、引进外部人才、发掘学生潜力三管齐下，壮大信息化队伍力量，组建一支兼具统筹思维、技术能力、管理经验的信息化综合人才队伍，持续为高校治理改革贡献力量。

第四，逐步建立基于CIO的人员协同参与机制。教育部发布的《教育信息化"十三五"规划》提出："要在各级各类学校逐步建立由校领导担任首席信息官（CIO）的制度，全面统筹本单位信息化的规划与发展。要加强信息化专业队伍建设，确保各级各类学校信息化管理与服务工作得到落实。"一些高校采用CIO运作体制，由CIO对信息技术和信息系统相关事务进行研究处理，高校信息化建设领导小组承担CIO职责，高校主要负责人作为重要组织者和推动者。信息化队伍建设

---

① 参见：《实践 | 华中师范大学：信息化浇灌智慧教育之花》（http://www.360doc.com/content/16/1021/17/33357069_600256294.shtml）。

吸纳有信息专业背景的行政人员、教师及学生参与，并从外部企业聘任具有信息化建设资历的高级人才，同时建立专家咨询制度。

中央财经大学成立了专门的信息化机构组织，由决策层、协调层和执行层组成。其中，决策层是网络安全和信息化领导小组，由校领导和相关职能部门的主要负责人组成，具有统筹协调、规划战略、制定政策的功能；协调层是智慧校园建设中心，具有信息技术相关管理和协调功能；执行层由学校职能部门、教学单位和信息化部门组成，执行具体的落地工作。清华大学初步建立起由信息化领导小组负责重大决策、信息办承担日常管理与协调、信息化技术中心提供技术开发和运维服务的信息化工作组织管理体系。在宏观决策层面，信息化领导小组负责对全校信息化工作进行统一领导和决策。在具体工作层面，信息办负责组织协调学校重大信息化建设项目的立项、论证和验收评估并对项目实施过程进行监督。在具体执行层面，信息技术中心作为主体，负责信息化基础设施的建设、运维和服务。[①]

第五，教学模式与方法开始变革。在新技术的影响下，以技术优化教学设计，加快教学理念、教学模式、教学内容和教学管理等的数字化变革，促进新技术支持下的教学流程再造、教学方式重构和教学方法创新成为关键内容，这也为治理的现代化奠定了教学方面的基础。探索数字技术支持下的体验式、探究式、合作式、互动式等教学新范式，全面落实数字化平台和工具在教学中常态化、长效化应用，推进高校教学的数字化转型是推动教学改革有效实施的重要内容。积极利用区块链、元宇宙等新兴技术实现教学数据在教育教学中的有效应用，拓展教学数据服务场景，推进数据、教学和个性化培养的深度融合。这些都为开展因材施教的个性化教育提供了可能。

此外，鉴于评价能够为教学的后续改进提供方向，探索数据驱动的精准教学评价，引导教师利用结果评价、过程评价、增值评价、综合评价等评价方法显得尤为必要。深化教学行为数据的过程性采集分析，引导教师不断改进评价方法，真实测评学生的认知结构、能力倾向和个性特征等，可为学生成长提供精准指导。一些高校基于教学各个环节的数据，实行个性化教学以及分类多维评价，建立起

---

① 赵鑫，刘沐，陈强，等. 清华大学改革机制整合信息化服务力量 [J]. 中国教育网络，2018(9): 46—47.

更加科学多元的教学指导和评价反馈机制。

中央财经大学借助混合式教学平台、智慧教学环境、课堂行为记录、教学评价及其他业务系统，实现了对教与学过程中海量数据的捕获，包括学习规划、学习行为、学习资源、学习过程、学习评价等数据，以及基于交互产生的各类社会网络关系数据，然后通过数据中台，借助大数据、机器学习、深度学习和学习分析技术，开展数据识别、分析、处理和挖掘，从而建立学生的数字画像，精准描述学生的学习风格、行为特征、兴趣偏好、学习需要。智能推荐算法适配器基于学生的学习特点，可以动态选择多种算法，如基于内容、关联规则的推荐算法，基于协同过滤的推荐算法，基于社交网络的推荐算法或混合的推荐算法。由此，可以自适应地建立起学习者、学习情境、学习资源、学习偏好之间的个性化匹配关系，并能基于不同类型的学习者画像，提供面向问题解决、资源需求、任务完成等不同情况的个性化学习服务。澳大利亚新南威尔士大学的智慧麻雀平台（Smart Sparrow）利用自适应学习资源支持个性化学习，通过推送高质量的课程资源，优化学习者的学习效果以及降低辍学率。[①]

第六，从师生实际需求出发，体现以人为本的治理思想。信息化治理的根本目的是更好地服务学校发展，提升师生员工在网络空间的幸福感和安全感。高校要以师生为主体，深入调研师生实际需求，深入剖析学校实际状况，做好信息化治理建设的整体规划。在前期调研的基础上，搭建能够有效对接学校和师生需求的一站式网上办事服务平台，打通信息化服务"最后一公里"。此外，一些高校拓宽了师生民主参与、民主管理的渠道，有效地调动师生力量，充分收集用户的反馈需求，倾听用户的真实声音，进而归纳优化，为学校和师生提供个性化、多元化信息服务，推动治理服务模式的改革与创新，助力高校治理的现代化。

第七，数据安全问题受到重视。运用大数据进行教育治理现代化时必然会形成大量的信息累积，其中包括很多高校师生的个人情况、政府在管理制度中形成的机密文件，这些信息一旦因为管理问题而发生泄露，或被其他不法分子利用，将会对高校或社会造成威胁。因此，建立有关制度以确保教育大数据在采集、使用、管理、分析等环节的信息安全就显得至关重要。从技术角度来看，可以从数据存

储安全、数据传输安全和数据接口安全三方面加强防护。从管理角度来看，要重视数据安全制度建设、数据安全标准确立和师生信息安全素养培育。

北京大学根据高校网络安全责任制要求和学校实际，建立网络技术安全防护体系，从安全防护手段、安全运维措施、安全服务事项等层面进行部署，通过"人防＋技防＋物防"，对校园网边界、信息系统、服务器、用户终端等四个层次进行安全防护。细化落实网络安全责任制，开展信息安全等级保护、网站与信息系统备案、统一规范网站群建设、常态化安全扫描、网络安全应急响应等专项工作。加快建设信息数据共享平台，完成信息系统建设情况自查梳理和人员信息目录整理，搭建覆盖人员基本情况、教学科研、资产设备、学术支撑、行政管理运行、服务保障等六大类信息数据一体化共享平台。配套建立数据运行管理系统，完善以数据安全管理机制为内容的总体技术方案，确保数据管理安全、可靠。[①]

南京邮电大学以 2017 年《网络安全法》公布实施为契机，从顶层设计入手，完善网络安全组织管理体制，健全网络安全管理制度，建设网络安全管理队伍，提升网络安全技术防护能力，加强应急事件和特殊时期的管理，做到了事前可防范、事中可控制、事后可处理，形成了一套行之有效的网络与信息安全管理体系。[②]

第三节　高校信息化治理能力发展的研究现状

一、国外高校信息化治理能力发展的研究现状

（一）主要内容

就高校信息化治理能力的内容而言，国外主要包括以下九个方面：基于学校的内需驱动制定了清晰的愿景、建立了相关的制度规范、设置了较为系统化的组织机构、全员协同参与治理工作、建立了独特的职称评审制度、具有顶层规划的保障、具有多种形式的师资培训方式、创设了便捷的虚拟学习环境以及为学生提

---

① 参见：《北京大学深入推进网络安全和信息化工作》（https://www.e-chinaedu.cn/html/edus/2022/gj_0901/76452.shtml）。

② 周南平，贾佳．大数据背景下的高校信息化建设路径研究 [J]．中国电化教育，2018(9): 75-80.

供全面的服务。

第一，基于学校的内需驱动，制定了清晰的愿景。高校信息化治理愿景是高校在信息化治理工作方面长期愿望和未来发展的蓝图，体现了高校信息化建设的立场、信仰和长期追求，是发展方向和战略定位的体现。美国高校信息化治理倾向于内需驱动，对治理愿景有较为清晰的描述。例如威斯康星麦迪逊分校明确信息化治理的愿景是"积极改进 IT 服务和寻找服务供应，通过提供有远见、可扩展和可持续的服务，以及在提供服务时对学校 IT 员工进行高强度培训及教育这两个手段，完成机构的使命和战略计划，并灵活地应对校园的多样化需求"。佐治亚理工学院的信息化治理愿景是"在以信息化手段重新定义学校的教学内容和方式以及充分了解学生学习方式的基础上，建设面向 21 世纪的技术研究型大学"。印度马哈拉施特拉理工学院世界和平大学发布了题为"从碳足迹到校园手印"的智慧校园云网络倡议，推行通过物联网系统和大数据分析技术，实时监控校园公用设施的消费模式。

第二，建立了相关的制度规范。从 20 世纪六七十年代开始，美国大部分高校就普及了信息化系统，管理制度规范也不断发展、迭代和细化。如今美国高校普遍制定了严格的数据标准，信息系统及数据库建设规范和运行维护办法，知识产权、项目管理、IT 采购和电子商务、数据使用、数据隐私等相关政策以及特殊情况下的例外政策，基本可以覆盖信息化系统全生命周期及相关方面。除此之外，美国高校还将信息化系统相关的规范融入校园管理中。例如，佛罗里达大学制定了大学网站空间广告政策，规定学校仅有 5 个部门、学院可在自身网站上投放广告，并且对广告内容、合同内容、相关的商业和法律问题进行严格的规定与约束。明尼苏达大学针对师生在国外使用应用系统的问题，发布了《国际旅行技术指南》，将不同国家和地区涉及本校信息化系统的相关政策、使用方法以及 VPN 等相关说明提供给全校师生。

此外，美国高校由于信息化建设启动时间早、投入大、范围广，大多数高校已经形成较为完备的用户管理制度规范，涉及用户入校、在校、校外、离职或毕业等诸多阶段。① 同时，高校较为重视对学校师生员工的普及教育。② 如佛罗里达大学就建立了从网络和电话接入、校内资源访问、资源共享、密码设置、电子邮件、个人终端设备、BYOD（bring your own device，自带设备）、24 小时技术支持、远程访问、访客管理、数字无障碍等全方位的用户管理制度规范，对每个新入校用户进行信息化素养基本培训并发放电子手册。

第三，设置了较为系统化的组织机构。20 世纪 80 年代，CIO 制度开始在美国政府及企业中出现，其职责为全面负责信息资源的管理、开发和利用，同时为上级提供决策支持。从 90 年代开始，美国高校也开始设立 CIO 职位以应对高校日趋复杂的信息化规划、建设、管理与运维工作，目前绝大多数高校设立了专职 CIO 并直接向学校主要领导汇报，也有一些学校的 CIO 进入了学校的决策层。③ 考虑到 CIO 工作的特点，其要具有多种能力，如领导、管理、人际交往、沟通、组织和协作能力，具有网络、信息安全、通信及管理系统、软件开发方法、平台建设、应用程序系统等方面的技术经验。威斯康星大学麦迪逊分校的 CIO 是信息技术分管副校长，专职从事高校信息化工作，并担任过多个基金会的执行总裁以及多所全美排名前 30 大学的信息技术主副官员。佛罗里达大学的 CIO 由副校长兼任，主要负责学校 IT 部门及各中心和研究所的信息技术战略规划、开发以及管理，在美国多个高校担任过各种信息技术相关的行政职务，同时还在多个国家的高校任教。

此外，在美国高校的 IT 治理组织结构中，通常会成立若干个 IT 治理委员会，协助 CIO 开展工作。各类委员会是决策机构，在学校 IT 治理中发挥着重要作用。例如，加州大学伯克利分校有 5 个 IT 治理委员会。作为 IT 治理的决策机构，斯坦福大学有 CIO 协会，该协会成员中，既有学校重要部门具有 IT 专业背景的技术管理人员，也有重量级领导，如主管学生事务的副教务长，主管教学的副教务长，主管土地、建筑和房地产的副校长等。

---

① 徐晶晶. 中、美教育信息化可持续发展比较研究及启示 [J]. 中国电化教育，2017(11): 28–35.

② Brady F.Training peer teachers to teach first year graduate level information literacy sessions[J].The Journal of Academic Librarianship, 2021(2): 55–62.

③ Lang L.2016 EDUCAUSE core data service (CDS) benchmarking report[EB/OL].(2017–04–11). https://library.educause.edu/resources/2017/4/2016–educause–core–data–service–cds–benchmarking–report.

第四，全员协同参与治理工作。信息化工作不再只是某个信息部门的工作，扁平的、共治的信息化治理机制是大学信息化治理体系的一大特色。信息化利益的相关群体，如学生、教师、技术专家、行政管理者、学校领导、学校董事等，以及由其组成的各类委员会都会根据各自角色和身份的需求参与到大学信息化规划与决策中。[①]

在美国，教师、技术专家、行政管理者和学校领导构成了大学信息化治理结构的核心圈，以校长为代表的大学最高行政管理层在参与信息化治理的过程中，表达出了校级领导层面对信息化的认识和诉求；技术专家充分发挥和利用自身信息技术的优势，保证大学信息化规划紧紧跟随最新的信息技术前沿，从技术层面最大限度地支撑大学战略目标的架构；学术委员会与管理委员会分别作为学校教师团体和行政管理人员的代表，可将在管理、教学、科研等活动中最真实的信息化需求反馈到信息化项目规划中；学校董事会和学生群体越来越多地参与到信息化工作中，表明两者已成为美国大学信息化治理结构的重要组成部分。学生是信息化服务的终端之一，他们参与到信息化工作中，有助于信息化治理效益的提升；董事会是学校的法定代表机构和决策机构，其对信息化工作的参与凸显出大学信息化战略的重要性不断提升。加利福尼亚大学洛杉矶分校有 3 个 IT 治理委员会，委员会分工协作、职责分明，成员来自学校不同领域，既有专业背景，又有领导角色，还有教师、学生代表，充分体现共同治理的决策特色。

第五，建立了独特的职称评审制度。60% 以上的美国高校对其信息化员工采用不同于本校其他员工的独立职称评审制度，提供技术和管理的双重职称提升路径。在让人比较头疼的职称晋升方面，美国高校创造了一些新的方式，很多高校对 IT 工作团队独立评定，采用与其他部门员工相独立的职称评审制度，单独为 IT 员工制定多元化的职称评定标准。根据 EDUCAUSE 的调查，60% 以上的高校采用与本校其他员工不同的职称评定制度，而且在研究型大学与有硕士学位授予权的大学里采用独立评审制度的比例更高。[②]

第六，政府重视，具有顶层规划的保障。政府的高度重视、统筹规划和积极

---

① 聂瑞华，刘永贵 . 美国高校 IT 治理的特点与启示 [J]. 中国电化教育，2015(2): 40–45.

② 王世新，张蓓 . 海外名校信息化的 "奢华程度" 让我吃惊 [J]. 中国教育网络，2020(7): 21–25.

推动，为高校信息技术教育发展以及信息化治理奠定了坚实的基础。新加坡国土面积很小，资源有限，经济发展对外依存度很高。新加坡政府深刻认识到，只有发展信息化，才能占据全球经济发展的高端。该国将教育信息化置于信息化发展的优先位置，高校信息化则是教育信息化的重中之重。1991年，新加坡政府提出了"信息技术2000计划"，通过信息基础设施建设，建成覆盖全国的信息网络，将政府、学校、家庭连成一体，实现信息资源的交换和共享。1997年，新加坡政府制定了信息技术教育发展五年规划，旨在推动信息技术与教育的有机融合，同时明确了高校信息技术基础设施建设的国家标准。2006年，新加坡推出了"智慧国2015计划"，提出到2015年将新加坡建设成为一座高度信息化的智慧城市，这为高校实施教学信息化与信息化治理开辟了新的发展机遇和发展空间。

第七，具有多种形式的师资培训方式。信息化治理具有多主体参与的特点，而教师作为其中的一个关键角色，其信息技术素养对信息化治理效果具有重要影响。新加坡政府和高校都非常重视教师队伍的信息技术素养，政府对高校教师的信息技能有严格要求，教师每年都要接受信息技术的相关培训，合格之后才能开展相应的教学科研活动。高校也为教师和管理人员提供各种免费的信息技术培训，教职工可以通过各种形式学习信息技能，掌握最新的软件操作方法。同时，信息技术企业、研究机构和信息专业技术人员也为高校提供相应的技术支持与相关培训。因此，新加坡几乎所有的高校教师都具有很高的信息技术水平，能够熟练掌握最新的软件功能，并将它们熟练地运用到教学、科研和管理活动中，推动了高校整体信息化治理水平的提升。

日本也十分注重对高校教师信息素养的培养，不仅对在校的教师进行信息化培训，对即将成为教师的"预备教师"也会进行系统的培训。为提高教师运用信息技术进行教学的能力，有些大学专门成立相关机构对教师的信息技术运用能力进行培训，如大阪大学专门成立教育学习支援中心，其中心所教授的课程包括电子学习、开放式教育、课程录像、ICT（information and communications technology，信息与通信技术）设备的运用、平板电脑等移动终端在课堂中的使用方法等课程，极大地提升了教师对信息技术的运用能力。此外，日本文省部还要求针对不同学科的大学教师进行专门的培训，并且还会定期派遣专员到不同高校对教师进行专门的培训，以保证高校教师能够与时俱进。

第八，创设了便捷的虚拟学习环境。虚拟学习环境（virtual learning environment，VLE）把远程交互和面对面的交互按照多种方式相结合，可看作课程管理系统和学习管理系统的合并，包括评估、学生跟踪、协作、交流等功能，适用于校内学习和校外任何时候的学习，突破了时间和空间的局限。[①] 魔灯（Moodle）和毕博（Blackboard）是英国高校两大主流 VLE 平台，高校使用比例分别占 62% 和 49%，Moodle 是一个免费的开源课程管理系统，而 Blackboard 是一个由美国 Blackboard 公司开发的商业教学平台，两者的博弈一直是热门话题。[②] 英国阿伯丁大学使用的是基于 Blackboard 的 VLE，即 My Aberdeen，它是按课程划分资料和资源的网络平台，学生可通过此平台上交课程作业、讨论课程、了解校园动态、安排日程等。计算机并不是学生进入 VLE 的唯一设备，教师还鼓励学生使用手机进入 VLE。阿伯丁大学根据 IT 服务部的调查，发现学生更喜欢用手机登录 My Aberdeen，于是购买了 Blackboard Mobile Learn。学生和教职工可以通过苹果、安卓和黑莓系统的手机进入 My Aberdeen 的课程，师生在手机上使用通知、讨论、博客、日志等功能。

德国多所大学与德国电信公司和几家计算机公司合作建立了虚拟大学，利用多媒体和计算机网络，学生在家里可以报考并就读于虚拟大学，如同在真正的校园里一样，学生可以上课、在实验室做实验以及到图书馆查资料。在职人员也可以通过远程教育，申请升入专科大学。近年来，虚拟研讨会在德国已非常普遍，学生可以将论文或其他研究成果都传到网络上，讨论也通过网络进行。[③]

第九，以人为本，为学生提供全面的服务。学生是高校信息化治理的最终受益者，其对治理的态度为后续治理的合理化提供了意见参考。剑桥大学非常重视师生对 IT 服务的反馈与评价，多次开展 IT 服务满意度调查，并根据反馈意见不断完善服务功能。美国大学配备的信息技术人员数都高于 300，而人均服务学生不超过 100 人，因此，信息技术人员有充分的精力了解学生的需求，从而更好地

---

① Online Resource Centres. Learn about virtual learning environment/course management system content [EB/OL].http://global.oup.com/uk/orc/learnvle/.

② Richard W, Julie V, Joe N, Elaine S, Jebar A, Sarah H, Phil V.2014 Survey of technology enhanced learning for higher education in the UK[R].Oxford: UCISA DSDG Academic Support Group, 2014.

③ 王卿，韩颖 . 德国教育信息化历程之启示 [J]. 科教文汇，2009(11): 48.

为学生提供服务。[①]

（二）内容评价

信息化在高等教育教、学、管、评等方面发挥着重要作用，并取得了显著成效。各高校均不同程度地加大了对信息化的投入力度以实现教育治理的现代化。因此，教育信息化能力和信息化治理能力的评价就显得越发重要。不同国家也开发了不同类型的教育信息化评估工具，有些工具虽然不是特别针对高校研发的，但也能够为高校信息化治理能力的评价提供内容参考。

1. 美国 STaR：教育信息化评估工具

STaR 是由美国民间合作型组织——美国教育技术 CEO 论坛——开发的，由于简单实用，该工具在世界范围内使用较为广泛。[②] 该工具主要包括以下四个方面的内容。

硬件和网络连通性。该项内容主要考察教育信息化实施环境的硬环境，指标主要包括在校学生与可用计算机数之比、教室及办公室网络普及率、信息技术支持响应时间、网络稳定性以及其他硬件设备情况。

教师专业发展。该项内容主要考察教育信息化实施的主体——教师，教师的信息技术素养与教育信息化建设的顺利推进有直接关系。其指标包括教师培训支出占学校总支出比例、培训方式、教师对教育信息化的认识以及信息技术的掌握和应用水平。

数字化资源。该项内容考察教育信息化实施环境的软环境，其指标主要包括数字资源的媒介形式、教师使用数字资源的频率和水平、数字资源获取的渠道等。

学生成就和考核。该项内容的指标主要包括学生取得的成就和信息技术的掌握情况、考核是否服从课程标准、是否采用数字化形式进行考试、学校管理者使用信息技术进行教育教学管理的情况、家长通过信息技术获取子女教育的情况等。

2. 欧洲 Eurydice 的评价模型

欧洲的教育信息化评价始于英国，1986 年，英国大学校长协会提出六大类评估大学办学质量和效益的指标。随后，荷兰、法国以及芬兰等经济合作与发展组

---

① 吴寒飞.中美大学信息化治理体制比较研究 [J].高教学刊，2020(20): 10-12.

② Chang F C I.Intelligent assessment of distance learning[J].Information Sciences, 2002(2): 40-55.

织成员纷纷提出了各自的教育信息化评价指标体系。其中，比较有代表性的是欧洲信息网联（Eurydice）提出的评价模型。该模型主要从教育政策、经费预算、信息课程、技术应用以及教师培训等五大方面来设定指标。具体指标包括计算机与学生比以及上网计算机与学生比、硬件情况、信息化预算、信息技术与课程整合情况、信息技术课程数、信息技术教师等。[①]

3. 联合国教科文组织设计的 ICT 教育应用评价指标体系

为了更好地了解 ICT 教育的需求、发展以及应用现状，联合国教科文组织的教育信息化研究所通过对学校教育信息化应用深度和广度的调查，掌握各个成员应用 ICT 教育的水平，并设定了一系列指标。这些指标包括 ICT 与课程的整合情况、教学信息化规划与实施方案、生机比、互联网在教育领域的覆盖情况、教育软件的使用、教师以及管理者信息素养。[②]

4. 其他国家评价指标

其他很多发达国家也根据自身情况制定了本国的教育信息化评估体系，引领传统教育走向信息化发展道路。英国在开展学校评估的时候，将评价内容划分得更为详细，有领导和管理、课程、学与教、评价、教师专业发展、拓展学习的机会、资源以及学生学业成绩的影响。加拿大基于数据的可获得性只从生机比、连接网络比例、学生使用互联网开展学习活动情况等方面来开展学校信息化评估。[③]新加坡以人为中心，分别从学校领导、教师和学生三个角度出发进行了学校信息化评估。[④]

二、国内高校信息化治理能力发展的研究现状

（一）主要内容

就高校信息化治理能力的内容而言，国内主要包括以下五个方面：政策驱动下的愿景描述较为模糊，软件建设取得不错成绩，大数据等技术的应用初见成效，多元主体参与的相关机制仍有待完善，机构设置多样化以及数据安全问题仍值得

---

① 范巍 . 我国高等教育信息化评价及发展对策研究 [D]. 哈尔滨：哈尔滨工程大学，2011.

② 孔凡士 . 高等教育信息化的理论研究与实证分析 [D]. 武汉：武汉大学，2003.

③ G D H. The role and relevance of ines in Canada[J]. Comparative & International Education, 2012(2): 111–122.

④ 参见："2015 White paper on ICT in education Korea"（http://english.keris.or.kr/es_ac/es_ac_210.jsp）.

重视。

第一，治理工作多在政策驱动下开展，对治理愿景的表述大多较为模糊。但根据工作职责，高校信息化的治理可总结为"一是遵循我国高等教育发展的规律；二是依照教育信息化和教育现代化相关政策指引；三是结合高校自身发展特征"，体现出"技术赋能下的基础建设、网络安全维护、教育资源聚合、教育教学服务、管理与决策辅助等，旨在促进高等教育高质量发展"的整体趋势。如《清华大学信息化发展规划（2012—2020年）》和《清华大学信息化发展"十三五"规划》明确指出，学校要在"十三五"前，根据学校总体发展战略，完成三个全面（无线网络全面覆盖、信息系统全面建成、基础数据全面共享）、三个基本（基本满足教学变革所需支撑、基本满足信息安全所需保障、基本满足各类用户所需服务）、三个加强（加强信息化基础设施建设和管理、加强信息系统对综合改革的支撑、加强网络与信息安全体系的建设）以及三个完善（完善基础数据共享和应用、完善教学和科研支撑平台、完善信息化用户服务模式），为加快推进清华大学"双一流"建设而努力奋斗。[①]

第二，管理应用软件在建设方面取得不错的成绩，基于大数据的数据分析和数据智能决策类服务的规模化应用刚刚起步。管理应用软件建设主要集中在教务管理、学生工作管理、人事管理、科研管理、财务核算管理、办公协同、校园一卡通服务、网上办事大厅等的建设和应用。随着在线化管理意识的强化，管理应用软件开始快速向采购供应链管理、审计管理、思政文化建设、校园安全、节能管理等领域延展。

但由于管理应用软件和教科研应用软件总体还处于推进的过程中，大部分高校的各类数据存在标准不统一、应用不充分、数据缺失或错误等问题，各部门为主体的信息化应用常分散为一个个"信息孤岛"对跨场景的大数据分析和数据智能决策的需求一直没被有效满足。随着部分高校信息化建设的推进和数据质量的提升，基于大数据的数据分析应用和管理层的数据智能决策应用逐步起势，后续随着更多高校信息化建设的深入，基于大数据应用和服务的市场需求也将大幅增加。

---

① 参见清华大学信息化技术中心简介（https://www.itc.tsinghua.edu.cn/zxgk/zxjj.htm）。

当然，一些高校也积极依托人工智能和大数据技术，建立了大数据智能决策平台，采集教学、科研、行政管理等全领域沉淀数据，分析高校办学过程中人员、资源、行为之间的内涵和联系，打破校区、部门、角色壁垒，深度掌握教育办学运行规律，引领大学治理模式变革。河南科技大学通过大数据锁定贫困生，进而给予"隐形餐补"，以学生校园卡的消费情况为样本，将当月食堂就餐次数（60次以上）、月消费金额（500元以下）等列入指标体系，同时对比困难生信息库，结合学生的综合表现，最终确定需要帮助的同学，他们无须提交申请便能收到学校的"隐形餐补"。

也有一些高校自主研发了信息门户、数据中心、统一身份认证等各类应用基础服务平台，确保统筹建设与一体化服务质量。如浙大钉是浙江大学专门打造的一款校园服务软件，软件有校园信息、校园服务以及各种学习功能，还支持在线视频会议等功能，可以让校内学生更好地进行数字化校园的使用，有需求的用户可以直接下载移动端使用。

部分高校以服务为导向，搭建能有效对接高校和社会需求的一站式办事服务平台，引入使用场景全覆盖的移动客户端，为师生和社会提供个性化、多元化的信息服务，完善升级高校信息化建设，引领高校治理方式、组织结构和管理体制变革，助力高校治理的现代化。截至2019年底，全国有超过100所高校对外宣布设立了一站式服务中心。北京、天津、江苏、浙江、上海、安徽、山东、湖北、广东、黑龙江等省份设立一站式学生服务中心的高校较多，学校类型涵盖各类本科及高职院校。[①]中国人民大学线上一站式服务平台建设起步较早。2014年之前依托"数字人大"提供服务。2014年1月，"微人大"平台上线，现已形成由服务中心、课程中心、学务中心、个人中心等多板块组成的一站式智慧校园平台。截至2019年11月，服务中心板块已先后承担了74个部门、72万余次线上服务。

第三，高校的业务部门、院系与信息化部门还缺乏整体的协作，甚至最终决策都是由技术部门做出，缺乏多元主体参与机制。基于全校层面的信息化战略规划在我国大学中很少见，常见的多集中于制定信息化建设规划，比如建设一个高

---

① 参见：《高校"一站式"服务，线上线下都要有》（https://m.gmw.cn/baijia/2020-10/20/1301697511.html）。

效能数据中心或者计算中心，至于建设的目的、意义、效用等有的学校甚至都没考虑清楚。由于缺乏基于全校战略规划的信息化战略规划，信息部门也很容易被排斥在学校核心管理层之外，而信息化建设规划往往沦为信息化部门自己的事情，很难引起更大范围或全校层面的共鸣，导致经费申请、项目执行困难重重。有的大学即使进行了信息化规划的实施，但是重建设、轻规划的现象仍然存在。有的学校非信息化部门的人员很少愿意参与信息化规划的制定，但是当自身工作遇到信息化服务问题或者技术故障时，他们更多只是在口头上加以指责而不是采取积极行动解决问题，导致很多信息化系统在实践过程中也难以适应业务流程的改变，不少系统欠缺对桌面端、移动端的支持，且不能实现对不同屏幕的自动适配，因而不少信息系统的实际利用率低、学生满意度不高。[①]

第四，国内高校信息化体制机制主要以信息化机构设置的变迁为主线进行演进。在领导机构方面，主要经历了从"信息化领导小组"到"网络安全和信息化领导小组"的转变，两者以相应的"信息办"和"网信办"作为日常办公机构。但部分高校已经在探索进一步加强信息化建设力量的方案。2020年，北京师范大学在原有网络安全和信息化领导小组之外，成立了"互联网＋教育"改革创新工作领导小组，组长由学校党委书记和校长担任，副组长由分管信息化工作、人才培养工作的校领导担任，领导小组办公室设在互联网教育智能技术及应用国家工程实验室，两个小组共同推进学校的信息化建设。此外，清华大学的"两校级领导领衔的双委员会制"、北京大学的"常务副校长领衔的领导小组＋信息办"等，都是在信息化实践中卓有成效的体制探索。

也有一些高校设置了CIO，由校园信息化建设领导小组成员担任，领导小组一般由高校管理决策层直接牵头，组织高校信息化建设的具体工作，由此提高了信息化决策的层次。西南交通大学于2015年将通讯所、信息网络中心、校长办公室信息科及教务处教学教育中心等校内所有信息化相关的部门和科室进行了整合，成立了新的信息化统一管理部门——信息化与网络管理处，并设立了该校乃至全国高校首位CIO，其具有IT背景且担任过校办主任，管理与技术兼顾，充分体现了数字化战略与人才培养、科学研究、管理服务的深度融合。未来须进一步

[①] 成洪波. 信息化促进高校治理现代化的路径创新 [J]. 中国高校科技，2019(11): 4–7.

明确信息化建设指导思想，积极适应网络化、信息化的社会发展要求，构建以校园网络和互联网为基础、以公共平台为支撑、以信息化应用系统为内容、以智慧校园为目的的信息化建设新格局，为学校综合治理提供信息化服务。

由于中外管理体制机制的差异，在现行大学管理制度下，CIO 的作用受到很大限制，CIO 管理体制执行得都不彻底。如何建立符合我国高校的 CIO 体系成为关键内容。孙立媛基于现有一些高校的宝贵经验，提出了一套适应我国高校的 CIO 管理体制（见图 1.3）。[①]

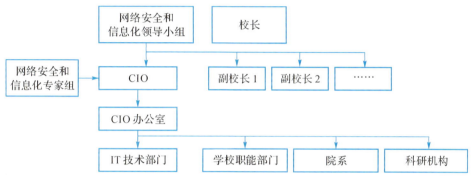

图 1.3　适应我国高校的 CIO 管理体制

在上述体制架构中，网络安全和信息化领导小组是全校信息化工作的最高领导机构，也是全校信息化工作的决策机构，组长由党委书记或校长担任，CIO 为副组长，各职能部门的负责人任组员，这种配置方便决策和协调校内信息化的各项事宜。CIO 与其他分管人事、财务、科技等的副校长具有同等地位，即身份等同于分管信息化的副校长（如校长助理），专职负责学校信息化战略的制定与实施，参与学校行政事务的讨论和决策。网络安全和信息化专家组由校内外信息化领域的专家组成，是 CIO 的智库，辅助 CIO 在关于信息化的重大问题上做决策。设立网络安全和信息化领导小组的常设机构——CIO 办公室，CIO 是负责人，CIO 办公室常务副主任负责全面工作。CIO 办公室主要负责全校信息化建设工作的规划、监督和评估、部门及院系信息化工作的协调等管理工作，下设 IT 技术部门如网络信息中心，是学校信息化建设的技术支撑部门，负责全校信息化建设规划

---

① 孙立媛 . 我国高校 CIO 体制研究 [J]. 中国高校科技，2019(Z1): 122–124.

的执行和网络及信息系统的运维保障。

第五，数据安全问题仍值得重视。随着《个人信息保护法》《数据安全法》的出台，高校关于数据安全的工作也将面临新的挑战。高校教育是国家科学研究、培养人才的重要手段，其数字化、信息化建设不断发展，有效促进了教学和科研质量的提升，但因此而引入各类信息系统中的敏感数据也越来越多，预示着越来越大的数据安全风险。美国国家安全部下属代号为 Tao 的小组多年以来对西北工业大学下属的信息系统展开网络攻击，疑似窃取了中国尖端军事科研领域的敏感数据。2020 年 6 月，郑州西亚斯学院近两万名学生的个人信息被泄露，以表格的形式在微信、QQ 等社交平台上流传，这主要是由学校返校复学准备工作中发生了部分学生个人信息泄露所导致的。

未来可以整合防火墙技术、入侵检测技术、身份认证技术等，提高信息的安全性，如通过防火墙独立的授权管理机制和虚拟补丁等防护手段，及时发现和阻断来自内部、外部的拖库、撞库、删除、修改等高风险行为。此外，引入合理化的安全防范措施也很有必要，同时加大对信息化平台的安全管理力度，定期对信息化平台进行有效更新、升级，最大限度提高信息化平台运行性能，确保综合治理工作中海量信息数据的真实、完整，在数据挖掘、分析、共享以及利用中借助全员力量，增强高校的综合治理能力。

整体而言，我国高等教育的发展重心已由外延式的数量扩张向内涵式的质量提升转型，虽然部分高校利用人工智能等技术进行了治理现代化的探索，但大部分高校的教学信息化产品和服务已经滞后于高校分类发展、学科专业调整、产教协同育人、过程质量监控等建设需求，面向教学管理精准化和决策科学化建立现代化的教育管理与监测体系，需要建设一体化的智能化教学过程支撑平台及教学管理与服务平台，形成基于数据智能的闭环支撑，推动高校教学管理治理方式的变革。

（二）内容评价

信息化治理与教育信息化的发展水平密切相关，因此，教育信息化的评估指标体系为信息化治理能力的评估提供了内容参考。对高校信息化的评估指标体系的梳理，也能够在一定程度上反映我国高校信息化治理能力的评价现状。以下分别从投入视角、产出视角、绩效评估三个方面对评价内容进行说明。

1. 从投入视角出发进行的水平评估

我国教育信息化的评估指标体系是在国家信息化的六要素评估框架的基础之上修改而来的，目前已被学术界广泛接受和认可。主要包括信息网络、信息资源建设、信息资源的利用与信息技术的应用、信息化人才、信息技术产业、信息化政策法规和标准六个方面。基于该框架，国内学者根据不同的学段，提出了不同的评价指标体系。董同强等针对职业教育的特点，构建的指标体系有智能学习环境、数字教育资源、信息化教学应用、师生信息素养和教育管理信息化五大方面。[①]杨亮星等结合高校的实际情况，构建了高校教育信息化评估指标，包括基础设施、信息化经费保障、信息化组织管理、信息化资源、信息化人才、校长的信息化领导力、信息化应用七个指标。[②]吴砥等提出了一套适用性强的评估指标框架，包括基础设施、教育资源、教学应用、管理信息化和保障机制五大方面，可广泛应用于多个学段的教育信息化评估。[③]

2. 从产出视角出发进行的效益评估

国内学者在效益评估方面的研究较少。胡水星和张剑平从教学效益、科研效益和管理效益三个方面对浙江省 19 所高校的信息化成本与效益进行分析，这也是教育信息化产出的三大经典效益。[④]随后，白丽媛等基于平衡计分卡理论，从价值贡献、提高用户满意度、内部过程、学习与成长四个维度对高校教育信息化使用效益进行了研究。[⑤]陈诗明等针对高校信息化的特点，从经济活动角度研究了高校信息化资产的投资效益，构建了评价信息化资产投资效益的投入产出指标体系。其中，投入指标分为资金、人力和能源消耗三个一级指标。产出指标划分为利用率、内部效益（教学、管理、科研、人才培养及生活服务）、经济效益和效能指标四个方面。[⑥]何胜辉也是从经济效益的角度出发，从项目生命周期和显性、

① 董同强.职业教育信息化发展指标构建及区域差异分析[J].中国职业技术教育，2020(36): 5–11.

② 杨亮星，林森，张玲，等.宁夏高校教育信息化评估指标体系初探[J].教育现代化，2016(3): 116–119.

③ 吴砥，尉小荣，卢春，等.教育信息化发展指标体系研究[J].开放教育研究，2014(2): 92–99.

④ 胡水星，张剑平.高校教育信息化成本效益分析与评价[J].现代远程教育研究，2012(3): 63–69.

⑤ 白丽媛，李亚文，刘东，等.基于BSC与战略地图的高校教育信息化使用效益评价研究[J].计算机科学，2012(2): 146–148.

⑥ 陈诗明，刘振昌，焦宝臣.高校信息化资产的投资效益研究[J].实验室科学，2018(3): 236–240.

隐性两个维度对高校信息化项目的一般性成本与收益进行了合理评价。①

3. 从整体或投入产出视角出发进行的绩效评估

教育信息化是一个多投入、多产出的长期积累的过程，对其绩效进行有效评价更有利于学校取得良好的经济效益和社会效益。一部分学者从整体出发，对教育信息化绩效展开了评价。吴海燕等根据教育信息化业务模型建立了绩效评价元模型和相关绩效评价指标体系，其中一级指标包括基础设施、信息化队伍、信息系统与数据、事业发展、用户效果和业务活动与流程。②田生湖等以教育治理理念为指导，提出了教育信息化治理绩效评价的概念，归纳总结了高校教育信息化治理中存在的问题，并从管理决策、项目建设与维护、制度设计、绩效评价本身等四个维度构建了高校教育信息化治理绩效评价指标体系。③邓飞和邓鹃结合高校实际情况，运用现代项目管理方法，从项目决策、项目管理、项目成效三个维度构建高校信息化项目建设绩效指标体系，完成了高校的软件建设、硬件建设和服务采购三类项目，并提出了提升信息化项目建设绩效的对策，以对整个信息化项目进行有效调控，使信息化项目实现最优化。④

另一部分学者同时从投入与产出两个角度出发，对教育信息化绩效评价展开了研究。黄琼珍较早提出了包括信息化教学资源投入成本和产出效益两部分的绩效评价指标。其中投入成本包括经费投入、人员投入和管理投入，产出效益包括信息质量、教育科学性、建设与共享、利用与服务、资源的获得、技术支撑和师生信息资源素养。⑤而后，陈巍巍等在其基础上构建了包括人力、财力、个人消费、人才培养、科学研究、社会效应、服务与管理等的高校教育信息化绩效评估指标体系。⑥陈爽和李冰主要通过对高校信息化绩效评价体系作用的简单介绍，分析了高校信息化绩效评价体系所面临的问题以及现状，着重探讨了指标体系的构建

---

① 何胜辉.高校信息化建设的经济效益研究 [J].管理观察，2019(10): 140–142.
② 吴海燕，蒋东兴，袁芳，等.教育信息化绩效评价指标体系研究 [J].武汉大学学报（理学版），2012(1): 48–52.
③ 田生湖，姚建峰，赵学敏.高校教育信息化治理绩效评价研究 [J].电化教育研究，2018(3): 29–34.
④ 邓飞，邓鹃.高校信息化项目建设绩效评价研究 [J].中国管理信息化，2020(10): 101–102.
⑤ 黄琼珍.信息化教学资源绩效评价研究 [J].中国教育信息化，2010(5): 27–30.
⑥ 陈巍巍，张雷，陈世平，等.我国高校信息化绩效评估指标体系的研究 [J].科技管理研究，2011(21): 51–54.

过程。高校信息化建设的内容包括：信息战略、信息基础设施、信息技术应用、信息资源、信息、人力资源、组织和管理。根据高校核心业务，应从人才培养、科研、服务和管理等方面制定相关绩效考核指标。[①]

① 陈爽，李冰 . 高校信息化绩效评价体系的研究 [J]. 科技创业月刊，2016(7):55–57.

第二章　高校信息化治理能力的指标体系

设计科学合理的高校信息化治理能力评价指标，对于信息化治理能力的建设与发展意义重大。基于此，本章首先介绍了国内外关于教育信息化、数字校园、智慧校园等方面的相关研究成果，并对比了重庆、江苏、江西、浙江四地高校信息化治理能力评价指标体系的异同。随后，依托信息化治理能力评价指标设计原则——认知、目标和定位，对高校信息化治理能力评价指标进行了设计。最后，构建了包含治理体系、智慧环境、智慧应用、网络安全、特色创新等五个维度的高校智慧校园评价指标的框架。本章可为高校智慧校园的建设及其评价工作的开展提供理论参考，有助于推动高校信息化治理能力建设的进一步深化。

第一节　国内外高校信息化治理能力指标体系概况

一、高校信息化治理能力内涵界定

近年来，习近平总书记在国家治理能力问题上发表了系列重要论述，强调要以信息化推进国家治理体系和治理能力现代化，利用好信息化手段辅助科学决策。[①] 信息化治理能力同样是教育系统性变革的内生变量，更是教育现代化发展的重要抓手和途径。[②] 信息化在高等教育教、学、管、评等方面发挥着重要作用，并已取得显著成效。各高校均不同程度地加大了信息化投入力度。由此，高校信

---

① 王运武，李炎鑫，李丹，等．"十四五"教育信息化战略规划态势分析与前瞻 [J]. 现代教育技术，2021(6): 5–13.

② 李政涛．现代信息技术的"教育责任" [J]. 开放教育研究，2020(2): 13–26.

息化治理能力评价就显得越发重要，中共中央、国务院《深化新时代教育评价改革总体方案》（以下简称《方案》）明确提出，教育评价的重点方向之一是提高教育治理能力和水平，完善评价结果运用，综合发挥导向、鉴定、诊断、调控和改进作用。[①]

然而，现有研究仅仅关注高校信息化发展水平评价，而信息化治理能力的评价却没有得到充分研究[②]，甚至两者概念被相互混淆。前者关注的是对预定目标完成度的考评，是单维的投入量的比较；后者关注的是对信息化各单元促进教学、科研等方面效能转化的评估，关注对投入方式的优化。需注意的是，推进高校信息化治理能力评价依然面临诸多挑战，体现在：评价导向上，依然以信息化总体投入体量为主，缺乏从"投入—产出"的视角，审视各信息化投入单元的效能转化问题；指标赋权上，各投入单元的权重配比以专家主观经验为主，缺乏以大数据驱动的资源配比优化策略；结论的呈现上，主要基于阶段性的截面数据的比较，缺乏立足高校差异化发展的实时动态的诊断性评价。这些不足不仅会将高校信息化治理引入"盲投入"和"追热点"的歧路，还可能与各高校寻求差异化、个性化的发展的追求渐行渐远。

《方案》指出，改革高等学校评价的重点任务在于推进高校分类评价，引导不同类型高校科学定位，办出特色和水平。[③]因此，创新以"效能优先、特色鲜明"为核心的信息化治理能力评价体系，将有助于决策者对信息化投入方式、力度及资源配比做出科学判断和优化。

高校在国家治理体系中具有重要地位和作用，高校信息化治理能力是高校治理现代化的重要组成部分。[④]然而，现有研究仅仅关注高校信息化发展水平评价，治理能力的评价却没有得到充分研究。究其原因，主要是高校信息化治理能力的内涵没有得到清晰的界定。

[①] 新华社.中共中央　国务院印发《深化新时代教育评价改革总体方案》[J].中华人民共和国教育部公报，2020(11): 2–7.

[②] 董同强.高职院校校长信息化领导力模型研究 [J]. 现代教育技术，2020(11): 77–83.

[③] 张志祯，齐文鑫.教育评价中的信息技术应用：赋能、挑战与对策 [J]. 中国远程教育，2021(3): 1–11, 76.

[④] 翟雪松，史聪聪.《教育信息化十年发展规划（2011—2020 年）》的实施现状、挑战与展望 [J]. 现代教育技术，2020(12): 20–27.

　　高校信息化治理能力是基于学校发展规划和目标，通过促进信息化各单元的发展或单元间的协同，优化高校问题解决和决策的能力。首先，高校信息化治理能力以明确治理目标为导向。[①] 目标既可能是走出高校面临的短期困境，也可能是落实中长期发展规划。基于不同目标，信息化治理能力关注的是促进教学、科研等方面目标的效能转化，而信息化水平关注的仅仅是信息化本身各单元指标的完成度，是单维的投入量的比较。其次，高校信息化治理能力突出信息化各单元的协同发展。[②] 高校不同发展阶段的任务不一，对信息化各单元投入方式也要进行优化。这种优化不是简单调整投入量的比例，而是提升各信息化单元的协同问题解决能力，这就要求高校对各单元投入具有灵活、动态的调控力。最后，高校信息化治理能力立足宏观和微观两个视角：在微观上，对某一高校治理效能进行分析，在宏观上，联系整体生态分析某一高校治理效能的发展态势。在个体为整体提供数据积累的同时，整体要为个体寻找标杆样板，提供科学决策方案。[③]

二、国内信息化能力指标体系

　　信息化治理能力发展尚处于初级阶段，关于其评价的研究相对较少。本书首先梳理了国内外关于教育信息化、数字校园、智慧校园等方面的研究情况，以之为设计评价指标的参考。

　　在教育信息化方面，我国学者对其建设指标的研究主要分为建设水平评价型、建设指导型、建设绩效型和多视角综合型等四种类型。[④] 与此同时，教育信息化评价指标的理论研究则主要集中在评价指标体系设计和测度方法两个方面[⑤]，具体表现为：①指标体系设计的结构组成普遍包括三级指标和指标观测点，研究的

---

　　① 郑勤华，熊潞颖，胡丹妮．"互联网＋教育"治理转型：实践路径与未来发展 [J]. 电化教育研究，2020(5): 45-51.

　　② 杨现民，郭利明，王东丽，等．数据驱动教育治理现代化: 实践框架、现实挑战与实施路径 [J]. 现代远程教育研究，2020(2): 73-84.

　　③ 汪燕，田觉瑞，刘选，等．教育信息化研究十个重点问题——基于"与主编面对面"沙龙记录和相关文献 [J]. 现代远程教育研究，2020(1): 12-22, 32.

　　④ 孟凡松，熊涛．我国高校信息化建设指标体系研究现状及特点 [J]. 电子测试，2016(10): 96-97.

　　⑤ 周平红，杨宗凯，张屹，等．基于结构方程模型的我国高等教育信息化水平综合评价研究——来自"中国高校信息化建设与应用水平"的调研 [J]. 电化教育研究，2011(11): 5-10.

指标项主要通过关键成功因素法[①]、层次分析法[②]、主成分分析法和专家咨询法[③]等方法选用、转化而成，在此基础上，逐步形成科学可行的高校信息化评价指标体系。②指标权重的确定大多采用德尔菲法、综合指数评价法、层次分析法、模糊评价法等测度方法。在数字校园方面，焦中明根据教育投资的成本效益理论和规模经济理论，构建了分析和评价高校数字化校园建设效益的模型[④]；王阳和穆俊鹏基于使用者（如学生、专业教师、行政人员和社会从业人员）的使用意向和任务需求，分析了高职、高专院校数字化校园评价的内容与指标[⑤]。而在智慧校园方面，蒋东兴等在分析影响高校智慧校园建设关键因素的基础上，提出了成熟度模型及其评价指标体系[⑥]；李璐和王运武运用德尔菲法，构建了包含6个一级指标、21个二级指标和54个三级指标评价指标体系[⑦]。

"十三五"以来，重庆[⑧]、江苏[⑨]、江西[⑩]、浙江[⑪]四地先后发布了高校智慧校园评价体系，部分一级指标与权重如表2.1所示。经分析，本书发现各地一级指标虽然表述形式与构成不同，但关注点基本相同，大致可概括为智慧环境（或基

① 张成洪，高瑾，沈洪波，等.高校信息化评价指标体系研究思路探讨[J].教育信息化，2003(12)：45–47.

② 蒲善荣,刘建泉.高校信息化三级指标评价体系设计及测度研究[J].四川师范大学学报(自然科学版)，2010(6)：849–854.

③ 蒲善荣.高校教育信息化多级指标评价体系与测度模型构建[J].四川文理学院学报，2016(3)：140–149.

④ 焦中明.高校数字化校园建设的效益分析及评价——一种简单效益分析方法的探讨[J].电化教育研究，2007(12)：48–52.

⑤ 王阳,穆俊鹏.高职高专院校数字化校园评价的内容与指标探析——基于使用者的视角[J].现代教育技术，2012(9)：57–60.

⑥ 蒋东兴，付小龙，袁芳，等.高校智慧校园技术参考模型设计[J].中国电化教育，2016(9)：108–114.

⑦ 李璐，王运武.高校智慧校园评价指标体系研究[J].现代教育技术，2020(5)：87–93.

⑧ 重庆市教育委员会.重庆市智慧校园建设基本指南(试行)[EB/OL].(2016-12-23).http://jw.cq.gov.cn/zwgk/zfxxgkml/zcwj/qtwj/202003/t20200330_6730586.html.

⑨ 江苏省教育厅，江苏省经信委，江苏省财政厅.关于印发智慧校园建设指导意见的通知[EB/OL].(2018-05-06).http://jyt.jiangsu.gov.cn/art/2018/5/23/art_61418_7647103.html&gt.

⑩ 江西教育网.关于印发《江西省高校智慧校园建设评估标准(试行)》的通知[EB/OL].(2018-08-31).http://jyt.jiangxi.gov.cn/art/2018/8/31/art_25870_1516954.html.

⑪ 浙江省教育技术中心.浙江省教育系统网络安全和信息化工作领导小组办公室关于印发《浙江省高校智慧校园建设评价指标体系（试行）》的通知[EB/OL].(2020-02-06).https://www.zjedu.org/art/2020/2/6/art_275_38313.html.

础设施）、智慧应用（涉及教学、管理、服务、科研等）、网络安全、治理体系（或保障机制）和特色创新等五个方面。

表 2.1 江苏、江西、浙江的高校智慧校园评价体系的一级指标与权重

关注点	具体指标	江苏省 （110分）	江西省 （100分）	浙江省 （1000分）
智慧环境	基础设施	智慧环境 （26分，23.5%）	基础设施 （20分，20%）	智慧环境 （250分，25%）
	业务支撑			
智慧应用	数据与资源	数字资源 （18分，16%）	数据与资源 （25分，25%）	智慧教育 （400分，40%）
	智慧应用	融合创新 （33分，30%）	信息化应用 （40分，40%）	
网络安全	保障体系	网络安全 （8分，7%）	网络安全 （15分，15%）	网络空间安全 （100分，10%）
治理体系		保障机制 （15分，13.6%）	—	治理体系 （150分，15%）
特色创新	—	特色发展 （10分，9%）	特色与获奖 （加5分）	特色与创新 （100分，10%）

三、国外信息化能力指标体系

而在国外，美国、新加坡、澳大利亚、韩国等国的教育信息化建设和评价聚焦于运用信息技术提高教师教学效率，帮助学生走向成功。例如：美国联邦教育部教育技术办公室在 2017 年发布的《重新思考技术在教育中的角色：2017 年国家教育技术计划更新》中，提出技术必须满足不同学生群体寻求获得高质量高等教育学习经历的需求[1]；新加坡强调将 ICT 用于高质量学习，以加深学习者对学科的理解和提升其能力。在智慧校园方面，国外注重云计算、物联网、移动互联网、

---

① Office of Educational Technology of US Department of Education.Reimagining the role of technology in education: 2017 national education technology plan update[EB/OL].https://eric.ed.gov/?id=ED577592&gt.

大数据等新技术的创新应用[①]，关注智慧校园分布式领导力建设[②]，重视构建责任清晰、分工明确、执行有力的 IT 治理架构，提供决策、管理和服务三种核心职能[③]；同时，强调智慧应用（管理和服务）与学校发展愿景的适切性，以用户为中心提供内容丰富、粒度精细、智慧便捷的 IT 服务[④]，并逐渐向空间管理、泛在计算、绿色节能[⑤]、融入智慧城市等方面延伸。

（一）美国 STaR：教育信息化评估工具

STaR 工具是由美国民间合作型组织美国教育技术 CEO 论坛开发的，由于简单实用，该工具在世界范围内使用较为广泛[⑥]，主要包括四个方面的内容。

硬件和网络连通性。该项内容主要考察教育信息化实施环境的硬环境，指标主要包括在校学生与可用计算机数之比、教室及办公室网络普及率、信息技术支持响应时间、网络稳定性以及其他硬件设备情况。

教师专业发展。该项内容主要考察教育信息化实施的主体——教师，教师的信息素养与教育信息化建设的顺利推进有直接关系。其指标包括教师培训支出占学校总支出比例、培训方式、教师对教育信息化的认识以及信息技术的掌握和应用水平。

数字化资源。该项内容考察教育信息化实施环境的软环境，其指标主要包括数字资源的媒介形式、教师使用数字资源的频率和水平、数字资源获取的渠道等。

学生成就和考核。该项内容的指标主要包括学生取得的成就和信息技术的掌握情况、考核是否服从课程标准、是否采用数字化形式进行考试、学校管理者使用信息技术进行教育教学管理的情况、家长通过信息技术获取子女教育的情况等。

① 甘容辉，袁智秦，何高大 . 国外智慧校园建设的最新发展及启示 [J]. 现代教育技术，2019(2)：19–25.

② 赵磊磊，梁茜，李玥泓 . 国外教育信息化领导力研究：主题、趋势及启示——基于 Web of Science 文献关键词的可视化分析 [J]. 中国远程教育，2018(10)：16–23.

③ 沈霞娟，洪化清，宁玉文，等 . 国外智慧校园研究热点与典型案例分析 [J]. 现代教育技术，2019(12)：13–20.

④ 沈霞娟，洪化清，宁玉文，等 . 国外智慧校园研究热点与典型案例分析 [J]. 现代教育技术，2019(12)：13–20.

⑤ Hirsch B, NG J W P. Education Beyond the Cloud: Anytime–anywhere Learning in A Smart Campus Environment [J]. 2011 International Conference for Internet Technology and Secured Transactions. 2011: 718–723.

⑥ 豆丁网 .Self–review framework–The National Archives[EB/OL]. https://www.docin.com/p-1410788368.html.

（二）美国 enGauge 评估模型

enGauge 评估模型是 2000 年由美国北方中央教育实验室（North Central Regional Educational Laboratory，NCREL）与美国北方中央科技教育委员会（North Central Regional Technology Education Consortium，NCRTEC）针对教育信息化评估而联合开发的测评工具，通过在实践中不断改进，已经日趋成熟。目前该模型主要侧重以下六个方面设置评价指标：期望、教学实践、教育效果、信息公平、技术衔接、系统及领导能力。[①]

（三）欧洲 Eurydice 的评价模型

欧洲的教育信息化评价始于英国，1986 年，英国大学校长协会提出六大类评估大学办学质量和效益的指标。随后，荷兰、法国以及芬兰等经济合作与发展组织成员纷纷提出了各自的教育信息化评价指标体系。其中，比较有代表性的是欧洲信息网联（Eurydice）提出的评价模型。该模型主要从教育政策、经费预算、信息课程、技术应用以及教师培训等五大方面来设定指标。指标包括计算机与学生比以及上网计算机与学生比、硬件情况、信息化预算、信息技术与课程整合情况、信息技术课程数、信息技术教师等。[②]

（四）联合国教科文组织设计的 ICT 教育应用评价指标体系

为了更好地了解 ICT 教育的需求、发展以及应用现状，联合国教科文组织的教育信息化研究所通过对学校教育信息化应用深度和广度的调查，掌握各个成员应用 ICT 教育的水平，设定了一系列指标。这些指标包括 ICT 与课程的整合情况、教学信息化规划与实施方案、生机比、互联网在教育领域的覆盖情况、教育软件的使用、教师以及管理者信息素养。[③]

（五）其他国家评价指标

其他很多发达国家也根据自身情况制定了本国的教育信息化评估体系，引领传统教育走向信息化发展道路。英国在开展学校评估的时候，将评价内容划分得更为详细，有领导和管理、课程、学与教、评价、教师专业发展、拓展学习的机会、

---

① 顾小清.教育信息化建设项目评估：国际研究现状调查 [J].电化教育研究，2006(8): 40–44.
② 顾小清.教育信息化建设项目评估：国际研究现状调查 [J].电化教育研究，2006(8): 40–44.
③ 顾小清.教育信息化建设项目评估：国际研究现状调查 [J].电化教育研究，2006(8):40–44.

资源以及学生学业成绩的影响。[①]加拿大基于数据的可获得性只从生机比、连接网络比例、学生使用互联网开展学习活动情况等方面来开展学校信息化评估。[②]新加坡以人为中心从学校领导、教师和学生三个角度出发进行了学校信息化评估。[③]

第二节 基于客观数据的指标体系设计

一、指标设计原则

（一）指标赋权

高校信息化评价指标赋权主要包括三类：基于专家经验赋权、基于因子分析赋权和基于数据关联的赋权。专家赋权法往往从专家工作经验出发，包括层次分析法、专家会议等，主观性较强。它的优势在于可以将诸多具象指标抽象降维。由于高校信息化的具体单元较多，在无法量化或标准化所有指标单元的分值时，专家根据经验赋权具有过程简化、数据可得性高的优点。如尹合栋等在无法提前获取指标数据的情况下，采用层次分析法确定智慧教室评价指标。[④]这在信息技术和教育融合早期，教育信息化发展水平在大多数专家认知水平范围内，是可行的。然而，随着技术的高速发展、迭代，主观经验已不能全面判断和预测信息化各单元在教育发展中的作用。专家赋权法时效性就弱于数据驱动方法，指标修改需要重新收集专家打分数据，无法满足建立动态、科学的高校教育信息化评价体系的需求。

随着高校大数据建设理念和技术的成熟，各指标单元的数据也越来越容易获得。因子分析法（如主成分分析），开始成为信息化指标权重赋值以及指标降维

① 王莉芬，王丹慧.英国高等教育质量评估体系的特征及启示[J].黑龙江教育（高教研究与评估），2016(1): 18–20.

② 吴砥，余丽芹，李枞枞，等.发达国家教育信息化政策的推进路径及启示[J].电化教育研究，2017(9): 5–13, 28.

③ 吕春祥.新加坡基础教育信息化发展战略及其启示[J].世界教育信息，2016(13): 10–15.

④ 尹合栋，于泽元，易全勇.智慧教室评价指标体系的构建[J].现代教育技术，2020(3): 80–87.

的主流方法。它主要通过对指标数值进行构念聚敛，确立各维度的定义，而因子的载荷值被用于赋权。如王海等为了寻找对信息化贡献最大的新因子，在未对原始变量和公共因子之间的关系进行假设的情形下，进行探索性因子分析，得到基础教育信息化绩效评估新因子并对其进行解释。[①] 因子分析法最大限度地保留了数据的信息，但会提取新的因子，缺乏针对单个指标进行的解读分析。[②] 此外，因子载荷虽然体现该因子在形成构念中的重要性，但不能说明该因子本身对信息化建设的贡献度。

数据关联法（如熵权法、灰色关联等）根据指标的信息熵值或与其他指标的关联度，来区分指标的有效性，并对其赋予相应的权重。这种方法主要是通过计算某一指标在高校中的区分度，确定其判断价值。它突破了专家的主观认知局限，同时能有效排除低区分度的指标。如专家可能对较熟悉的业务（如多媒体教室）给予较高赋权，也会对未来技术（如5G、全息）产生较高预期并给予高赋权。但当大多数学校都已完成多媒体教室等基础建设后，该指标已不能成为高校间信息化治理能力的区分标准；而对于前沿的信息技术，大多学校缺乏成熟的教育应用场景，也不应成为高赋权指标。李作林等使用熵权法评价学生创意产品设计过程，突出学生学习过程中区分度高的指标，实现了不同的创意作品差异化的评价方案。[③]

（二）模型构建

指标赋权完成后，就需要考虑变量间的逻辑构建，以建立符合高校办学特色的治理模式体系。现有的信息化相关评价模型大多以投入体量为主要计量标准，如李志河等从运行机制建设、基础设施建设等维度，利用线性加权法计算问卷数据，用最终得分来评价高校信息化发展水平。[④] 这与信息化治理能力的逻辑思维

① 王海,解月光,付海东.评估维度量化方法研究——以基础教育信息化绩效评估维度为例[J].中国电化教育，2016(10): 97–101.

② 胡立峰,夏冬梅,程千.高等继续教育专业社会适应性评估指标体系构建研究——以国家开放大学为例[J].中国远程教育，2021(6): 68–75.

③ 李作林,刘长焕,陶业曦，等.真实问题解决：指向核心素养提升的教学策略——以人大附中通用技术课程建设为例[J].中国电化教育，2020(2): 109–116.

④ 李志河,潘霞,刘芷秀,等.教育信息化2.0视域下高等教育信息化发展水平评价研究[J].远程教育杂志，2019(6): 81–90.

有巨大不同。我国高校类型多样，所处教育信息化发展阶段、水平不同，教育信息化投入差异性较大，一旦以投入体量为判断依据，便容易导致盲目跟从等现象，导致投入—产出低效[①]。与此同时，高校"重排名、轻诊断"的管理思维也助长了单一的体量思维。这些排名大多基于投入体量比较，忽视对高校资源分配方式的"诊断"。

这一问题主要归咎于没有均衡信息化水平建设和信息化治理能力建设。诚然，以投入体量为标杆的评价方式在信息化发展初期发挥了重要作用，特别在是"从无到有"过程中，为建设内容提供了明确的方向。同时，以投入为导向的高校教育信息化水平评价在计量上较为简单、直观，信息化能力评价报告的呈现形式多以中长期的截面数据为主，未能实现动态、立体的面板数据分析，致使高校决策机构难以对信息化发展规划做出及时、高效的干预和调整。但信息化能力建设需要纵向评估实施效果，也需要与同类别院校做横向参照，更需要及时做出政策回应。[②] 这就需要反思如何建立长效、立体化的面板数据库，并依靠信息技术手段对信息化能力做出智能判断。

基于高校信息化治理能力的定义和内涵，其评价需要做到"两个统一"和"两个阶段"："两个统一"指教育信息化资源分配机制与产出效能相统一，信息化发展战略与学校发展定位相统一；"两个阶段"指基于信息化投入数据和绩效产出数据，对指标进行数据赋权的阶段和对效能转化率进行分析诊断的阶段。本章第一个阶段拟采用熵权法找到区分度的评价指标，再输入数据包络分析模型对高校教育信息化绩效转换相对效率进行评价，实现对所有参评高校进行个性化、细颗粒度的分析诊断。

熵权法（entropy weight method，EWM）是一种基于熵值的客观赋权方法，可以将庞杂的评测指标按照指标的信息熵值进行排序，从而筛选出具有较高区分度

---

① 李凤霞，柯清超. 如何以机制创新推动区域教育信息化的发展？——基于A市教育信息化的调研分析 [J]. 现代教育技术，2021(3): 81–88；中华人民共和国教育部. 教育部等六部门发布《关于推进教育新型基础设施建设构建高质量教育支撑体系的指导意见》[EB/OL]. (2021–07–01). http://www.moe.gov.cn/srcsite/A16/s3342/202107/t20210720_545783.html.

② 陈斌，卢晓中. 教师能胜任信息时代的教学吗？——来自欠发达地区的调查 [J]. 开放教育研究，2020(5): 71–77.

的指标，具有精度高、客观性强、适用性好、数据驱动的特点。熵在信息论中被用于度量数据冗余程度，信息熵越小代表信息有效性越高，反之代表信息有效性越低。[①]熵权法通过计算高校信息化指标自身信息量确定指标权重，可以衡量信息化投入产出不同指标对评价结果的影响程度，剔除指标体系中对学校信息化评价结果贡献不大的指标。对信息化投入的指标要进行"先放大、再优化"的策略。"先放大"是指在指标筛选中充分吸纳教学、管理、科研、后勤等各类教育大数据，避免主观经验和滞后的技术储备干扰。"再优化"指通过计算信息熵等数理方法，对区分度不高的指标进行低赋权，对区分度高的指标进行高赋权。因此，熵权法非常适合在高校信息化指标选择上应用。

数据包络分析（DEA）由美国运筹学家查恩斯和库铂于1978年创建，用于评估相对生产效率。[②]DEA基于数学规划思想，建立规划模型并通过计算每个决策单元（decision making model，DMU）距离投入—产出生产前沿曲线的距离判断决策单元的投入—产出效率并排序，并以此评价决策单元。DEA模型适用于教育信息化绩效评价，原因是：教育信息化治理系统包含多个投入指标和多个产出指标，评价时难以计算各指标之间的权重系数[③]，因此难以用简单的线性方法建立生产函数并评价效率，DEA方法不要求生产函数，每一个决策单元均被认为是"黑匣子"模型。另外，教育信息化治理指标会随信息化和教学的逐步融合而迭代更新，传统主观评价法需要耗费大量的物力、人力征求专家意见，无法保障指标实时更新并进行及时评价，DEA方法具有数据驱动的特点，可高效地依据所选模型做出判断。

---

① Shannon C E. A mathematical theory of communication[J].ACM SIGMOBILE Mobile Computing and Communications Review, 2001(1): 3–55.

② Charnes A, Cooper W W, Rhodes E.Measuring the efficiency of decision making units[J].European Journal of Operational Research, 1978(6): 429–444.

③ 焦宝聪,赵意焕,董黎明.基于数据包络分析的教育信息化绩效评价模型[J].电化教育研究,2007(4): 38–41, 61.

二、指标设计框架

（一）从投入视角出发进行的水平评估

我国教育信息化的评估指标体系是在国家信息化的六要素评估框架的基础之上修改而来的[①]，目前已被学术界广泛接受和认可。主要包括信息网络、信息资源建设、信息资源的利用与信息技术的应用、信息化人才、信息技术产业、信息化政策法规和标准六个方面。[②] 基于该框架，国内学者根据不同的学段，提出了不同的评价指标体系。赵晓声等通过研究幼儿园、中小学的服务功能和服务对象，构建了包括统筹管理、环境建设、应用水平和应用绩效在内的评价指标体系。[③] 董同强针对职业教育的特点，构建的指标体系有智能学习环境、数字教育资源、信息化教学应用、师生信息素养和教育管理信息化五大方面。[④] 杨亮星等结合高校的实际情况，构建了高校教育信息化评估指标，包括基础设施、信息化经费保障、信息化组织管理、信息化资源、信息化人才、校长的信息化领导力、信息化应用七个指标。[⑤] 吴砥等提出了一套适用性强的评估指标框架，包括基础设施、教育资源、教学应用、管理信息化和保障机制五大方面，可广泛应用于多个学段的教育信息化评估。[⑥]

（二）从产出视角出发进行的效益评估

国内学者在效益评估方面的研究较少。胡水星和张剑平从教学效益、科研效益和管理效益三个方面对浙江省19所高校的信息化成本与效益进行分析，这也是教育信息化产出的三大经典效益。[⑦] 随后，白丽媛等基于平衡计分卡理论从价值贡献、提高用户满意度、内部过程、学习与成长四个维度对高校教育信息化使

① 谢幼如，常亚洁.绩效导向的教育信息化评价模型的构建[J].中国电化教育，2015(1)：56–61，92.
② 谢幼如，常亚洁.绩效导向的教育信息化评价模型的构建[J].中国电化教育，2015(1)：56–61，92.
③ 赵晓声，卢燕，袁新瑞.中小学和幼儿园教育信息化评价——教育视野与需求导向[J].电化教育研究，2014(6)：51–57.
④ 董同强.职业教育信息化发展指标构建及区域差异分析[J].中国职业技术教育，2020(36)：5–11.
⑤ 杨亮星，林森，张玲，等.宁夏高校教育信息化评估指标体系初探[J].教育现代化，2016(3)：116–119.
⑥ 吴砥，尉小荣，卢春，等.教育信息化发展指标体系研究[J].开放教育研究，2014(2)：92–99.
⑦ 胡水星，张剑平.高校教育信息化成本效益分析与评价[J].现代远程教育研究，2012(3)：63–69.

用效益进行研究。[①] 陈诗明等针对高校信息化的特点，从经济活动角度研究高校信息化资产的投资效益，构建了评价信息化资产投资效益的投入产出指标体系。其中，投入指标分为资金、人力和能源消耗三个一级指标。产出指标划分为利用率、内部效益（教学、管理、科研、人才培养及生活服务）、经济效益和效能指标四个方面。[②] 何胜辉也是从经济效益的角度出发，在项目生命周期和显性、隐性两个维度对高校信息化项目的一般性成本与收益进行了合理评价。[③]

（三）绩效评估

教育信息化是一个多投入、多产出的长期积累的过程，对其绩效进行有效评价有利于学校取得良好的经济效益和社会效益。一部分学者从整体出发，对教育信息化绩效展开了评价。吴海燕等根据教育信息化业务模型建立了绩效评价元模型和相关绩效评价指标体系，其中一级指标包括基础设施、信息化队伍、信息系统与数据、事业发展、用户效果和业务活动与流程。[④] 田生湖等以教育治理理念为指导，提出了教育信息化治理绩效评价的概念，归纳总结了高校教育信息化治理中存在的问题，并从管理决策、项目建设与维护、制度设计、绩效评价本身等四个维度构建了高校教育信息化治理绩效评价指标体系。[⑤] 宋喜星利用平衡记分卡这一绩效评价工具，从财务、客户、内部运营、学习与成长四个角度构建了湖北省基础教育信息化绩效评价指标体系。[⑥] 党建宁等结合信息化 2.0 下绩效评价的成本、可用性、效率和效用等四个维度，对教育信息化 2.0 的九个关键因素和"三全两高一大"的基本目标进行了对应分析，构建了教育信息化 2.0 绩效评价关键

① 白丽媛，李亚文，刘东，等.基于BSC与战略地图的高校教育信息化使用效益评价研究[J].计算机科学，2012(S2): 146–148 + 165.

② 陈诗明，刘振昌，焦宝臣.高校信息化资产的投资效益研究[J].实验室科学，2018(3): 236–240.

③ 何胜辉.高校信息化建设的经济效益研究[J].管理观察，2019(10): 140–142.

④ 吴海燕，蒋东兴，袁芳，等.教育信息化绩效评价指标体系研究[J].武汉大学学报（理学版），2012(S1): 48–52.

⑤ 田生湖，姚建峰，赵学敏，等.高校教育信息化治理绩效评价研究[J].电化教育研究，2018(3): 29–34.

⑥ 宋喜星.基于平衡记分卡的湖北省基础教育信息化绩效评价指标研究[J].中国教育信息化，2019(23): 18–21.

因素解释结构模型。[①] 邓飞和邓鹃结合高校实际情况，运用现代项目管理方法，从项目决策、项目管理、项目成效三个维度构建了高校信息化项目建设绩效指标体系，目标是完成高校的软件建设、硬件建设和服务采购三类项目，并提出了提升信息化项目建设绩效的对策，以对整个信息化项目进行有效调控，使信息化项目实现最优化。[②]

　　另一部分学者从投入与产出两个角度同时出发，对教育信息化绩效评价展开了研究。黄琼珍较早提出了包括信息化教学资源投入成本和产出效益两部分的绩效评价指标。其中投入成本包括经费投入、人员投入和管理投入，产出效益包括信息质量、教育科学性、建设与共享、利用与服务、资源的获得、技术支撑和师生信息资源素养。[③] 而后，陈巍巍等在其基础上构建了包括人力、财力、个人消费、人才培养、科学研究、社会效应、服务与管理等的高校教育信息化绩效评估指标体系。[④] 陈爽和李冰主要通过对高校信息化绩效评价体系作用的简单介绍，分析了高校信息化绩效评价体系所面临的问题以及现状，着重探讨了指标体系的构建过程。高校信息化建设的内容包括：信息战略、信息基础设施、信息技术应用、信息资源、人力资源、组织和管理。根据高校核心业务，应从人才培养、科研、服务和管理等方面制定相关绩效考核指标。[⑤] 黄斌和周姝宁为了研究中小学教育信息化的绩效情况，基于实地调研，从投入—产出角度构建了四川省中小学教育信息化绩效评价指标体系。投入包括人力投入、物力投入、财力投入，产出包括学生学习产出和教师教学产出。[⑥]

　　综上所述，国外的评价内容主要集中在基础设施、资源建设、学校领导力、学生能力、教师专业发展五个方面。国内的评价内容在投入方面主要包括基础设施、教育资源、教学应用、管理信息化和保障机制五大部分，产出方面主要包括

　　① 党建宁,杨晓宏,王馨晨.教育信息化2.0下的高校信息化绩效评价模型和指标体系研究[J].电化教育研究，2019(8): 45–52.

　　② 邓飞，邓鹃.高校信息化项目建设绩效评价研究[J].中国管理信息化，2020(10): 101–102.

　　③ 黄琼珍.信息化教学资源绩效评价研究[J].中国教育信息化，2010(5): 27–30.

　　④ 陈巍巍,张雷,陈世平,等.我国高校信息化绩效评估指标体系的研究[J].科技管理研究，2011(21): 51–54.

　　⑤ 陈爽，李冰.高校信息化绩效评价体系的研究[J].科技创业月刊，2016(7): 55–57.

　　⑥ 黄斌，周姝宁.四川省中小学教育信息化绩效评价研究[J].数字教育，2019(6): 51–56.

人才培养、教学产出、科学研究和社会服务四大部分。由此，可以总结出本书的一级指标，如附录所示。

第三节　指标的三级呈现

评估指标一般会分为主观性指标和客观性指标。主观性指标最常用的数据获取方式是调查问卷，问卷打分便于收集数据，但是受主观因素影响，评价结果不够真实客观。因此，本书选取了客观性指标作为指标体系的三级指标，所选用的数据比较直观，可量化，不受人为因素的影响。

大数据驱动教育信息化评价改革发展，为本书的数据收集与整理提供了便利。一方面，大数据能够完整记录教育过程，实现增值评价和综合评价。大数据具有海量的数据、多样性的数据类型、快速的数据处理以及真实的高质量数据等特征，能够为教育教学和管理服务提供各类数据采集、清洗、分类与分析等，从而实现过程性教育教学和在线学习的数据记录、互动参与和成效承载，客观真实记录教育教学、学习过程和管理服务的全程以及循证型教育教学分析，而且面向多样需求的教育评价模型和效果可进行多次实证检验，能够基于教学和学习过程数据，实现体现教师或学生的努力程度和进步程度的增值评价，以及学生在德智体美劳等方面的全面发展的综合性评价，为教育评价提供科学技术支撑。另一方面，大数据能够提供更为全面、系统的教育评价，促进学生成长成才。在问题或对象的把握上，教育大数据评价能够克服传统教育评价在量化研究中数据搜集不全面、样本选择不具有代表性或真实性等缺陷，以全样本、全程的系统性记录、刻画和呈现教育系统的运行，涵盖学生作为教育主体的兴趣、爱好和志向的多维度行为数据，构建数字化、实证性新型教育系统和感知学生全面发展的智能评价系统，成为发现、实证与把握大数据时代教育规律和学生成长规律的新认识工具。[①]

三级指标的数据可以直接从信息系统直接获取。主要包括过程性数据和结果性数据两种，过程性数据包括各类用户行为日志、网络日志等信息，结果性数据

[①]　参见：《大数据助力教育评价现代化》（https://view.inews.qq.com/k/20210413A0204 K00?web_channel=wap&openApp=false）。

一般为统计结果。要从宏观设计层面处理好数字校园与智慧校园之间的承接和过渡关系。通过技术升级、业务融通、应用创新，既要解决数字校园时代存在的系统数据孤立、业务简单封闭、服务被动等问题，又要体现智慧校园融合创新、感知协同的应用与技术特征。还要坚持育人为本、融合创新、系统推进、引领发展的思路。首先，从师生需求出发设计智慧校园应用指标，为各类用户（管理者、教师、学生、家长和社会公众）提供需要、适合、准确、便捷的教育服务[①]，减少"要我用"，增加"我要用"，并在应用系统建设上缩小校园服务与社会应用的差距。其次，要注重通过绩效考核引领学校智慧校园建设，提高教学、管理和服务的效益，实现师生减负、治理增效。最后，要站在推动学校办学综合改革的高度，解决办学中的难点和痛点问题，构建以学生为中心的全新教育生态，增强学校的核心竞争力。在具体执行层面，由于技术不断发展且其应用创新具有未知性，需为学校留出更大的创新空间，建议将指标体系的三级指标和评价细则相分离，并根据工作进展定期修正考评细则。

---

① 张永波，胡小杰.高校智慧校园评价指标的设计与组成框架[J].现代教育技术，2020(9): 71-78.

第三章 2021 年高校信息化治理能力评估的浙江实践

第一节 浙江省高校信息化治理能力研究概况

一、浙江省高校信息化治理能力研究背景

"十三五"期间，浙江省坚持"以教育信息化支撑和引领教育现代化"的发展理念，以促进技术与教育教学深度融合为核心，全面发展智慧教育，初步形成了基于数据的新型教育治理模式，教育信息化为浙江省基本实现教育现代化提供了有力支撑。在这样的背景下，浙江省各高校加大了信息化投入力度，完善了信息化教育教学环境，探索了高校教育教学模式改革。

（一）以数字经济为引擎，引领高校信息化发展

国务院《"十四五"数字经济发展规划》围绕八项任务，明确了十一个专项工程，对我国未来数字经济人才需求提出了更为具体的要求。浙江省目前正处于全面数字化改革的转型期，高校信息化建设要围绕培养具有数字意识、数字能力和数字素养的创新型复合人才为目标。培养满足数字经济时代需求的高等教育人才是这场竞赛中的决定性因素。数字经济的兴起不仅会产生新产业、新技术与传统产业的融合，也会重塑现有的就业形态，更会触及人才培养的内涵。面对巨大的机遇和挑战，浙江省高等院校亟须探索和实施新一轮的信息化发展战略，培养出一大批符合数字经济发展规律的人才。浙江省作为共同富裕示范区，要充分利用信息化优化高等教育人才培养，从而引领数字经济发展的方向。

（二）以评价改革为导向，优化高校信息化效能建设

中共中央、国务院在《深化新时代教育评价改革总体方案》中明确提出坚持

科学有效，改进结果评价，强化过程评价，探索增值评价，健全综合评价，充分利用信息技术提高教育评价的科学性、专业性、客观性。《浙江省深化新时代教育评价改革实施方案》提出"双一流"建设成效和高校登峰学科建设工程成效的"双成效"评估要求。高校在国家治理体系中具有重要地位和作用，高校信息化治理能力是高校治理现代化的重要组成部分。近年来，信息化在高等教育教、学、管、评等治理方面发挥着重要作用，并取得显著成效，但同时也出现"盲投入"和"追热点"等问题。创新以效能思想为核心的信息化治理能力评价体系，将有助于决策者对信息化投入方式、力度及资源配比做出科学判断和优化，也是充分发挥信息化在教育系统性变革的内生变量作用、引领教育现代化发展的重要抓手和途径。

（三）以新基建为契机，强化高校信息化支撑地位

教育新基建是国家新基建的重要组成部分，是信息化时代教育变革的牵引力量，是加快推进教育现代化、建设教育强国的战略举措。教育部等六部门印发《关于推进教育新型基础设施建设构建高质量教育支撑体系的指导意见》（以下简称《意见》），提出到2025年，基本形成结构优化、集约高效、安全可靠的教育新型基础设施体系，并通过迭代升级、更新完善和持续建设，实现长期、全面的发展。教育部2022年工作要点中明确指出实施教育数字化战略行动。推进信息网络新型基础设施、平台体系新型基础设施、数字资源新型基础设施、智慧校园新型基础设施、创新应用新型基础设施、可信安全新型基础设施共六大类新型基础设施，从平台建设、数字资源建设、数据治理、教师队伍建设、标准规范建设等方面提高教育信息化的服务质量。《意见》明确，由各级教育行政部门牵头制定本地区教育新基建的实施方案，会同相关部门将教育新基建纳入本地区的教育"十四五"发展规划、网信规划和地方新基建支持范围；《意见》特别强调，地方各级教育、发展改革、财政、通信、工业和信息化等部门应加强统筹协调，优化支出结构来支持教育新基建。

二、浙江省高校信息化治理能力研究目标

浙江省教育信息化建设在已取得阶段性显著成效的同时，与新时期全面实现教育现代化的发展要求、信息时代创新型人才的培养仍存在差距。高水平推进教育信息化，全面推动教育领域数字化改革仍然是浙江省教育现代化进程中一项紧

迫而艰巨的任务。调研浙江省高校教育信息化发展水平并评价其治理能力，对引领教育现代化发展、实现高校教育教学模式改革与教育数字化转型有着重要意义。为赋能浙江省教育信息化高质量发展，本书的主要目标为构建基于投入—产出效能视角的浙江高校信息化发展评估体系。评估体系构建包括以下内容。

（一）构建基于客观数据的浙江高校信息化评估指标体系

构建高校信息化发展能力指标体系有利于建立业务量化衡量的标准，提高评价数据收集效率并快速定位信息化治理能力中的现存问题。浙江省高校信息化评估指标体系以浙江省教育系统网络安全与信息化工作领导小组办公室颁布的《浙江省高校智慧校园建设评价指标体系（试行）》为依据，梳理和借鉴国内外高校教育信息化评价指标，将原有部分三级指标中的主观性指标修正为客观性指标，为进一步的数据分析奠定基础，并通过除冗余项后得到科学、完整的高校信息化发展能力评价指标体系。同时，为确保指标体系符合浙江省高校信息化实际情况，本书采用专家会议法对指标体系进行修订。

（二）构建科学的高校信息化指标赋权体系

高校信息化评价指标赋权主要包括三类：基于专家经验赋权、基于因子分析赋权和基于数据关联的赋权。浙江省高校信息化指标赋权体系基于第三种数据关联的赋权，即根据指标的信息熵值或与其他指标的关联度，区分指标的有效性，并对其赋予相应的权重。这种方法主要是通过计算某一指标在高校中的区分度，确定其判断价值。它突破了专家的主观认知局限，同时能有效排除低区分度的指标。

（三）构建多元化、个性化评估策略

现有的信息化相关评价模型大多以投入体量为主要计量标准，然而，浙江高校类型多样，所处教育信息化发展阶段、水平不同，教育信息化投入差异较大，一旦以投入体量为判断依据，便容易导致盲目跟从等现象。除此以外，高校"重排名、轻诊断"的管理思维也助长了单一的体量思维，忽视对高校资源分配方式的"诊断"，致使高校决策机构难以对信息化发展规划做出及时、高效的干预和调整。高校信息化能力建设需要纵向评估信息化建设效果，也需要与同类别院校做横向参照，更需要及时做出政策回应。这就需要反思如何建立长效、立体化的面板数据库，并依靠信息技术手段对信息化能力做出智能判断。

2021年浙江省高校信息化治理能力评价遵循"两个统一"和"两个阶段"："两个统一"指教育信息化资源分配机制与产出效能相统一，信息化发展战略与学校发展定位相统一；"两个阶段"指基于信息化投入数据和绩效产出数据，一是指标进行数据赋权阶段，二是效能转化率分析诊断阶段。浙江省高校信息化治理能力评价在制定投入产出指标并收集数据后，首先采用熵权法找到区分度的评价指标，再输入数据包络分析模型对浙江省高校教育信息化绩效转换相对效率进行评价，实现对所有参评高校进行个性化、细颗粒度的分析诊断（见图3.1）。

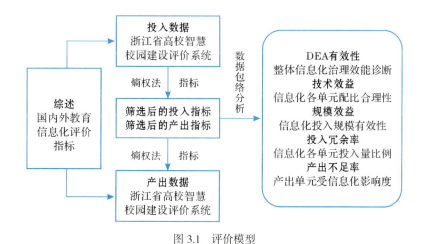

图 3.1　评价模型

浙江省高校信息化发展能力评价从效能角度评价高校信息化，强调浙江省高校信息化相对生产效率，使各高校不仅关注信息化绝对体量，更关注信息化资源分配的有效性和信息化治理能力，将参评高校视作决策单元，对其投入—产出效率进行排序和评价，以达到高校自身关注信息化绩效的目的。此外，模型的结果可以评估学校信息化治理的投入—产出是否合理，以及哪些指标需要调整以达到更高治理效率，为经费投入分配提供科学依据，打破传统"数豆子""撒胡椒面"式的经费预算分配方式，及时对现阶段资源分配不当的学校进行预警和建议，让高校决策者明白信息化"建多少""怎么建"。

第二节　浙江省高校信息化治理能力测评

"十三五"期间，浙江省高校积极开展基于技术的教与学方式变革等，全省各地各校教育信息化特色实践和创新研究蓬勃开展。结合浙江高校信息化评估指标体系、多元化、个性化评估策略及高校信息化评估软件平台，本书完成 2021浙江省高校信息化治理能力本、专科两类高校诊断性评价，以期为不同类型高校差异化发展提供依据。

一、浙江省本科院校信息化发展水平

（一）本科院校信息化发展水平分析

整体上，浙江省本科院校整体信息化发展水平较高，尤其在"网络空间安全""智慧环境"以及"治理体系"三项一级指标中，标准化后整体平均分高于80 分（100 分满分），证明浙江省本科院校整体上对教育信息化建设非常重视（如图 3.2 所示）。这与本科院校实际信息化发展状况相一致：省内本科院校在服务器资源上均有不同程度的投入，满足了学校师生的计算机使用需求。通过校园网信息系统的建设，各本科院校实现了全校所有办公室、教学部门、资源点和学生宿舍的网络互联，为学校对学生的统一管理和学生教育资源的共享奠定了基础。同时，统一了各级各类网站的规划、建设与管理。"特色与创新"和"智慧教育"两项上，本科院校的一级指标得分相对较低。

本书对参评的 55 所本科院校中排名前 20 的学校进行了分析。首先，其优势主要表现在"智慧教育"与"特色与创新"层面，说明这类本科院校能充分理解学校的办学定位和特色，并能科学地、有效地实施信息化赋能，将信息化重点落实到教育教学本身，通过智慧教育的建设发挥信息化在其他方面的辐射力和牵引力。其次，在"治理体系"及"智慧环境"上，前 20 所本科院校得分较高，反映了这类高校领导班子的高度重视，且执行有力，顶层设计完备。相较于专科院校，本科院校信息化发展指标差异更明显，应该加强各高校间信息化发展经验交流，逐步形成"一地创新、全省受益"的数字化改革项目建设机制，防止出现高校间信息化发展水平两极分化的现象。本科院校所有信息化发展水平数据见附录。

进一步关注二级指标可以发现，参评本科院校在"领导力""教学设施""数据中心""基础网络安全"等二级指标上得分较高，在"主机与应用安全""智慧服务""智慧科研"等二级指标上仍有提升空间（如图 3.3 所示）。

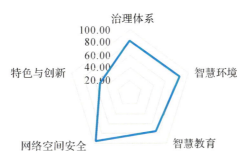

图 3.2　浙江省本科院校信息化发展水平数据一级指标得分雷达图

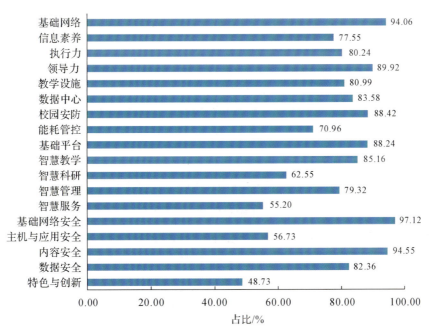

图 3.3　浙江省本科院校信息化发展水平数据二级指标得分柱状图

（二）本科院校信息化指标赋权结果

本书对本科院校信息化发展水平指标进行了权重赋值，采用熵权法得出的前 20 项权重如表 3.1 所示。权重最大的两项是"利用全校统一的高性能计算平台

（HPC）进行计算工作"和"高性能计算面向全校提供预约和共享服务"，证明这两项指标在本科院校之间差距最大。而本科院校在两项指标上的权重小于专科院校的权重，证明本科院校在利用 HPC 进行计算工作以及高性能计算平台面向全校预约、共享方面差距小于专科院校。两类学校熵权法权重最高的前 20 项指标有所差异，说明了两类学校办学性质不同而产生了信息化发展特征的差异性，以及进行信息化发展水平分类评价的必要性。熵权法权重最小的指标包括"信息化纳入学校年度考核"以及"学校信息系统总数"、"大型仪器设备共享服务系统数量、数据治理平台、同步课堂教学计划、大型仪器设备共享使用时间"。说明浙江省本科院校均重视且完善了信息化年度考核，在学校信息系统投入比例具有趋同性。

表 3.1　浙江省本科院校信息化指标赋权结果

指标名称	权重
利用全校统一的高性能计算平台（HPC）进行计算工作	0.055
高性能计算面向全校提供预约和共享服务	0.050
2021 年教师在国家、省级教学信息化能力竞赛中获奖	0.032
通过师生基础数据库采集自动生成报表数据，包括以下事项服务：职称评审、年度考核、人才项目评审、教学业绩考核	0.026
学校网上办事大厅事务总数量 ___（项）；"零跑腿"事项 ___（项）；2021 年月均办理事务 ___（人次）；"零跑腿"事项占总事项数的 80% 以上	0.025
建成师生工作、学习、社会实践、科研和获奖等信息的"一人一表"基础数据库	0.025
学校建有统一资源分类标准	0.022
电能数据采集终端具有过流、过压、烟雾报警等安全防护功能	0.020
对重要敏感数据的存储应进行加密	0.020
建立统一的实践教学管理平台，实现综合查询、服务预约、实验室监控、绩效分析等功能	0.020
制定课堂信息化教学考评激励机制，信息化教学纳入岗位聘任、职称评审、授课酬金、奖金分配等学校相关政策文件	0.019
运用科研协作和交流服务平台实现校际、社会、校内科研项目协作	0.019
为师生提供个人综合数据查询和分析服务	0.019

续表

指标名称	权重
学校信息系统总数、实现单点登录系统数、学校信息系统实现单点登录漫游比例（单点登录系统数或学校系统总数）	0.018
信息化纳入学校年度考核	0.018
具有大型仪器设备共享服务系统，提供以下哪些功能：预约功能、共享功能、数据查询统计功能	0.018
建成数据治理平台，实现结构化、半结构化和非结构化数据的交互，具有用户可视化、可定义的采集工具和画布工具	0.018
制定优质或特色教学资源的跨校区同步课堂教学计划	0.018
大型仪器设备每学年共享使用时间	0.017

（三）本科院校信息化治理效能分析结果

基于数据包络分析的治理效能评价体系主要依据 DEA 有效性、技术效益、规模效益、投入冗余率和产出不足率五个指标做出评价诊断。在参评 55 所本科院校中，有 42 所学校为"DEA 强有效"：任何一项投入的数量都无法减少，除非减少产出或增加另外一种投入的数量；任何一种产出的数量都无法增加，除非增加投入的数量或减少另外一种产出的数量。有 6 所为"DEA 弱有效"：无法等比例减少各项投入的数量，除非减少产出的数量；无法等比例增加各项产出的数量，除非增加投入的数量。有 7 所为"非 DEA 有效"，即当前信息化建设存在一定资源浪费现象（如图 3.4 所示）。

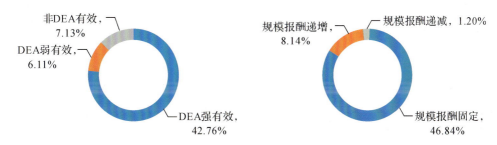

图 3.4　本科院校数据包络分析结果

注：左图为有效性分析，右图为规模报酬分析。

参评 55 所本科类院校中有 46 所为规模报酬固定，即信息化达到了最适生产规模。有 8 所学校为规模报酬递增，说明这部分本科院校现阶段信息化生产规模相对较小，投入产出比会随着规模扩大而迅速提升。有 1 所学校为规模报酬递减，说明投入增加时，产出增加的比例会小于投入增加的比例，该校在信息化投入上需审查各单元投入配比的合理性和科学性。

二、浙江省专科院校信息化发展水平

（一）专科院校信息化发展水平分析

整体上，浙江省专科院校信息化发展水平较高，尤其在"网络空间安全""智慧环境"以及"治理体系"三项中，标准化后整体平均分高于 80 分（100 分满分）（如图 3.5 所示），反映出浙江省专科院校联动了制度建设和设施建设的双向发展，通过完善信息化治理体系的各项规定、计划和方案，较好地落实了智慧环境的各项软硬件建设，保障了校园网络空间的安全。进一步关注二级指标可以发现，参评高校在"领导力""教学设施""数据中心""基础网络安全"等二级指标上得分较高（如图 3.6 所示），但也发现"主机与应用安全"分值较低，反映出在教育信息化发展过程中，专科院校的应用能力不足，在应用过程中的主动防护能力较弱。数据同样显示在"特色与创新"和"治理体系"两项上，专科院校一级指标得分普遍较低，特别是在"智慧服务""智慧科研"等二级指标上仍有提升空间。各类专科院校应充分挖掘现有软硬件设施在教育教学场景开发的应用价值，根据学校发展特色方向和专业优势，打造一批应用性强、示范性广的教科研信息化服务场景。

图 3.5　浙江省专科院校信息化发展水平数据一级指标得分雷达图

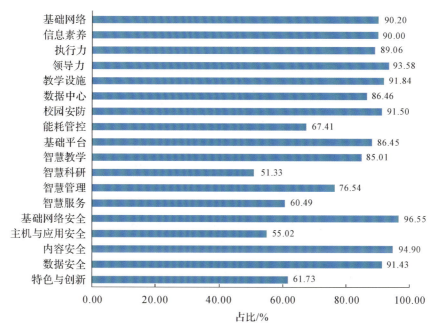

图 3.6 浙江省专科院校信息化发展水平二级指标得分柱状图

在参评的49所专科院校中，前6所专科院校在"网络空间安全"上达到了满分，前20所专科院校在"网络空间安全"上也均达到接近满分的分数，区分度不高，因此"网络空间安全"在指标赋权中不应作为高权重指标。在"治理体系"及"智慧环境"上，前20所专科院校总体得分较高，分数有一定区分度。区分度高的指标主要还包括"智慧教育"与"特色与创新"。排名靠前的专科院校在挖掘自身教育信息化特色优势方面能力差异较大，一部分院校在信息化建设中趋同性较大，对于教育教学赋能不多。

专科院校信息化发展指标得分与全国职业院校技能大赛强相关。信息化发展水平排名前20的专科院校基本来自杭州、宁波、绍兴、金华等市，浙江省教学能力比赛和全国职业院校教学能力比赛获奖作品也主要集中在杭州、宁波、绍兴、金华等市。浙江省获奖的职业院校作品主要体现在信息技术构建教学环境、各类教学软件在课堂中普及和信息技术支持教学评价等方面。这些教学应用场景得到教学管理平台的完整记录，并积累了大量的学习者学习数据，为教师教学反思和信息素养的发展提供了重要的数据支持。

（二）专科院校信息化指标赋权结果

本书对专科院校信息化发展水平指标进行权重赋值，采用熵权法得出的前20项权重如表3.2所示。可以发现权重排名前二的是"利用全校统一的高性能平台（HPC）进行计算工作"和"高性能计算面向全校提供预约和共享服务"，证明这两项指标在专科院校之间差距最大，且均与高性能计算平台有关。高性能计算是指利用聚集起来的计算能力来处理标准工作站无法完成的数据密集型计算任务，包括仿真、建模和渲染等。权重最低的指标包括"学校各类人员数量及信息化专职人员配比""校园自助服务终端提供的打印服务事项""具有统一的生物特征（人脸、指纹、声音等）数据采集管理平台和应用标准接口""网上办事大厅月人均办理事务次数"等指标。这与2021年疫情时信息化高速发展，高校均基本实现了信息化治理常态化相匹配。

表 3.2　浙江省专科院校信息化指标赋权结果

指标名称	权重
利用全校统一的高性能计算平台（HPC）进行计算工作	0.086
高性能计算面向全校提供预约和共享服务	0.080
2021 年获得虚拟仿真实训基地、各类信息化项目等省级项目，以及国家级项目	0.045
具有大型仪器设备共享服务系统，提供预约、共享、数据查询统计等功能	0.033
建成师生工作、学习、社会实践、科研和获奖等信息的"一人一表"基础数据库	0.028
大型仪器设备每学年共享使用时间	0.027
通过师生基础数据库采集自动生成报表数据，包括以下事项服务：职称评审、年度考核、人才项目评审、教学业绩考核	0.026
运用科研协作和交流服务平台实现校际、社会、校内科研项目协作	0.025
建成数据治理平台，实现结构化、半结构化和非结构化数据的交互，具有用户可视化、可定义的采集工具和画布工具	0.023
为师生提供个人综合数据查询和分析服务	0.023
2021 年教师在国家、省级教学信息化能力竞赛中获奖	0.022
应用物联网、大数据、网络通信等技术，采集校园能耗数据，实现校园能耗集中式管控与展现	0.021

指标名称	权重
科研协作和交流服务平台具有科研项目申报、管理、跟踪、信息查询和统计分析等功能	0.018
智慧教室数量 ＿＿ 间；智慧教室占教室总数比例	0.017
建立统一的实践教学管理平台，实现综合查询、服务预约、实验室监控、绩效分析等功能	0.017
学校学生总数 ＿＿（人）；在编教职工总数 ＿＿（人）；专职技术部门人数 ＿＿（人）；专职技术部门人员配比（专职人员与师生数之比）或专职技术部门人数占教职工数之比	0.015
校园自助服务终端提供的打印服务事项（学生成绩、收入证明、在职证明、学籍证明、在读证明、计算机等级考试证明、毕业证、无犯罪记录证明、户籍证明、年度考核证明等）	0.015
具有统一的生物特征（人脸、指纹、声音等）数据采集管理平台和应用标准接口	0.014
网上办事大厅月人均办理事务次数	0.014

（三）专科院校信息化治理效能分析结果

基于数据包络分析的治理能力评价体系主要依据 DEA 有效性、技术效益、规模效益、发展冗余率和产出不足率五个指标做出评价诊断。在参评 49 所专科院校中，有 45 所学校为"DEA 强有效"：任何一项投入的数量都无法减少，除非减少产出或增加另外一种投入的数量；任何一种产出的数量都无法增加，除非增加投入的数量或减少另外一种产出的数量。有 4 所为"DEA 弱有效"：无法等比例减少各项投入的数量，除非减少产出的数量；无法等比例增加各项产出的数量，除非增加投入的数量（如图 3.7 所示）。参评的 49 所专科类院校均为规模报酬固定，即信息化达到了最适生产规模，建议维持投入产出的资源配置比例。

图 3.7　专科类院校数据包络分析结果

注：左图为有效性分析，右图为规模报酬分析。

第三节　浙江省高校信息化治理能力实践总结

2022 年 2 月 28 日，教育部部长怀进鹏在国家教育行政学院举行的春季开学典礼上指出，要聚焦数字中国，大力实施教育数字化战略行动。按照"需求牵引、应用为王、服务至上"的原则，抢占未来发展先机，切实以教育信息化推动教育高质量发展。浙江省高校信息化治理能力测评结果体现出浙江省教育信息化建设取得了阶段性成效，也使我们看得见、摸得着各高校教育信息化建设的不足。

结合本科院校和专科院校评测数据，我们可以看到浙江省高校信息化治理能力存在着学校类别上发展的不均衡性、同类学校之间发展的差异性、不同学校之间沟通渠道的畅通性等方面的问题。如本、专科教学信息化投入的不均衡性，我们从以上数据分析中可以看出，本、专科学院在网络安全、教学环境和治理体系三方面评测排序均在前列，说明浙江省教育信息化基建发展整体上有着齐头并进的良好势头。在特色与创新及智慧教育模块上，专科院校的评测数据和本科院校相差一个层级，一部分院校在信息化建设中趋同性较大，对于教育教学赋能不多，专科院校在信息化教学应用上有待进一步落实。在同类学校之间发展的差异性及沟通性上，本科院校信息化发展指标差异更明显，高校间开展有效的经验交流，防止出现高校间信息化发展水平两极分化成为需要关注的焦点。从整体上来看，浙江省高校的信息化呈快速发展势头，特别是近两年受疫情的影响，大大加快了发展步伐，但是各地区、各高校发展重点不够突出，特色不够明显，也是本次评测暴露出来的弱点，根据以上评测情况，本书提出以下建设意见。

一、整体把握，重点突破，推进教育信息化改革

（一）深刻认识数字化改革的重要内涵

数字化改革是数字浙江建设的新阶段，是数字化转型的一次新跃迁，是浙江立足新发展阶段、贯彻新发展理念、构建新发展格局的重大战略举措和制度安排。数字化改革是一场波及经济社会发展全局、涵盖从生产力到生产关系的全方位变革。新一代数字技术不仅仅改变了生产方式和管理体系，同时也更深刻地改变了社会资源的配置方式和社会组织的运行模式。以数字化改革撬动各领域各方面改

革，已经成为当下和未来全面深化改革的战略选择。

（二）迎难而上，加强对数字化改革的学习实践

面对数字化改革这一重要课题，全省教育系统都要积极行动，打破固有的思维定式和路径依赖，加强前瞻性思考、战略性谋划和体系化推进。充分发挥高校研究能力，加快信息技术知识更新，补上数字化专业素养、综合集成能力等方面的短板弱项，共同打造数字化改革理论成果。教育系统数字化改革的本质是办好人民满意的教育，出发点是培养德智体美劳全面发展的社会主义建设者和接班人，立足点是提升教育质量。在设计场景、开发应用的时候，我们要时刻"回头看"，看看改革的道路是不是忽略了育人的目的，是不是为了改革而改革，在不断反思中深化改革。

（三）加强贯通，打造数字化改革硬核成果

时任省委书记袁家军做《加快全面贯通打造最佳应用形成更多重大标志性成果》重要讲话，提出全省数字化改革上下贯通问题亟待破解、"一地创新、全省共享"路径有待打通等问题。各校要聚焦国家所需、聚焦群众所盼、聚焦未来所向，打造教育领域跨地域、跨层级、跨系统、跨部门、跨业务的协同场景。在打造数字化改革创新场景应用的同时，关注横向、纵向贯通性，让应用在各领域、各层级、各环节、各主体中实现全覆盖，做到治理增效、服务提质、用户点赞、群众满意。

二、脚踏实地，全面加强高校智慧校园建设

（一）完善制度建设，创新组织协同

《浙江省教育信息化"十四五"发展计划》明确指出要加强教育领域数字化改革的总体设计与制度建设，推动业务、数据和技术的系统集成，赋能省域教育治理体系建构和治理能力现代化，加快推动从经验治理向制度治理、智慧治理、整体智治转变，实现教育行政部门履职方式和校园治理方式的系统性重塑。组织架构对于信息化治理能力的提升有着重要意义。党的十九届五中全会强调要加快推进教育治理体系和治理能力现代化，增强改革的系统性、整体性和协同性。各高校应进一步推动首席信息官（CIO）专班制度，通过校级和部门两级CIO专班的建立，形成条块化管理模式，发挥CIO在教育信息化方面的计划、组织、指挥、控制作用，提高沟通和协作的效率，让校级层面的中台架构整体布局能够有效落

实到各个职能部门。

（二）立足特色发展，建立人才梯队

高等教育信息化既要关注整体发展，也要关注分类发展。各高校应根据自身的环境和特点厘清学校的培养特色、科研特色和管理特色，抓住整体水平，分类发展个性化特色。通过信息化手段，在人才培养、科学研究和科学管理上取得各自特色的成果。随着新形势下对人才培养要求的提高，各高校的发展需要新的技术驱动创新。第一，应认识发展和生存都必须创新；第二，从能力指标上体现创新；第三，尊重知识产权，鼓励并帮助各高校信息化人员深入调查，去发现问题、解决问题、总结并提炼创新和推广创新；第四，挖掘并重视高校教育信息化的优秀案例和特色案例，有组织、有计划地去推广和应用；第五，进行创新方面的相关知识技能培训，在政策上公平对待信息化项目和课题的申报。

（三）立足服务导向，加快融合创新

教育教学是高校的重要服务内容，高校信息化目的之一就是通过信息技术提高教育教学质量和人才培养质量。教育部高等教育司2020年工作要点是全面推进"四新"建设，持续深化新工科、新农科建设，积极推进新医科、新文科建设。"三抓三促"，即抓领导促管、抓教师促教、抓学生促学，这是高校教育信息化的发力点。高校要把学习革命作为一种新的教育生产力，建立"互联网＋教学""智能＋教学"新形态，促进学习方式变革，提高教学效率，激发教与学的活力。第一，关注和规划信息化手段如何融入学科建设，提升教师质量、学生质量；第二，制定深入线上、线下的信息化课堂教学项目和实践活动，以及更好地支持科学研究、师生职业发展的规划和全新方案；第三，修订信息化的能力指标，全方位融入教育教学；第四，信息化的管理与服务、理论、应用研究也应围绕教育教学和科学研究的主战场；第五，各级学校和机构应在学校的规划下，重视技术驱动教育教学、科学研究项目。

（四）探索"中枢协议"建设思路，推进动态评估

推进"中枢协议"建设思路，通过中枢协议，实现跨层级、跨地域、跨系统、跨部门、跨业务的数据协同，从各部门"分块而治"到各力量"多元共治"，为数字校园治理转型提供组织保障。优化管理端、学校端、部门端的流程、进程和工作的可视化，与时俱进地迭代信息化能力评价平台，实现校园"最多跑一次""最

多找一人"和"最多点三下"等现代数字治理建设目标。规范数据标准和提升数据决策水平，用科学的方法进一步优化算法，完成学校填报数据的完全自动化，数据挖掘深层次、多方面，高效率，实现对多元数据的分类评价，为决策提供翔实数据支撑。进一步探索基于全量信息自动采集的面板数据，建立动态监测评估机制，进一步优化信息化评价指标，及时更新指标体系，推动浙江省教育信息化治理能力评估的实时化、数据化和可视化。

期待浙江省各级教育主管部门和高校能通力配合，切实落实教育信息化发展大计，以高度的责任感和使命感强化教育信息化内涵建设，为教育促进共同富裕提供支撑。

第四章　2021年中国高校信息化治理能力的发展概况

本章对我国 126 所"双一流"建设高校、990 所非"双一流"普通高校、1351 所高等职业技术院校和 49 所其他院校高校治理体系中信息化建设的六个维度、137 个分项指标进行了详尽的调查和分析,从四个方面描述了中国高校信息化建设状态。第一,我国各类高校信息化分项指标的覆盖率;第二,信息化建设显性特征指标的各省排行;第三,主成分分析高校各种主要情况及部分综合排名;第四,聚类分析高校和各省的信息化建设问题。

第一节　背景与目标

一、背景

"十三五"期间,全国坚持"以教育信息化支撑和引领教育现代化"发展理念,以促进技术与教育教学深度融合为核心,全面发展智慧教育,初步形成基于数据的新型教育治理模式,教育信息化为全国高校基本实现教育现代化提供了有力支撑。在这样的背景下,全国各高校加大了信息化投入力度,逐步完善了信息化教育教学的软硬环境,高校教育教学模式在"互联网+"的形势下发生了很大变化。

我国高等教育信息化通过"十三五"期间的建设,已取得阶段性显著成效,但与新时期全面实现教育现代化的发展要求、信息时代创新型人才的培养仍存在差距。高水平推进高校教育信息化,全面推动教育领域数字化改革,培养不同层次需求的高质量人才,适应当今高速发展的社会和经济需求,仍然是我国教育现代化进程中一项紧迫而艰巨的任务。调研和评价我国高校教育信息化发展水平，对信息技术支撑高校教育教学模式改革与教育教学数字化转型，培养高校一流人才具有意义重大。

2021 年 12 月，中央网络安全和信息化委员会印发《"十四五"国家信息化规划》，对我国"十四五"时期信息化发展做出了部署安排，为各地区、各领域信息化工作提供了重要指南。2021 年 7 月，教育部等六部委《关于推进教育新型基础设施建设构建高质量教育支撑体系的指导意见》提出了"教育新型基础设施是以新发展理念为引领，以信息化为主导，面向教育高质量发展需要，聚焦信息网络、平台体系、数字资源、智慧校园、创新应用、可信安全等方面的新型基础设施体系"的指导方针。本书围绕国家部署的主体任务，通过对近期我国高校教育信息化总体建设发展情况持续跟踪和信息化状态数据调研，拟达到以下目标。

二、目标

（一）客观反映全国高校信息化建设情况

构建高校信息化发展能力指标体系有利于进行业务量化的数字度量，提高评价数据收集效率并快速定位信息化建设中现存的问题。因此，本章借鉴了国内外高校教育信息化评价指标，梳理了《全国教育信息化工作管理信息系统》的指标，在填报问卷基础上，采用层次分析法对原填报体系进行了一定的修订，通过去除冗余项，建立切实反映当前高校信息化发展概况的多维评价体系。

（二）科学构建高校信息化建设综合指标赋权体系

根据《全国教育信息化工作管理信息系统》的状态调查框架，本章将信息化指标分为六个维度，即 6 个一级指标下的 24 个二级指标、127 个三级指标。指标个数多，离散度大，提高了研究聚焦主要问题的难度和复杂度。我们采用统计分析中研究多变量的主成分分析方法，对原先指标进行筛选，并根据指标之间关联关系，将数量繁多的指标重新组合成一组互相关联度较低又具有明确实际含义的六个主成分，构成我国高校信息化建设指标赋权体系，在控制指标数量的同时，尽可能多地反映基于原评估指标所收集的信息。

（三）透过建设指标体系寻找信息化能力发展的内涵

主成分分析方法在实现数据降维的同时，保证了赋权体系的科学性、可靠性和一致性。部分公布的综合排名保留了在原有调查中高校信息化的真实情况，聚类分析方便我们对各高校和区域进行分类，并根据不同分类，解决不同类型的主要矛盾。

第二节　研究方法

一、指标归类与样本说明

（一）指标归类

本书采用浙江大学承担的教育部移动项目"高等学校'最多跑一次'改革政策研究"向教育部科信司申请的全国教育信息化工作管理信息系统（以下简称信息系统）的填报数据，数据截止到 2022 年第一季度。

信息系统填报数据分为六个维度描述，一级指标分别为"信息系统建设""学校信息基础设施""教育资源""网络安全保障""网络学习空间"和"信息化工作保障"。二级指标有 24 项，三级指标有 137 项。具体见表 4.1。

表 4.1　信息系统填报数据归类

一级指标	二级指标	三级指标内容
信息系统建设	学校及资产类 （9 项）	学校信息
		校舍
		办学条件
		教育装备
		图书馆
		实验室
		实训场地
		财务
		其他
	学生类 （6 项）	学生学籍
		学生资助

续表

一级指标	二级指标	三级指标内容
信息系统建设	学生类 （6项）	体质健康
		学生培养
		学生实习就业
		其他
	教师类 （8项）	教师档案
		教师培训
		教师职称
		专业技能
		资格认定
		师德建设
		教育规划与建设
		其他
	规划与决策类 （4项）	教育统计
		教育决策支持
		课程管理
		其他
	教务类 （6项）	考务管理
		成绩管理
		招生
		德育
		教学平台
		其他
	教学类 （3项）	学习考试
		科研
		其他

续表

一级指标	二级指标	三级指标内容
信息系统建设	总务类 （6项）	人事
		外事
		档案
		后勤
		考勤
		其他
	应用公共支撑服务系统（9项）	电子邮件系统
		网上个人存储空间
		身份管理与认证系统
		双向传输视频会议系统
		校园一卡通系统
		BBS系统
		搜索工具
		学习空间
		其他
	系统造价（1项）	所有系统造价（万元）
	移动端应用（1项）	是否开展移动端应用
	用户范围（4项）	学校管理用户
		老师用户
		学生用户
		家长用户
学校信息 基础设施	学校信息 （4项）	学校类型
		学生数量
		教师数量
		班级数量

续表

一级指标	二级指标	三级指标内容
学校信息基础设施	基础设施（14项）	教育科研网出口带宽
		电信网出口带宽
		联通网出口带宽
		移动网出口带宽
		其他网络出口带宽
		无线覆盖A（教学区）
		无线覆盖B（科研区）
		无线覆盖C（办公区）
		无线覆盖D（学生宿舍区）
		无线覆盖E（教室生活区）
		无线覆盖F（学校其他区域）
		全校教室总数
		多媒体教室总数
		是否建设校级数据中心
教育资源	数字图书类（2项）	电子图书总数
		电子期刊种类
	课程类（20项）	学校建设并在境内平台开放共享的MOOC数量
		学校建设并在境内平台共享的资源共享课数量
		视频公开课数量
		学校在境外平台开放共享的MOOC数量
		A 爱课程
		B 学堂在线
		C 好大学在线
		D 华文MOOC
		E 优课联盟

续表

一级指标	二级指标	三级指标内容
教育资源	课程类（20项）	F 智慧树
		G EDX（麻省理工大规模开放课程）
		H COURSERA（大型开放式网络课程）
		I UDACITY（大型网络教学平台）
		在线课程总数
		教学中应用的在线课程数
		SPOC 数量
		教学中应用在线源共享课数量
		在线视频中的视频公开课数量
		数字化教学资源
		其他
网络安全保障	安全管理制度（6项）	安全管理制度
		安全管理机构
		人员安全管理
		系统建设管理
		系统运维管理
		其他
	安全组织（2项）	牵头部门
		执行部门
	安全产品和服务（11项）	防火墙
		入侵检测
		漏洞扫描
		审计系统
		网络流量控制
		恶意代码防护

续表

一级指标	二级指标	三级指标内容
网络安全保障	安全产品和服务（11项）	网络边界防护
		应用安全防护产品
		安全服务类
		应急措施
		其他
	灾备（6项）	灾备机制（尾数1为有）
		数据级
		应用级
		业务级
		同城
		异地
网络学习空间	业务信息化（5项）	教师空间总数
		学生空间总数
		网络学习空间提供方A（购买第三方）
		网络学习空间提供方B（学校自建）
		网络学习空间提供方C（其他）
信息化工作保障	学校信息化主管校领导级别（5项）	正校长
		副校长
		处长
		其他
		无
	学校信息化职能部门设置情况（3项）	专设
		非专设
		无
	信息化专职工作人员总数（1项）	工作人员总数
	年度信息化经费总额（1项）	年度经费总额（万元）

（二）样本处理

1. 样本数

根据以上指标，我们对信息系统的 2638 所院校进行数据收集。其中，"双一流"建设高校 126 所，非"双一流"普通高校 1050 所，高职院校 1407 所，其他院校 55 所。

2. 3σ 原则剔除原则

样本首先根据统计学 3σ 原则进行了处理，方法是以中心轴（μ）对称，左右各 3 个标准差（σ），各学校项目分项数值的取值几乎全部集中在（$\mu-3\sigma$，$\mu+3\sigma$）区间内，超出这个范围的可能性小于 0.3%，故不予采用。根据 3σ 原则，我们剔除了投入数不符合实际需求的学校。

3. 其他因素剔除的内容

其他剔除的内容包括：学校学生数量为零或太少，员工数异常，不符合学校规模，在公开媒体找不到相应数据的；

在线建设课程数，SPOC、MOOC 课程数过大，不符合客观事实的。

此外，经过统计学数据处理，我们还在 2638 所高校中剔除了 122 所学校的无效数据，保留了 2516 所院校，有效率为 95.34%（保留小数点后两位），形成了 126 所"双一流"高校、990 所非"双一流"普通高校、1351 所高等职业技术院校和 49 所其他类学校的统计样本。

二、技术路线

（一）描述分析

从数据类型上，指标可分为取值为 0 或者 1 的二元型和连续型两大类。前者通过院校填报 1 的百分比来表明全国高校在该指标上的表现，公式如下：

$$E_i = \frac{\sum\limits_{j=1}^{N} e_{ij}}{N} \tag{4.1}$$

其中，e_{ij} 表示院校 j 在第 i 个指标上是否达标，N 为院校总数，E_i 是所统计院校在第 i 个指标上的总体达标情况。

对客观指标，我们用专家经验归类成当前显性客观指标，找出综合分析的经验值，对部分指标进行转化，将多个相关二元型指标转化为院校的相关覆盖率指标。公式如下：

$$C_{jm} = \frac{\sum\limits_{j=1}^{m} e_{ij}}{m} \times 100\%$$ （4.2）

其中，e_{ij} 表示院校 j 在第 i 个指标上是否达标，基于 m 个相关二元型指标，可以得出院校 j 在这类指标上实现的覆盖率 c_{jm}。

指标覆盖率的均值和标准差可以揭示我国院校的平均水平以及离散程度。根据研究需要，我们选取不同口径分别进行统计，并进行全国、区域或者院校类别的描述与比较分析。均值与标准差公式分别如下：

$$\overline{x_i} = \frac{\sum\limits_{j=1}^{n} x_{ij}}{n}$$ （4.3）

$$s_i = \sqrt{\frac{\sum\limits_{j=1}^{n} (x_{ij} - \overline{x_i})^2}{n-1}}$$ （4.4）

其中，x_{ij} 为院校 j 在指标 i 方面的表现，n 为所统计院校数量，$\overline{x_i}$ 和 s_i 分别为所统计院校在指标方面表现的平均值和标准差。

（二）信度分析

对纳入最终评价指标的体系指标，我们通过计算克龙巴赫 α 系数（Cronbach's α coefficient）验证其效度。

$$\alpha = \frac{K}{K-1}\left(1 - \frac{\sum S_k^2}{S^2}\right)$$ （4.5）

其中，K 为指标数量，S_k^2 和 S^2 分别为院校在每个指标上表现的方差以及总覆盖率的方差。克龙巴赫 α 系数越大，指标之间一致性越强，信度越高。克龙巴赫 α 系数达到 0.60 即可接受，由于有些分维度的指标数量较少，此标准可适量降低，但不能低于 0.35。

（三）效度分析

我们采用主成分分析法，指标本身是结构化的：通过探索变量之间的相关系数矩阵，根据变量的相关性对变量进行分组，使同组内变量间的相关性较高，不同组变量的相关性较低；在尽可能不损失或者少损失原始数据信息的情况下，将繁多变量聚合成少数几个独立因子，反映原来众多变量的主要信息。这一分析既保证最终综合指标的内容效度，也可与既定结构相互验证。

设 F_i 为第 i 个主成分，$i=1$，2，$\cdots$，f，有

$$
\begin{cases}
F_1=c_{11}x_1 + c_{12}x_2 +\cdots+ c_{1p}x_p \\
F_2=c_{21}x_1 + c_{22}x_2 +\cdots+ c_{2p}x_p \\
\qquad\qquad \cdots \\
F_f=c_{f1}x_1 + c_{f2}x_2 +\cdots+ c_{fp}x_p
\end{cases}
\qquad (4.6)
$$

其中，对每一个 i，均有 $c_{i1}^2 + c_{i2}^2 +\cdots+ c_{ip}^2=1$，而优化的目标就是使得 $Var(F_i)$ 的值最大，换言之，最大限度保留信息。

我们通过计算数据集协方差矩阵的本征值，根据本征值大于1的数量确定因子数量，然后确定每一个本征值所对应的特征向量，即确定综合指标以及该指标各个维度的计算公式，最后形成包含6个因子的综合，用F表示。

（四）聚类分析

为了在宏观层次上深入了解我国各类高等院校信息化建设情况，并为院校加强信息化建设发展提供针对性的个性化建议，我们对各类院校分别进行了聚类分析。聚类分析是一种建立分类的多元数据分析方法，是典型的无监督分析方法，通常用于对未知类别的样本（本书中为我国的高等院校）按照性质上的亲疏程度在没有先验知识的情况下进行自动分类，产生多个分类结果，类内部个体特征具有相似性，不同类间个体特征的差异性较大。为了确保研究结果的稳健性和解释力，本书采用了层次聚类和 K-means（K 均值）聚类两种相混合的方法。

1.层次聚类

层次聚类的核心思想是根据样本之间的"距离"划分样本，两个样本"距离"越近，则相似度越高，否则越低。首先找出"距离"最为接近的样本确定最底部层次，进而不断叠加"距离"接近的样本形成更高的层次，最终形成一个树形的聚类结构，即样本集的树形分层结构。在这一结构中，选定特定层次，可以得到在

这一层次上的聚类结果。本书根据原来因子分析所构建的指标体系，采用欧几里得度量（Euclidean metric）测量院校之间的"距离"，即学校i和j之间的"距离"如下：

$$d_{ij} = \sqrt{\sum_{k=1}^{6}(F_{ik} - F_{jk})^2} \quad （4.7）$$

其中，F_{ik}为院校i指标k的得分。

层次聚类分析限制少，而且无须预先制定聚类数，可最大限度减少人为初始设定的影响，但是其分析结果受奇异值的影响较大。考虑到本书数据中有些指标标准差较大，所以进一步结合了K-means聚类。

2. K-means聚类

与层次聚类相似，K-means聚类也是通过样本间的"距离"来衡量它们之间的相似度。其不同之处在于，K-means聚类不是通过简单计算两个样本之间的"距离"，而是通过计算某一样本点与各分类质心之间的"距离"来确定是否属于该分类。K-means聚类需要给定聚类数量L，初始随机选取L个质心点，分别记为μ_1，μ_2，…，μ_l，…，μ_L。对于任一院校i，寻找其"距离"最近的"质心"，并确定其分类：

$$c_i^{(l)} := \mathrm{argmin} \sqrt{\sum_{k=1}^{6}(F_{ik} - \mu_{lk})^2} \quad （4.8）$$

其中，F_{ik}为院校i指标k的得分，μ_{lk}为第l类院校的"质心"的指标k的得分，$c_i^{(l)}$为"质心"距离院校i最近的分类。

确定院校i的分类后，重新计算其所属分类的质心：

$$\mu_{lk} := \frac{\sum_{i=1}^{m} F_{ik}}{m} \quad （4.9）$$

其中，m为这一分类下院校数量（包括新加入该分类的院校i）F_{jk}为这一分类下院校j指标k的得分。不断重复以上两个步骤，直至所有院校的聚类结果收敛。

K-means聚类的优点在于原理简单，容易实现，运行效率较高，而且其聚类结果容易解释，非常适用于高维数据的聚类分析，也适合于本书的院校聚类。

三、研究步骤

（一）数据处理和指标转化

1.二元型指标转化

（1）学校及资产类系统覆盖率：将是否建立学校信息、校舍、办学条件、教育装备、图书馆、实验室、实训场地、经费财务8项相关功能的信息系统指标数据加总并除以此类系统功能数量。

（2）学生类系统覆盖率：将学生学籍、学生资助、体质健康、学生培养和学生实习就业等学生类5项相关功能的信息系统指标数据加总并除以此类系统功能数量。

（3）教师类系统覆盖率：将教师档案、教师培训、教师职称、专业技能、资格认定和师德建设共6项教师类相关功能的信息系统指标数据加总并除以此类系统功能数量。

（4）规划与决策类系统覆盖率：将教育规划与建设、教育统计和教育决策支持3项相关功能的信息系统指标数据加总并除以此类系统功能数量。

（5）教务类系统覆盖率：将课程管理、考务管理、成绩管理、招生和德育等5项相关功能的信息系统指标数据加总并除以此类系统功能数量。

（6）教学类系统覆盖率：将教学平台、学习考试和科研3项相关功能的信息系统指标数据加总并除以此类系统功能数量。

（7）总务类系统覆盖率：将人事、外事、档案、后勤和考勤等5项相关功能的信息系统指标数据加总并除以此类系统功能数量。

（8）应用公共支撑服务系统覆盖率：将电子邮件系统、网上个人存储空间、身份管理与认证系统、双向传输视频会议系统、校园一卡通系统、BBS系统、搜索工具和学习空间等8项相关功能的信息系统指标数据加总并除以此类系统功能数量。

（9）校园无线网络覆盖率：将教学区、科研区、办公区、学生宿舍区和教师生活区等5项带宽指标数据加总并除以功能区数量。

（10）安全管理制度建设情况：将安全管理制度、安全管理机构、人员安全管理、系统建设管理和系统运维管理等5项指标数据加总并除以总数量。

（11）安全组织建设情况：将牵头部门和执行部门 2 项功能指标数据加总除以部门数量。

（12）安全产品和服务建设情况：将防火墙、入侵检测、漏洞扫描、审计系统、网络流量控制、恶意代码防护、网络边界防护、应用安全防护产品、安全服务类和应急措施 10 项指标数据加总除以产品和服务总数。

（13）灾难备份情况：将数据级、应用级、业务级、同城和异地 5 项指标数据加总除以灾备种类。

2. 连续型指标转化

为了便于开展主成分分析，我们对所有连续型指标及其转化而来的指标进行标准化处理，处理后的数据定义为 x'_i。公式如下：

$$x'_i = \frac{x_i - \overline{x}_i}{s_i} \tag{4.10}$$

其中，x_i 为校的 i 项指标值，$\overline{x}_i$ 和 s_i 分别为所统计院校在指标 i 上的平均值和标准差。

此外，连续性指标转换还包括以下 3 类。

（1）总出口带宽：教育科研网出口带宽、电信网出口带宽、联通网出口带宽、移动网出口带宽和其他网络出口带宽指标加总。

（2）生均出口带宽：总出口带宽除以学生数量。

（3）生均多媒体教室：多媒体教室总数除以学生数量。

3. 剔除不理想指标

根据指标内容，我们剔除了不理想指标，这些指标有导向不明、概念不清和所携信息量不大等问题。具体剔除指标如下：

（1）"其他"（比如，指标 9、15、22 等）；

（2）用户范围情况（指标 54—57）；

（3）学生数量、教师数量、班级数量（指标 59—61）；

（4）院校采用的学习平台相关问题（指标 82—91）；

（5）网络学习空间提供方（指标 125—127）；

（6）学校信息化主管校领导级别（指标 128—132）；

（7）学校信息化职能部门设置情况（指标 133—135）。

（二）基于信度效度分析的指标体系构建

我们对筛选后的指标进行信效度分析，以完成有效指标的选取。

1. 信息系统建设

转化而来的覆盖率相关指标，除了"应用公共支撑服务系统覆盖率"外，均表现良好，纳入最终指标体系中。

2. 学校信息基础设施

"校园无线网络覆盖率"不符合满足信度要求，不予保留。"生均带宽"作为学校硬件建设的直接评价指标，信效度表现好，予以保留。

3. 教育资源

视频公开课不属于本次统计重点，所以相应的 4 个指标不予保留。关于 MOOC 的 3 个指标中，"学校在境外平台开放共享的 MOOC 数量"填报值普遍很小，无法为测量提供足够的变差，不予保留。"教学中应用的在线课程资源共享课数量"信效度表现不佳，不予保留。"数字化教学资源"存在理解有误或者填答有误的现象，不予保留。

4. 网络安全保障

全国院校在"安全组织建设"指标上均表现良好，该指标不具备区分度，不予保留。而灾难备份方面，"是否具备灾备制度"这一指标不予保留，基于灾备级别和灾备地的信息构建的综合描述指标纳入综合评价体系。

5. 网络学习空间

"教师空间总数"和"学生空间总数" 2 个指标概念不清，所收集信息测量误差较大，不予保留。

6. 信息化工作保障

"信息化专职工作人员总数"和"年度信息化经费总额" 2 个指标反映了学校对信息化建设的年度投入，纳入综合评价指标。

为确保综合评价指标测量的准确性和学校排名的真实性，我们根据 3σ 原则对评价体系中表现异常指标的学校进行逐个的筛查，去掉有重大误差的学校，并进行信效度的分析，产生"双一流"建设高校的综合排名、非"双一流"普通高校、高等职业技术院校以及其他四类学校的综合排名。

（三）基于因子分析指标的聚类分析

1. 聚类分析的说明

主成分分析法锁定了6个主要成分，对数据做了标准化处理，所以聚类分析满足所选变量迎合聚类的分析需求，各变量的变量值没有数量上的差异，各变量间也不存在线性关系。

2. 聚类分析的步骤

指标体系确定后，经过计算，所有院校均被赋予6个指标的得分。本书的聚类分析分别针对"双一流"建设高校、非"双一流"普通高校和职业技术学校三类院校开展，步骤如下：

（1）假设设定分类数为 N（$N \geq 3$），即 N 种初始类型。

（2）先采用层次聚类确定初始分组，即将学校划分几种初始类型，找到初始质心点。

（3）根据以上初始"质心"，采用 K-means 聚类方法进行优化。

（4）在初始值上逐步增加分类数至 $N=10$，重复步骤（2）、（3），得到初始值至10类的聚类结果。

（5）综合分析以上全部聚类结果，确定采用的分类数与聚类结果。

最终确定各类院校的分类数量如下："双一流"建设高校为4类，非"双一流"普通高校为4类，而职业技术学校为5类。

第三节　原填报指标与全国各类分项分析

一、信息系统建设

（一）学校及资产类

由表4.2可见："学校信息""图书馆""财务"3个指标的信息化管理覆盖率最高，全国平均达到70.62%、88.17%和84.38%；"校舍""教育装备""实验室"3项指标"双一流"均高于平均值；其他指标的信息化管理覆盖率不足一半。"办学条件""实训场地"的信息化管理覆盖率较低，尤其是"实训场地"，"双一流"和普通高校几乎为零，出现这种情况的原因是某些院校的学科专业没有实训场地的信息化管理系统。建议高校加强实训场地的信息化管理相关平台建设，通过优化学校资源配置，加强对实训场地的规范管理，提升实训场地的使用绩效。

表 4.2　学校及资产类数据

编号	二级指标	三级指标	信息化管理覆盖率 / %			
			全国	"双一流"	普通高校	高等职业技术学校
1	学校及资产类	学校信息	70.62	70.63	67.09	73.77
2		校舍	47.50	74.60	49.66	46.70
3		办学条件	35.63	38.10	32.23	39.16
4		教育装备	45.38	60.32	48.55	43.21
5		图书馆	88.17	96.03	94.39	84.43
6		实验室	47.16	79.37	58.59	38.45
7		实训场地	20.66	0.00	0.09	38.02
8		财务	84.38	95.24	88.52	81.66
9		其他	6.90	6.35	6.21	7.11

（二）学生类

由表 4.3 可见："学生学籍"信息化管理覆盖率高，平均达到 92.80%；"双一流"在"学生培养"和"学生实习就业"2 项指标上明显高于其他高校，说明随着高校对人才培养方案形成性评价工作的不断深入，用信息化手段严把学业输入和输出关已成为一种常态手段，它有效地提升了本科教育质量，值得其他高校借鉴。普通高校和高等职业技术院校在"学生培养""学生资助""学生实习就业""体质健康"四方面的信息化管理均有提升空间，特别是"学生培养""体质健康"的信息化管理覆盖率有待进一步提高，各院校可以和学生的体格检查、疾病跟踪、传染病防治和心理健康相结合。

表4.3　学生类数据

编号	二级指标	三级指标	信息化管理覆盖率 / %			
			全国	"双一流"	普通高校	高等职业技术院校
10	学生类	学生学籍	92.80	99.21	93.28	92.68
11		学生资助	66.91	89.68	66.50	68.59
12		体质健康	41.09	70.63	44.39	39.66
13		学生培养	47.76	84.92	53.32	44.28
14		学生实习就业	65.01	85.71	64.12	67.31
15		其他	9.25	4.76	9.95	8.53

（三）教师类

由表4.4可见，"双一流"在"教师档案""教师职称"上的信息化管理覆盖率明显高于其他类院校，分别是80.95%和74.60%。值得注意的是，教师类指标的覆盖率显著低于学生类，"资格认定""专业技能""师德建设"的信息化管理覆盖率均不到30%，特别是与教师、辅导员有关的"师德建设"只有20.51%。建议高校加强"师德师风"相关的信息化管理系统建设。

表4.4　教师类数据

编号	二级指标	三级指标	信息化管理覆盖率 / %			
			全国	"双一流"	普通高校	高等职业技术院校
16	教师类	教师档案	66.15	80.95	64.54	68.16
17		教师培训	35.37	53.17	35.29	36.03
18		教师职称	45.79	74.60	48.72	43.64
19		专业技能	25.55	46.83	25.85	25.94
20		资格认定	28.13	43.65	28.40	28.36
21		师德建设	20.51	34.92	20.49	21.11
22		其他	12.28	2.38	11.14	12.86

（四）规划与决策类

由表 4.5 可见，"教育统计"的信息化管理覆盖率不到 60%，其他诸项均不到 30%。在大数据背景下，高校数据管理和数据应用在这几方面严重滞后，"其他"项的信息化管理覆盖率逾 29%，说明在规划与决策类中有一成的数据是由"其他"构成，需进一步调查确认数据来源。建议高校统筹建设规划与决策类的管理平台，做好数据标准，规范数据源，做好数据的唯一性管理，厘清各业务部门的业务流程，保证数据源的准确性、实时性。根据标准做好有生命的活数据目录，充分利用大数据平台，发挥各业务单位的业务数据优势，层层落实高校的数据规划、统计、决策工作，为高校的教育教学、科学研究服务。

表 4.5　规划与决策类数据

编号	二级指标	三级指标	信息化管理覆盖率 / %			
			全国	"双一流"	普通高校	高等职业技术院校
23	规划与决策类	教育规划与建设	29.80	35.71	29.17	30.99
24		教育统计	57.88	67.46	54.34	60.98
25		教育决策支持	25.25	44.44	22.96	27.72
26		其他	29.83	15.87	33.76	26.44

（五）教务类

由表 4.6 可见，教务信息化管理覆盖率很高，"课程管理""成绩管理"均接近 95%，"考务管理"为 80.74%，"招生"为 71.11%，说明我国院校从招生到毕业的教务信息化管理已趋于普及，然而"德育"的信息化管理覆盖率仅为 26.12%，无论是"双一流"还是普通高校，德育信息化管理工作的开展均不理想。建议高校加强德育相关的信息系统建设，结合学生学业、养成的精细化、个性化管理和预警，建成学生在校成长发展的数字化档案。

表 4.6　教务类数据

编号	二级指标	三级指标	信息化管理覆盖率 / %			
			全国	"双一流"	普通高校	高等职业技术院校
27	教务类	课程管理	94.16	100.00	97.28	92.04
28		考务管理	80.74	89.68	84.44	77.83
29		成绩管理	94.31	99.21	97.19	92.32
30		招生	71.11	96.03	72.53	70.36
31		德育	26.12	44.44	24.74	27.72
32		其他	4.70	2.38	3.83	5.26

（六）教学类

由表 4.7 可见，"教学平台"的信息化管理覆盖率超过 85%，说明我国在线教学普及率很高，八到九成学生已形成了网络学习习惯。"考试平台"项上，"双一流"明显高于其他学校，为 82.54%，普通高校为 70.92%，高等职业技术院校为 66.10%，说明高校重视题库方式考试，在很大程度上提高了考试质量。"双一流"更加重视"科研"的信息化管理，"科研"的信息化管理覆盖率达 96.03%，比全国平均值高出近 38 个百分点。"其他"项为 10.12%。建议高校可以详细调查教学类指标的"其他"项内容，比如虚拟仿真实验系统、AI 场景教学系统等，以及"科研"是否涵盖科研项目申报、成果获得、论文发表、仪器共享、资源共享等功能。希望非"双一流"院校，特别是高等职业技术院校加强"科研"项的信息化建设。

表 4.7　教学类数据

编号	二级指标	三级指标	信息化管理覆盖率 / %			
			全国	"双一流"	普通高校	高等职业技术院校
33	教学类	教学平台	85.10	95.24	86.99	83.58
34		考试平台	68.20	82.54	70.92	66.10
35		科研	58.26	96.03	71.34	48.19
36		其他	10.12	1.59	7.82	11.87

（七）总务类

表 4.8 显示，总务类有公共服务类和后勤类两类指标。"双一流"的"人事""档案" 2 项数据很好，分别是 97.62%、93.65%，普通高校次之，高等职业技术院校在这两方面有待进一步提升。"后勤"项数据"双一流"达到了 85.71%，普通高校和高等职业技术院校都有待提高。"其他"项全国平均数据达 16.00%，物联网管理平台等在很多院校都已开展，但没有可供填写的项，我们将根据实际情况加强这方面的指标体系研究，全面挖掘总务类的信息化管理内容，提升研究质量。人事管理应和教职工业绩管理、部门考核管理、科研管理列入同一系列，但本书是根据教育部科教司的《全国教育信息化工作管理信息系统》归类，所以列入总务类。

表 4.8　总务类数据

编号	二级指标	三级指标	信息化管理覆盖率 / %			
			全国	"双一流"	普通高校	高等职业技术院校
37	总务类	人事	78.09	97.62	82.06	75.20
38		外事	16.57	67.46	22.45	12.08
39		档案	60.50	93.65	71.43	51.81
40		后勤	55.72	85.71	58.59	54.23
41		考勤	50.80	53.97	44.90	56.50
42		其他	16.00	5.56	13.27	17.77

（八）应用公共支撑服务系统

表 4.9 显示，"校园一卡通系统"的推广工作成效显著，信息化管理覆盖率达 86.69%。"身份管理与认证系统"的信息化管理覆盖率也较高。所有"双一流"均提供了电子邮件系统，但是综合来看，"电子邮件系统""网上个人存储空间" 2 项的信息化管理覆盖率亟须提高。75.40% 的"双一流"使用了"双向传输视频会议系统"，全国平均数据为 40.90%。"BBS 系统"日渐式微，信息化管理覆盖率较低，属于正常趋势。"搜索工具"信息化管理覆盖率较低，需重视搜索工具建设和培训，提高高校师生的工作效率。有超过 60% 的高校开展了"移动端应用"。"双一流"的数据为 87.30%，高出全国平均 20 多个百分点。5G 时代，移动应用

已成主流，普通高校和高等职业技术院校应进一步优化用户的体验，全面普及移动终端应用。

表 4.9　应用公共支撑服务系统数据

编号	二级指标	三级指标	信息化管理覆盖率 / %			
			全国	"双一流"	普通高校	高等职业技术院校
43	应用公共支撑服务系统	电子邮件系统	57.58	100.00	79.34	39.87
44		网上个人存储空间	31.61	61.90	33.76	30.49
45		身份管理与认证系统	75.13	96.83	82.31	70.29
46		双向传输视频会议系统	40.90	75.40	43.96	37.88
47		校园一卡通系统	86.69	100.00	93.96	83.16
48		BBS 系统	4.51	24.60	5.61	3.70
49		搜索工具	8.00	22.22	9.44	6.75
50		学习空间	43.14	60.32	42.01	44.21
51		其他	8.45	5.56	6.72	9.31
52	移动端应用	是否开展移动端应用	63.00	87.30	64.88	62.26

（九）信息系统造价

2021 年，我国高等院校信息系统建设总投入平均达到 1297.14 万元，而总投入的标准差高达 6742.95 万元，表明院校之间在投入上差别巨大。如图 4.1 所示，160 所投入为零；有 27 所（占比 1%）投入超过 8345 万元；132 所（占比 5%）超过 3800 万元；529 所（占比 20%）超过 1421 万元。后续我们将进一步开展这方面探究，梳理大多数经费的投向，结合院校实际的人均费用和总体费用，为教育信息化资源全国配置以及教育平等问题提出合理性建议。

截至 2021 年，我国高校信息化系统校平均总造价接近 530 万元。除安徽、广西和贵州等省份外，大多数省份本科院校的平均系统总造价均高于高等职业技术院校。经济发达地区和教育资源雄厚省份的系统投入普遍较高，西部地区的部分省份与经济发达地区相差不大。"双一流"的年度信息化投入高于全国其他高校平均水平 2 倍以上，达到了 2843.44 万元。

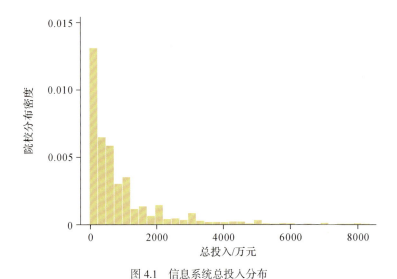

图 4.1　信息系统总投入分布

（十）用户范围

如表 4.10 所示，学校管理用户、老师用户和学生用户的信息化管理覆盖率非常接近，均超过 50%，可能存在较强的相关性，需要进一步分析。家长用户的信息化管理覆盖率非常低，不到 10%，属正常现象。学校应尊重学生独立公民角色，在保证家长不侵犯子女独立人格前提下，建立相应的与家长有效沟通的信息化渠道和系统。

表 4.10　用户范围数据

编号	二级指标	三级指标	信息化管理覆盖率 / %			
			全国	"双一流"	普通高校	高等职业技术院校
53	用户范围	学校管理用户	58.23	55.56	56.29	60.55
54		老师用户	57.35	59.52	55.78	59.35
55		学生用户	52.69	57.14	53.83	52.81
56		家长用户	8.45	7.94	7.31	9.45

（十一）一级指标整体分析

图 4.2 显示，二级指标中，除规划与决策类之外，"双一流"均明显高于普通高校和高等职业技术院校。值得高度注意的是，规划与决策类的信息化管理覆

盖率，三类院校均低于 50%，说明我国高校治理过程中规划与决策类的信息化管理有很大提升空间。高校规划与决策直接影响人才培养，建议相关部门和高校要高度重视这方面的信息化建设与应用，有计划地制定高校数据管理与利用的策略和政策，保证该类业务系统有效运行，以支撑高校教育教学、科学研究和社会服务。

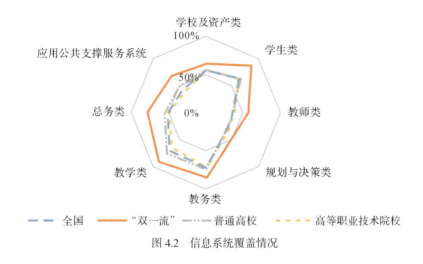

图 4.2　信息系统覆盖情况

二、学校信息、基础设施

（一）学校信息

如表 4.11 所示，高校"学生数量"均值约为 14347 人，"教师数量"约为 859 人，"班级数量"约为 277 个。全国平均"生师比"约为 22.88，而"平均班级数量"接近 51.98 人。"学生数量"的标准差非常大，说明学校规模相差很大，在信息化应用分析时需分类对待。

表 4.11　学校情况

编号	二级指标	三级指标	全国	"双一流"	普通高校	高等职业技术院校
57	学校信息	学生数量 /人	14347.45 （15094.76）	34165.87 （21506.86）	19409.89 （15771.58）	9364.17 （6412.08）
58		教师数量 /人	859.00 （1093.66）	3011.63 （1995.34）	1365.55 （1423.30）	457.78 （390.39）

续表

编号	二级指标	三级指标	全国	"双一流"	普通高校	高等职业技术院校
59	学校信息	班级数量/人	276.70（554.98）	606.23（948.83）	371.67（470.61）	201.00（602.12）
60		生师比	22.88（49.46）	12.81（6.12）	17.59（12.76）	22.76（19.60）

注：括号内为标准差。

（二）基础设施

如表 4.12 所示，全国高校平均"总出口带宽"超过 9G，教育科研网、移动、电信和联通是宽带的主要供应方，无线覆盖学校主要区域，说明我国高校互联网和无线移动端应用已经普及。但出口带宽的方差较大。在互联网的各项应用中，应仔细分析自身学校的出口带宽是否影响教育教学、科研和管理，及时补上缺口。

表 4.12　基础设施（带宽和无线）

编号	二级指标	三级指标	全国	"双一流"	普通高校	高等职业技术院校
61	基础设施	教育科研网出口带宽（M）	483.92（2036.68）	4009.02（5939.98）	825.47（2499.75）	207.73（1540.34）
62		电信网出口带宽（M）	3178.17（7333.76）	7499.23（16814.01）	4956.74（9559.86）	1792.10（4431.08）
63		联通网出口带宽（M）	2275.89（6041.13）	6505.62（15161.96）	3643.37（7773.47）	1212.84（3883.28）
64		移动网出口带宽（M）	3287.11（7098.35）	5556.95（9907.78）	4676.32（8341.04）	2241.54（5768.77）
65		其他网络出口带宽（M）	276.39（2826.62）	1369.36（4707.97）	414.15（2935.64）	168.92（2784.24）
66		总出口带宽（M）	9501.47（15648.19）	24940.17（36071.15）	14516.04（19616.10）	5623.13（9946.74）
67		生均带宽	1.14（16.03）	0.79（1.00）	1.52（23.34）	0.83（4.89）
68		人均带宽	0.75（1.72）	0.72（0.93）	0.80（1.30）	0.69（1.95）

续表

编号	二级指标	三级指标	全国	"双一流"	普通高校	高等职业技术院校
69	基础设施	无线覆盖 A 教学区	81.27	96.83	83.76	79.18
70		无线覆盖 B 科研区	64.29	91.27	73.13	57.36
71		无线覆盖 C 办公区	89.04	96.03	88.69	89.41
72		无线覆盖 D 学生宿舍区	68.16	81.75	71.26	67.24
73		无线覆盖 E 教师生活区	55.31	53.97	53.74	57.43
74		无线覆盖 F 学校其他区域	59.02	57.94	60.97	57.92

注：括号内为标准差。

1. 宽带和无线

图 4.3 显示，全国高校各区域的无线网络覆盖比例均超过一半。其中，办公区和教学区的覆盖比例最高，均超过 80%，"双一流"的该指标接近 100%，科研区高达 91.27%，由此可见"双一流"的教学、科研和办公融为一体，极大地提高了办事效率。

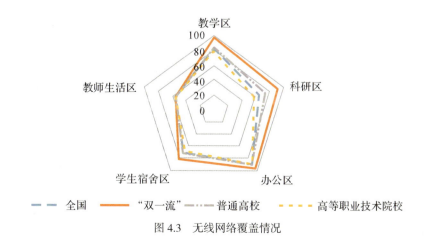

图 4.3　无线网络覆盖情况

2. 多媒体教室

由表 4.13 可见，高校教室平均数量约为 271 间，多媒体教室的普及率较高，其中，多媒体教室每校平均约为 177 间，占普通教室的 74%。智能教室建设在调研中没有列项，但本书仍希望关注智能教室建设情况，将学校的多媒体教室逐步发展成与信息技术驱动课堂教学相匹配的智能教室。

表 4.13　基础设施（多媒体教室）

编号	二级指标	三级指标	全国	"双一流"	普通高校	高等职业技术院校
75	多媒体教室	全校教室总数/个	271.25（238.22）	479.77（451.28）	351.14（291.20）	212.12（158.19）
76		多媒体设备教室总数/个	176.63（127.50）	328.47（174.10）	216.77（141.51）	147.92（104.33）
77		多媒体设备教室占比	0.74（0.27）	0.79（0.24）	0.72（0.26）	0.76（0.28）
78		生均多媒体教室数/个	0.03（0.32）	0.01（0.00）	0.02（0.30）	0.03（0.33）

注：括号内为标准差。

三、教育资源

（一）数字图书类

如表 4.14 所示，全国各高校"电子图书总数"的均值达到 116 万余册，"电子期刊种类"均值超过 16 万种，已经形成相当的规模。应当注意，这两项指标的标准差巨大，远远大于均值，高校之间严重不均衡，各校应根据自己的实际情况，对照均值，进一步找出原因。上级行政部门应考虑如何进一步公平配置教学资源，对不足地区和学校应考虑捐赠或划拨。

表 4.14　数字图书类

编号	二级指标	三级指标	全国	"双一流"	普通高校	高等职业技术院校
79	数字图书类	电子图书总数/万册	116.38（204.61）	345.33（300.73）	190.38（222.61）	57.76（169.30）
80		电子期刊种类/万种	16.28（112.78）	69.36（423.34）	28.21（151.43）	6.93（66.90）

注：括号内为标准差。

（二）课程类

如表 4.15 所示，每所高校通过境内平台开放共享的 MOOC 平均数量接近 40 门，高校在境内平台上的视频公开课的数量与教学中应用的在线课程中 MOOC 数量基本持平，说明无论是早期建设的视频公开课还是现在的 MOOC 课程，均在发挥着它本来的作用。学校专有教育资源代表着学校的学科深度、广度和厚度，希望未来研究关注它的长期使用绩效，建议各高校在新建在线课程中注重已建课程资源的沿用。

表 4.15　课程类数据

编号	二级指标	三级指标	全国	"双一流"	普通高校	高等职业技术院校
81	课程类	学校建设并在境内平台开放共享的 MOOC 数量	39.78（266.12）	72.45（81.27）	35.92（147.22）	42.73（336.76）
82		学校建设并在境内平台开放共享的视频公开课数量	82.43（437.84）	48.60（168.83）	61.97（343.84）	86.68（370.76）
83		视频公开课应用数量	39.01（273.76）	16.60（37.74）	22.14（152.17）	43.17（240.20）
84		学校在境外平台开放共享的 MOOC 数量	2.05（41.65）	2.31（7.36）	1.32（18.70）	2.39（52.88）
85		A 爱课程	39.35	83.33	53.66	28.36
86		B 学堂在线	17.74	52.38	29.59	8.32

续表

编号	二级指标	三级指标	全国	"双一流"	普通高校	高等职业技术院校
87	课程类	C 好大学在线	3.64	15.08	5.95	1.78
88		D 华文慕课	1.40	4.76	1.87	1.07
89		E 优课联盟	3.56	7.94	5.87	1.78
90		F 智慧树	44.96	61.11	58.93	34.54
91		G EDX	0.57	1.59	0.77	0.43
92		H COURSERA	0.49	5.56	0.85	0.21
93		I UDACITY	0.53	1.59	0.34	0.71
94		J 其他	72.29	57.94	67.09	76.40
95		在线课程总数	403.50 (764.95)	877.72 (1,263.60)	523.57 (937.25)	315.98 (581.20)
96		教学中应用的在线课程中 MOOC 数量	85.99 (299.06)	106.59 (148.00)	113.89 (270.26)	65.47 (324.43)
97		SPOC 数量	187.72 (552.91)	512.18 (971.85)	259.75 (702.76)	133.98 (389.80)
98		教学中应用的在线课程、资源共享课数量	127.24 (460.01)	81.73 (316.55)	111.92 (409.69)	143.96 (505.02)
99		视频公开课数量	82.64 (438.56)	29.80 (138.48)	69.76 (354.16)	96.22 (505.31)
100		数字化教学资源	24.72	0	0	45.63

注：括号内为标准差。

四、网络安全保障

（一）安全管理制度与安全组织

表 4.16 显示，我国高校网络安全管理制度建设卓有成效，除"系统建设管理"项为 73.58% 外，其他指标均在 80% 以上，几乎所有学校都确定了负责网络安全的牵头与执行部门。

表 4.16　安全管理制度与安全组织

编号	二级指标	三级指标	信息化管理覆盖率 / %			
			全国	"双一流"	普通高校	高等职业技术院校
101	安全管理制度	安全管理制度	97.88	100.00	98.30	97.58
102		安全管理机构	91.70	96.83	92.26	91.26
103		人员安全管理	86.62	90.48	85.20	87.85
104		系统建设管理	73.58	88.89	77.47	71.07
105		系统运维管理	86.43	95.24	89.20	84.58
106		其他	8.11	12.70	7.48	8.39
107	安全组织	牵头部门	97.50	99.21	97.96	97.23
108		执行部门	97.16	98.41	97.19	97.23

（二）安全产品和服务

如表 4.17 所示，我国高校对于基本的安全产品和服务都有相应的部署，"双一流"院校在"漏洞扫描""恶意代码防护"上的覆盖率达到 95% 以上，"网络边界防护"比例是相对较低的，全国均值覆盖率为 51.63%，需引起注意。非"双一流"院校也应高度重视"漏洞扫描""恶意代码防护"，特别是对新建的业务系统和网站应提前测试、周期性监控，同时统筹落实系统的网络安全等级保护工作，并建议列入统计指标。

表 4.17　安全产品和服务

编号	二级指标	三级指标	信息化管理覆盖率 / %			
			全国	"双一流"	普通高校	高等职业技术院校
109	安全产品和服务	防火墙	97.99	100.00	99.06	97.16
110		入侵检测	79.45	92.86	81.72	77.83
111		漏洞扫描	69.26	98.41	76.53	63.33
112		网络流量控制	76.57	92.06	80.27	73.77
113		恶意代码防护	66.60	87.30	68.20	65.32
114		网络边界防护	51.63	71.43	55.10	48.97

续表

编号	二级指标	三级指标	信息化管理覆盖率 / %			
			全国	"双一流"	普通高校	高等职业技术院校
115	安全产品和服务	应用安全防护产品	80.52	95.24	87.76	74.91
116		安全服务类	63.65	94.44	68.37	60.20
117		应急措施	87.98	98.41	92.43	84.51
118		其他	11.56	15.87	10.54	12.58

（三）灾难备份

表 4.17 显示，我国高校安全产品和服务投入了大量的人力和物力，"双一流"重点高校除"网络边界防护"项为 71.43%，其他均达 87% 以上水平，"网络边界防护"项其他类院校均未达到 60%。从"其他"项看，网络防护还有平均 11.56% 的其他产品。

如表 4.18 所示，超过六成的高校建立了"灾备机制"。"数据级"占 86.38%，"应用级"占 31.92%，"业务级"占 23.11%。"同城"占 95.19%，"异地"仅占 6.44%，"双一流"异地备灾也只有 11.11%，随着科研水平的提高和学科的发展，部分学校有必要适时建立异地灾备，保护数字资产安全。

表 4.18　灾难备份

编号	二级指标	三级指标	信息化管理覆盖率 / %			
			全国	"双一流"	普通高校	高等职业技术院校
119	灾难备份	灾备机制	61.52	87.30	69.05	55.72
120		数据级	53.15	80.95	60.63	47.41
121		应用级	19.64	32.54	21.09	18.62
122		业务级	14.22	13.49	15.05	13.29
123		同城	58.57	85.71	66.58	52.31
124		异地	6.44	11.11	6.55	6.54

如图 4.5 所示，我国高校网络安全保障总体情况良好，普遍重视信息化组织管理工作和安全管理制度的制定，"安全产品和服务"维持在较高水平，普通高

校和高等职业技术院校基本高于平均水平 5—8 个百分点，高等职业技术院校灾难备份的数据低于全国水平。

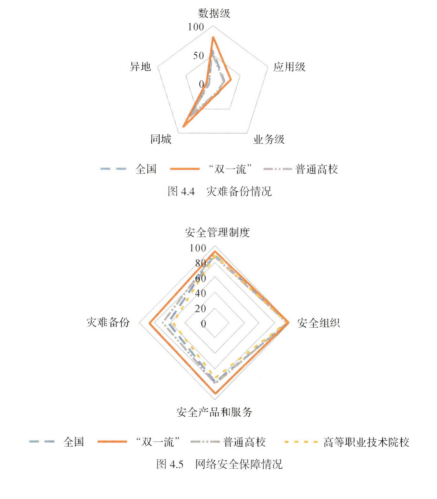

图 4.4 灾难备份情况

图 4.5 网络安全保障情况

五、网络学习空间

如表 4.19 所示，院校"教师空间总数"的平均值接近 400，而"学生空间总数"平均值超过 6800。但是这两个指标的标准差均巨大，说明高校在这两项指标上的表现差异较大。主要原因是系统填报人员对于指标理解不到位或者不一致，今后填报过程中应统一理解为每个教师和每个学生拥有的网络空间。超过一半的网络学习空间由第三方提供，学校自建仅占约 10%。

表 4.19　网络学习空间

编号	二级指标	三级指标	全国	"双一流"	普通高校	高等职业技术院校
125	业务信息化	教师空间总数 / 个	399.23（1051.95）	1470.43（2757.91）	538.35（1282.56）	294.26（815.80）
126		学生空间总数 / 个	6806.18（25891.15）	13679.78（25054.89）	8144.51（32352.90）	5646.82（18779.85）
127		网络学习空间提供方 A（购买第三方）/%	51.33	46.03	49.40	53.87
128		网络学习空间提供方 B（学校自建）/%	10.92	21.43	12.24	9.74
129		网络学习空间提供方 C（其他）/%	23.09	11.11	19.73	24.95

注：括号内为标准差。

六、信息化工作保障

（一）信息化人力资源配备

如表 4.20 所示，我国高校在信息化工作保障方面表现优秀，超过 90% 高校的主管领导为校级或者副校级，几乎所有高校都设有信息化职能部门，信息化专职工作人员平均为 10 人。

但专职人员方差较大（见图 4.6），即便是"双一流"也是如此，说明各校存在明显差异。信息化专职人员的统计口径需明确定义，建议包括信息中心专职人员和各教学单位和职能部门的专职人员，并考虑学历、职称和年龄结构。

表 4.20　信息化工作保障

编号	二级指标	三级指标	全国	"双一流"	普通高校	高等职业技术院校
130	学校信息化主管校领导级别	正校级 /%	23.43	12.70	21.94	24.24
131		副校级 /%	67.85	86.51	70.15	66.45
132		处级 /%	6.18	0.79	5.61	6.54

续表

编号	二级指标	三级指标	全国	"双一流"	普通高校	高等职业技术院校
133	学校信息化主管校领导级别	其他/%	2.27	0.00	2.13	2.42
134		无/%	0.27	0.00	0.17	0.36
135	学校信息化职能部门设置情况	专设/%	85.78	96.03	87.84	84.43
136		非专设/%	13.68	3.97	11.73	15.00
137		无/%	0.53	0.00	0.43	0.57
138	信息化专职工作人员总数	工作人员总数/人	10.32（12.07）	34.64（29.37）	14.85（16.04）	6.63（5.09）

注：括号内为标准差。

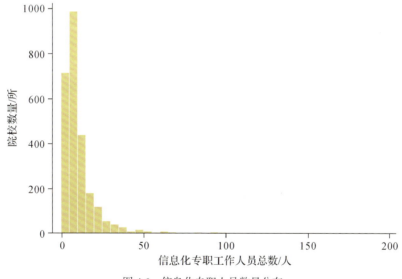

图4.6　信息化专职人员数量分布

从图4.6还可以发现，有500—600所院校无专职人员，这一点需要引起高度重视。这类院校需要根据国家信息化有关文件和本省对信息化的要求，在近期配备专职人员，或找到相应的工作策略和方法，顺应高校信息技术驱动教育教学改革的趋势，创新人才培养方式。

（二）信息化年度投入

全国"年度信息化经费总额"平均超过 600 万元，"双一流"为其他高校的 3.8 倍。但该指标标准差达 1008.04 万元，"双一流"标准差达 2141.04 万元（见表 4.21 和图 4.7）。原因是各校之间投入相差太大，上级行政部门对此应给予重点关注，特别是某些学校信息化投入为零或少于 50 万元的学校，同时建议明确经费统计口径，保证统计分析的准确性。

表 4.21　信息化年度经费

编号	二级指标	三级指标	全国	"双一流"	普通高校	高等职业技术院校
139	年度信息化经费总额	年度经费总额 / 万元	612.71（1008.04）	2254.50（2141.04）	790.08（1230.21）	473.37（755.68）

注：括号内为标准差。

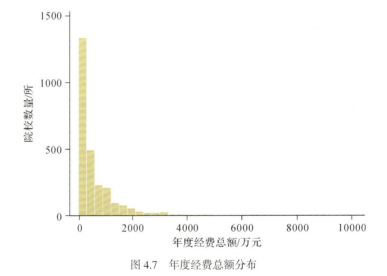

图 4.7　年度经费总额分布

第四节　原体系原生态与区域十大特征指标分析

一、显性指标确定

本书以全国分类指标为指导，根据经验，分析并进行原始信息系统相关统计项归类，挑选一级指标中的显性指标，进行分项特征指标的各省份排名，各省份院校分本科和专科，本科包含本省份的"双一流"建设高校。填报数据归类见表4.22的10项特征观察点，各项特征指标分布在五大维度中，分别为信息系统建设、学校信息与基础建设、教育资源、网络安全保障、信息化工作保障。学习空间由于各院校统计口径不确定，不进行统计。

表 4.22　信息化显性指标

一级指标内容	序号	观察点
信息系统建设	1	信息系统建设造价
	2	信息系统建设数量
学校信息与基础设施	3	出口带宽
	4	无线覆盖
	5	多媒体教室
教育资源	6	数字图书和期刊
	7	在线教学
网络安全保障	8	网络安全保障
信息化工作保障	9	信息化专职人员
	10	年度信息化经费

二、各省份分类排名

（一）信息系统建设造价

如表4.23所示，信息系统的人均造价并不是越发达的地区越高，值得引起注意的是，无论是本科还是专科，山西和内蒙古一直排在最后5位，说明两地信息化总体水平较低，排最后5名的本科省份分别是山西、广西、内蒙古、河北和河南，专科为山西、吉林、黑龙江、辽宁、内蒙古。东三省专科院校信息化水平明显偏低，明显信息化投入不均匀。

表4.23 本专科高校信息系统造价情况

	本科					专科			
排名	信息系统造价/元	"教师+学生"数量	人均造价/元	省份	排名	信息系统造价/元	"教师+学生"数量	人均造价/元	省份
1	267652	1132115	0.2364	云南	1	110298	954149	0.1156	上海
2	136495	1329415	0.1027	辽宁	2	264002	2572453	0.1026	广东
3	4596	47645	0.0965	西藏	3	152245	1816500	0.0838	安徽
4	88308	1051494	0.0840	北京	4	50674	948719	0.0534	贵州
5	106275	1420390	0.0748	浙江	5	2320	47645	0.0487	西藏
6	61521	854150	0.0720	吉林	6	94964	2362450	0.0402	江苏
7	9570	155111	0.0617	宁夏	7	22022	620030	0.0355	甘肃
8	56259	954149	0.0590	上海	8	5450	155111	0.0351	宁夏
9	35177	724514	0.0486	天津	9	100126	3094348	0.0324	河南
10	82181	1717777	0.0478	陕西	10	34481	1088004	0.0317	重庆
11	106531	2362450	0.0451	江苏	11	39674	1420390	0.0279	浙江
12	89625	1992878	0.0450	湖北	12	3543	129065	0.0275	青海
13	48270	1088004	0.0444	重庆	13	30016	1132115	0.0265	云南
14	23496	620030	0.0379	甘肃	14	48431	1942256	0.0249	湖南
15	4777	129065	0.0370	青海	15	25735	1051494	0.0245	北京
16	21218	608785	0.0349	新疆	16	61208	2512046	0.0244	山东
17	87051	2572453	0.0338	广东	17	5721	254384	0.0225	海南
18	77758	2423796	0.0321	四川	18	31091	1385358	0.0224	江西
19	34746	1232188	0.0282	福建	19	28217	1352916	0.0209	广西
20	68967	2512046	0.0275	山东	20	34024	1736604	0.0196	河北

续表

本科				专科			
排名	信息系统造价/元	"教师＋学生"数量	人均造价/元	省份	排名	信息系统造价/元	"教师＋学生"数量	人均造价/元	省份
21	45747	1816500	0.0252	安徽	21	37633	1992878	0.0189	湖北
22	6107	254384	0.0240	海南	22	11477	608785	0.0189	新疆
23	46532	1942256	0.0240	湖南	23	32265	1717777	0.0188	陕西
24	24262	1015286	0.0239	黑龙江	24	12947	724514	0.0179	天津
25	32045	1385358	0.0231	江西	25	42484	2423796	0.0175	四川
26	20667	948719	0.0218	贵州	26	21340	1232188	0.0173	福建
27	66806	3094348	0.0216	河南	27	11837	689889	0.0172	内蒙古
28	37298	1736604	0.0215	河北	28	17674	1329415	0.0133	辽宁
29	12974	689889	0.0188	内蒙古	29	12602	1015286	0.0124	黑龙江
30	24063	1352916	0.0178	广西	30	10206	854150	0.0119	吉林
31	15331	949891	0.0161	山西	31	7591	949891	0.0080	山西

（二）信息系统建设数量

如表 4.24 所示，从信息系统数量的各省份排名可见，发达地区更注重业务系统的建设，排名前 5 的本科院校省份分别为江苏、上海、浙江、北京和重庆。专科院校在各省份中排名前 5 的为江苏、浙江、山东、上海和北京。值得高度关注的本科院校排名最后 5 个省份分别是宁夏、西藏以及河北、山西和青海，专科院校分别是山西、天津、海南、甘肃和新疆。

表 4.24　本专科高校信息系统建设数量

本科			专科		
排名	校均建设总数/个	省份	排名	校均建设总数/个	省份
1	28.2603	江苏	1	30.2989	江苏
2	27.9737	上海	2	28.1400	浙江
3	27.0526	浙江	3	24.7500	上海

续表

本科			专科		
排名	校均建设总数/个	省份	排名	校均建设总数/个	省份
4	25.7407	北京	4	24.4250	山东
5	25.7200	重庆	5	24.3846	北京
6	24.6735	四川	6	24.1429	重庆
7	24.4865	福建	7	22.7671	湖南
8	24.4444	安徽	8	22.3824	内蒙古
9	24.1600	湖南	9	22.2432	陕西
10	23.3279	广东	10	22.1356	湖北
11	23.3030	山东	11	22.0411	安徽
12	23.1667	海南	12	22.0000	福建
13	22.8148	贵州	13	21.7500	广东
14	22.3774	陕西	14	21.7045	贵州
15	22.2353	内蒙古	15	21.5965	江西
16	22.0000	湖北	16	21.2549	河北
17	21.6000	新疆	17	21.0897	四川
18	21.4545	河南	18	20.6829	广西
19	21.4054	吉林	19	20.6444	辽宁
20	21.3860	辽宁	20	20.5625	云南
21	21.3793	天津	21	20.4167	宁夏
22	20.6389	广西	22	20.2747	河南
23	20.5946	黑龙江	23	20.1250	青海
24	20.5000	江西	24	19.6667	西藏
25	20.1579	甘肃	25	19.5517	吉林
26	20.0938	云南	26	19.1707	黑龙江
27	19.7500	青海	27	18.8286	新疆

续表

本科			专科		
排名	校均建设总数 / 个	省份	排名	校均建设总数 / 个	省份
28	19.2143	山西	28	18.5185	甘肃
29	19.1458	河北	29	18.1538	海南
30	19.0000	西藏	30	18.0417	天津
31	18.5714	宁夏	31	16.7111	山西

（三）出口带宽

如表 4.25 所示，我国高校互联网带宽总体状况良好。本科院校人均出口带宽排名前 10 的省份分别是重庆、新疆、陕西、福建、浙江、四川、湖南、海南、广东、江西。重庆校均带宽达到 30G 以上，新疆达到 20G。专科院校分别是四川、重庆、北京、江苏、青海、湖南、宁夏、河南、山东和海南。四川和重庆的校均带宽达到 11G 以上。本科院校人均带宽排名后 5 位的省份为山西、天津、广西、河北和上海。专科院校为天津、山西、甘肃、上海和广西。以上数据说明出口带宽并不与地区经济发展水平正相关，比如上海是发达地区，但人均网络带宽本专科均排在后 5 位。

表 4.25 本专科高校校均带宽与人均带宽

本科				专科			
排名	校均带宽（G）	人均带宽（G）	省份	排名	校均带宽（G）	人均带宽（G）	省份
1	31025.9200	1.2656	重庆	1	11050.3333	1.1050	四川
2	20019.0667	1.0045	新疆	2	12381.3810	1.0945	重庆
3	19473.8113	1.0018	陕西	3	2331.3846	0.8470	北京
4	16116.5135	0.9247	福建	4	7318.2299	0.7739	江苏
5	14703.7544	0.9118	浙江	5	2742.3750	0.6836	青海
6	23745.5510	0.8545	四川	6	7928.6575	0.6828	湖南
7	17803.3400	0.8185	湖南	7	2553.1667	0.6277	宁夏
8	18885.0000	0.8011	海南	8	7551.3187	0.5905	河南

续表

本科				专科			
排名	校均带宽（G）	人均带宽（G）	省份	排名	校均带宽（G）	人均带宽（G）	省份
9	19145.1475	0.7970	广东	9	6711.5625	0.5719	山东
10	15940.6301	0.7596	江苏	10	3842.3077	0.5546	海南
11	15359.5000	0.7303	云南	11	5384.5763	0.5285	湖北
12	13862.9048	0.7287	江西	12	5175.0175	0.5120	江西
13	12392.0000	0.6363	青海	13	2133.3333	0.4946	西藏
14	9432.4074	0.5801	北京	14	6396.2381	0.4853	广东
15	10885.2941	0.5699	内蒙古	15	2877.7241	0.4730	吉林
16	18985.3818	0.5472	河南	16	3098.2353	0.4720	内蒙古
17	8738.4324	0.5207	黑龙江	17	4503.4800	0.4493	浙江
18	10707.1791	0.5154	湖北	18	4986.2703	0.4484	陕西
19	12231.0000	0.5131	山东	19	4888.9545	0.4477	贵州
20	7901.7037	0.4719	贵州	20	3861.3333	0.4146	云南
21	7961.7297	0.4586	吉林	21	3453.9111	0.4016	辽宁
22	10368.9333	0.4545	安徽	22	2770.8000	0.3888	新疆
23	3113.6000	0.4486	西藏	23	3213.3288	0.3694	安徽
24	7257.1579	0.4390	辽宁	24	2106.8780	0.3152	黑龙江
25	7698.0000	0.4216	甘肃	25	3260.2157	0.3045	河北
26	5520.5714	0.3635	宁夏	26	2624.2400	0.2872	福建
27	7188.7368	0.3620	上海	27	3647.4146	0.2565	广西
28	7168.7708	0.3529	河北	28	1226.7000	0.2054	上海
29	6819.9722	0.3190	广西	29	1917.2963	0.1898	甘肃
30	5095.7241	0.3107	天津	30	1220.4000	0.1810	山西
31	5729.7143	0.2842	山西	31	1247.9167	0.1620	天津

（四）无线覆盖

如表 4.26 所示，无线覆盖方面，本专科最低在近 2.8G，我国的高校无线覆盖率非常高。本科院校排在全国前 5 位的分别是北京、宁夏、西藏、重庆和浙江。专科院校排名前 5 的分别是青海、吉林、江苏、西藏和浙江。本科院校排在后 5 名的是河北、新疆、广西、福建和安徽；专科院校排在全国后 5 名的是甘肃、贵州、黑龙江、云南和上海。

表 4.26　本专科高校无线覆盖

本科			专科		
排名	合计覆盖（G）	省份	排名	合计覆盖（G）	省份
1	5.3333	北京	1	5.1250	青海
2	5.2857	宁夏	2	4.7931	吉林
3	5.0000	西藏	3	4.6897	江苏
4	4.9200	重庆	4	4.6667	西藏
5	4.8772	浙江	5	4.6200	浙江
6	4.7500	青海	6	4.6000	山东
7	4.7105	上海	7	4.5753	湖南
8	4.6712	江苏	8	4.5000	宁夏
9	4.4054	吉林	9	4.4595	陕西
10	4.3585	陕西	10	4.2747	河南
11	4.3333	海南	11	4.2308	北京
12	4.3158	甘肃	12	4.0952	重庆
13	4.1892	黑龙江	13	4.0889	辽宁
14	4.1639	广东	14	4.0000	湖北
15	4.0364	河南	15	3.9359	四川
16	4.0000	湖南	16	3.8333	天津
17	3.9545	山东	17	3.7544	江西
18	3.9286	江西	18	3.6863	河北

续表

本科			专科		
排名	合计覆盖（G）	省份	排名	合计覆盖（G）	省份
19	3.9286	山西	19	3.6176	内蒙古
20	3.9063	云南	20	3.5800	福建
21	3.7910	湖北	21	3.5714	广东
22	3.7647	内蒙古	22	3.4615	海南
23	3.7586	天津	23	3.4000	新疆
24	3.7544	辽宁	24	3.3902	广西
25	3.6327	四川	25	3.3836	安徽
26	3.5185	贵州	26	3.1556	山西
27	3.5111	安徽	27	3.1500	上海
28	3.4595	福建	28	3.0833	云南
29	3.3889	广西	29	3.0244	黑龙江
30	3.2000	新疆	30	2.9773	贵州
31	3.0417	河北	31	2.7778	甘肃

（五）多媒体教室

如表 4.27 所示，全国生均多媒体教室数量排名第一的是西藏，说明该地区学生少，多媒体教室多，希望投入和支援时考虑生均指标，将经费用到信息化建设的其他项目中。全国高校排名前 5 的发达地区唯有浙江和上海涵盖本专科，两地区一直重视教室信息化建设，教学环境较好，智能教室普及率高，数智驱动课堂教学转型。本科院校的后 5 位为海南、黑龙江、辽宁、四川和新疆。高职院校的后 5 位为北京、福建、天津、湖北和上海，需进一步调研原因，有的放矢地解决多媒体教室的升级改造问题。

表 4.27　本专科高校多媒体教室

本科				专科			
排名	教室数量	多媒体教室数量／个	生均多媒体教室数量／个	省份	排名	教室数量	多媒体教室数量／个	生均多媒体教室数量／个	省份
1	110.8000	94.6000	0.8538	西藏	1	103.6667	100.6667	0.9711	西藏
2	172.8571	130.8571	0.7570	宁夏	2	104.1250	100.6250	0.9664	青海
3	305.3421	227.0000	0.7434	上海	3	192.8571	155.2857	0.8052	新疆
4	272.0175	194.1930	0.7139	浙江	4	208.3600	167.2400	0.8026	浙江
5	269.0000	187.0189	0.6952	陕西	5	124.0000	98.6667	0.7957	宁夏
6	380.7500	262.1944	0.6886	广西	6	188.8627	145.8235	0.7721	河北
7	316.3973	215.9726	0.6826	江苏	7	215.9189	165.5135	0.7666	陕西
8	322.6393	219.5082	0.6804	广东	8	198.3014	151.6712	0.7649	湖南
9	335.5882	227.7647	0.6787	内蒙古	9	147.0000	111.0345	0.7553	吉林
10	440.0000	295.8400	0.6724	重庆	10	122.0769	91.1538	0.7467	海南
11	281.0000	186.2500	0.6628	青海	11	261.3625	193.3500	0.7398	山东
12	317.8571	207.7500	0.6536	山西	12	162.6712	120.0959	0.7383	安徽
13	370.5185	241.7778	0.6525	贵州	13	199.6190	147.1190	0.7370	重庆
14	264.3684	169.0526	0.6395	甘肃	14	233.5439	170.0351	0.7281	江西
15	286.3784	182.0270	0.6356	福建	15	139.0889	100.8444	0.7250	山西
16	274.7407	173.8519	0.6328	北京	16	213.0256	154.1667	0.7237	四川
17	306.0222	192.4667	0.6289	安徽	17	145.8444	104.5556	0.7169	辽宁
18	228.2414	140.5862	0.6160	天津	18	241.2414	169.8966	0.7043	江苏
19	273.5676	167.0541	0.6107	吉林	19	196.8824	137.8824	0.7003	内蒙古
20	357.2400	214.5400	0.6005	湖南	20	202.4815	140.0741	0.6918	甘肃
21	280.9375	166.7813	0.5937	云南	21	179.4583	122.9375	0.6850	云南
22	371.2424	219.6667	0.5917	山东	22	219.3409	146.4318	0.6676	贵州
23	298.0417	175.9583	0.5904	河北	23	196.1220	127.9512	0.6524	广西

续表

本科				专科			
排名	教室数量	多媒体教室数量/个	生均多媒体教室数量/个	省份	排名	教室数量	多媒体教室数量/个	生均多媒体教室数量/个	省份
24	385.7818	225.8364	0.5854	河南	24	186.1429	121.3095	0.6517	广东
25	320.4048	185.1905	0.5780	江西	25	252.5824	158.2308	0.6265	河南
26	350.7164	202.6418	0.5778	湖北	26	165.1463	102.8780	0.6230	黑龙江
27	435.9333	248.1333	0.5692	新疆	27	137.2000	85.2500	0.6214	上海
28	433.6531	245.5510	0.5662	四川	28	240.4407	148.4407	0.6174	湖北
29	310.4912	175.3158	0.5646	辽宁	29	145.4583	87.4583	0.6013	天津
30	335.0270	158.8649	0.4742	黑龙江	30	173.0200	103.6800	0.5992	福建
31	1144.3333	200.5000	0.1752	海南	31	152.2692	89.2308	0.5860	北京

（六）数字图书和期刊

如表4.28所示，经过多年的数字图书和期刊的建设，全国高校数字图书与期刊数据较好。本科院校排名前5的是北京、天津、宁夏、青海和江苏；专科院校是北京、浙江、海南、四川和江苏。北京、江苏在数字图书和期刊方面无论是本科还是专科院校都进入前5名之列。河南、新疆、福建的数字图书和期刊数量明显少于其他省份。

期刊是高校师生科学研究和课程学习的资源源头，它与学校的课程建设、学科建设和科学研究有关。图书不仅仅涉及知识学习和科学研究，还提供人文思想熏陶。北京、江苏无论是信息化文化氛围还是研究氛围都值得其他省份的高校学习。希望全国高校在增加数字期刊数量的同时，还能关注质量，关注利用率，关注根据学科和喜好的信息化自动推送服务，真正做到图书、期刊为师生服务，为学科建设和科学研究服务。

表 4.28 本专科高校数字图书和期刊

	本科					专科			
排名	人均图书数量/种	人均电子期刊/种	人均总数/种	省份	排名	人均图书数量/种	人均电子期刊/种	人均总数/种	省份
1	164.7501	81.0293	245.7794	北京	1	180.2854	7.4759	187.7613	北京
2	167.9842	24.2198	192.2040	天津	2	130.0536	10.3022	140.3558	浙江
3	143.9653	0.7299	144.6951	宁夏	3	100.0786	18.9983	119.0769	海南
4	134.3555	1.8715	136.2270	青海	4	91.4546	22.2132	113.6679	四川
5	118.0281	13.7256	131.7537	江苏	5	71.6667	32.5748	104.2415	江苏
6	108.9270	12.8720	121.7990	黑龙江	6	83.7559	2.0432	85.7991	辽宁
7	107.2726	12.3427	119.6153	广西	7	66.7903	11.6914	78.4818	安徽
8	107.7699	11.6285	119.3984	湖北	8	56.3323	22.0212	78.3535	黑龙江
9	116.2442	2.6802	118.9244	西藏	9	77.0385	1.0978	78.1363	上海
10	97.7570	20.3742	118.1312	安徽	10	64.5556	4.0104	68.5660	陕西
11	98.0428	15.7630	113.8058	福建	11	68.3038	0.2372	68.5410	青海
12	104.3619	7.2271	111.5890	上海	12	65.0346	2.9752	68.0098	湖北
13	96.4321	8.2939	104.7260	贵州	13	64.5906	2.8317	67.4222	山东
14	97.1937	5.3144	102.5081	内蒙古	14	65.1558	0.8743	66.0302	河北
15	87.9614	14.1666	102.1281	浙江	15	61.8106	1.6346	63.4453	内蒙古
16	92.4500	6.9968	99.4468	重庆	16	60.6652	2.1880	62.8532	湖南
17	82.3849	16.1135	98.4984	河北	17	56.1557	0.3246	56.4804	甘肃
18	88.4272	7.1052	95.5324	湖南	18	48.5024	4.0473	52.5497	宁夏
19	73.7992	19.3095	93.1086	山西	19	44.3918	2.3854	46.7772	江西
20	84.8574	7.8039	92.6613	陕西	20	41.3369	2.1114	43.4483	山西
21	81.2754	8.2013	89.4767	辽宁	21	38.5662	3.0028	41.5691	天津
22	76.1583	11.7598	87.9181	海南	22	36.1046	3.8684	39.9730	广东
23	73.7297	7.6422	81.3719	四川	23	35.0523	4.6728	39.7251	广西

续表

本科					专科				
排名	人均图书数量/种	人均电子期刊/种	人均总数/种	省份	排名	人均图书数量/种	人均电子期刊/种	人均总数/种	省份
24	68.1334	11.4928	79.6262	吉林	24	26.2751	12.8213	39.0964	西藏
25	75.1232	3.3118	78.4350	甘肃	25	33.7715	2.3565	36.1280	重庆
26	67.3274	8.7544	76.0818	广东	26	28.9236	6.1038	35.0274	贵州
27	64.0182	7.5828	71.6010	山东	27	30.6494	2.8980	33.5474	河南
28	61.4419	4.0656	65.5074	江西	28	32.0841	0.8924	32.9765	吉林
29	43.3840	7.6825	51.0665	云南	29	23.8703	6.4401	30.3104	云南
30	38.9214	4.6518	43.5732	新疆	30	25.1313	1.2886	26.4199	福建
31	38.8758	3.7862	42.6620	河南	31	22.7049	0.2268	22.9318	新疆

（七）在线教学

如表4.29所示，在本科院校方面，校均使用在线课程排名前5的省份是上海、江西、湖北、云南和山东；专科院校排名前5的是浙江、河北、江苏、山东和湖北。湖北和山东的在线教育指标无论是本科还是专科均名列前茅。本科院校使用课程最多和最少相差10倍以上，本科院校中排名最后5位分别是青海、宁夏、西藏、山西、广西，专科院校中排名最后5位是西藏、宁夏、新疆、海南和天津。值得引起注意的是，教育资源不丰富的地区并不重视现有的在线教育资源，也不建设教育资源，这势必影响该省份的教育质量。

表 4.29　本专科高校在线教学

本科				专科			
排名	教学中应用在线课程中MOOC数量（校均个数）/种	教学中应用在线课程中SPOC数量（校均个数）/种	使用在线课程（校均个数）/种	省份	排名	教学中应用在线课程中MOOC数量（校均个数）/种	教学中应用在线课程中SPOC数量（校均个数）/种	使用在线课程（校均个数）/种	省份
1	52.4737	407.7368	460.2105	上海	1	97.5400	196.1200	293.6600	浙江
2	86.3810	247.2619	333.6429	江西	2	56.3333	227.1569	283.4902	河北
3	117.6866	204.0746	321.7612	湖北	3	58.9080	170.2759	229.1839	江苏
4	142.3125	177.0313	319.3438	云南	4	57.3750	161.5625	218.9375	山东
5	129.0758	188.7273	317.8030	山东	5	68.0678	146.8305	214.8983	湖北
6	79.8235	236.5882	316.4118	内蒙古	6	52.2432	137.8919	190.1351	陕西
7	108.6885	201.8689	310.5574	广东	7	40.7808	138.2466	179.0274	湖南
8	76.2414	233.7931	310.0345	天津	8	35.3556	106.5111	141.8667	辽宁
9	120.4400	187.6400	308.0800	重庆	9	33.9231	101.9487	135.8718	四川
10	88.2800	208.5400	296.8200	湖南	10	60.5417	74.3750	134.9167	云南
11	63.6111	229.7037	293.3148	北京	11	34.0714	96.0476	130.1190	重庆
12	77.2456	215.6842	292.9298	浙江	12	43.2647	86.5882	129.8529	内蒙古
13	129.2105	141.7368	270.9474	甘肃	13	84.5000	41.7308	126.2308	北京
14	94.2909	169.1455	263.4364	河南	14	43.3151	73.3288	116.6438	安徽
15	78.5614	169.0877	247.6491	辽宁	15	12.2381	90.7738	103.0119	广东
16	109.1667	133.1667	242.3333	海南	16	15.4667	81.2444	96.7111	山西
17	64.0822	166.4247	230.5068	江苏	17	45.2400	45.0400	90.2800	福建
18	80.5510	137.1837	217.7347	四川	18	40.1758	48.5934	88.7692	河南
19	61.5283	152.4528	213.9811	陕西	19	8.3902	73.9512	82.3415	广西
20	95.6667	117.0370	212.7037	贵州	20	59.2593	22.8148	82.0741	甘肃

续表

	本科					专科			
排名	教学中应用在线课程中MOOC数量（校均个数）/种	教学中应用在线课程中SPOC数量（校均个数）/种	使用在线课程（校均个数）/种	省份	排名	教学中应用在线课程中MOOC数量（校均个数）/种	教学中应用在线课程中SPOC数量（校均个数）/种	使用在线课程（校均个数）/种	省份
21	56.7500	155.3542	212.1042	河北	21	17.7544	60.8947	78.6491	江西
22	110.7568	96.9189	207.6757	福建	22	34.4000	32.9000	67.3000	上海
23	64.6486	126.0811	190.7297	黑龙江	23	34.7586	24.3793	59.1379	吉林
24	106.7297	57.1892	163.9189	吉林	24	21.7073	30.5854	52.2927	黑龙江
25	81.5778	77.1111	158.6889	安徽	25	21.6818	26.1364	47.8182	贵州
26	108.3333	47.3333	155.6667	新疆	26	25.7500	17.2500	43.0000	青海
27	95.7222	50.8333	146.5556	广西	27	9.2917	28.9167	38.2083	天津
28	46.3929	59.9286	106.3214	山西	28	4.4615	21.6154	26.0769	海南
29	45.4000	40.0000	85.4000	西藏	29	5.1429	9.8000	14.9429	新疆
30	36.2857	8.0000	44.2857	宁夏	30	0.0000	5.0000	5.0000	宁夏
31	18.2500	14.0000	32.2500	青海	31	0.0000	0.0000	0.0000	西藏

（八）网络安全

如表4.30所示，网络安全指标有16项，本科高校各省份排名中，最高是上海，为8.9项，最低是云南，为6.2项。专科院校排名中，最高的青海为8.4项，最低的黑龙江为5.5项。两类院校最高和最低均相差2个系统。

表4.30　本专科高校网络安全设备

	本科			专科	
排名	校均网络安全保障产品/个	省份	排名	校均网络安全保障产品/个	省份
1	8.8421	上海	1	8.3750	青海
2	8.6471	内蒙古	2	8.2000	浙江

续表

本科			专科		
排名	校均网络安全保障产品／个	省份	排名	校均网络安全保障产品／个	省份
3	8.6111	北京	3	7.9000	上海
4	8.2703	福建	4	7.8400	福建
5	8.2667	新疆	5	7.8077	北京
6	8.0556	广西	6	7.6164	湖南
7	7.9649	浙江	7	7.5000	山东
8	7.9592	四川	8	7.4023	江苏
9	7.9344	广东	9	7.3333	西藏
10	7.8219	江苏	10	7.3235	内蒙古
11	7.7143	宁夏	11	7.1379	吉林
12	7.6757	黑龙江	12	7.0877	江西
13	7.6400	重庆	13	7.0741	甘肃
14	7.6216	吉林	14	7.0000	海南
15	7.5714	山西	15	7.0000	宁夏
16	7.5517	天津	16	6.9804	河北
17	7.5373	湖北	17	6.9661	湖北
18	7.4600	湖南	18	6.9589	安徽
19	7.3111	安徽	19	6.9524	广东
20	7.2593	贵州	20	6.9048	重庆
21	7.2424	山东	21	6.7821	四川
22	7.1228	辽宁	22	6.7073	广西
23	7.0714	江西	23	6.6593	河南
24	7.0000	陕西	24	6.6000	新疆
25	6.9474	甘肃	25	6.4792	云南
26	6.8333	海南	26	6.4324	陕西

续表

本科			专科		
排名	校均网络安全保障产品/个	省份	排名	校均网络安全保障产品/个	省份
27	6.8000	河南	27	6.4167	天津
28	6.7708	河北	28	6.3636	贵州
29	6.6000	西藏	29	6.1556	辽宁
30	6.2500	青海	30	5.8444	山西
31	6.1875	云南	31	5.4878	黑龙江

（九）信息化专职人员

如表 4.31 所示，信息化专职人员按学校人均拥有排名，本科高校排名前 5 位的省份是北京、上海、广东、浙江和吉林；专科院校排名前 5 位是北京、宁夏、上海市、吉林和海南。除北京外，本专科基本达到每万人 7 名信息化专职人员。北京本科和专科院校的数据分别达到每万人 14 人、22 人。本科、专科院校排名后 5 位的省份，每万人拥有信息化专职人员仅 4 人。希望排名靠后的省份要高度重视信息化专职人员的配备和培养，每万人配备 4 个信息化人员显然连日常的信息化运维都有困难，希望做好统筹。

表 4.31 信息化专职人员与人均专职人员

本科				本科			
排名	信息化专职人员（校均个数）	人均数量（学生＋员工）	省份	排名	信息化专职人员（校均个数）	人均数量（学生＋员工）	省份
1	22.0000	0.0014	北京	1	6.1154	0.0022	北京
2	20.3684	0.0010	上海	2	4.5833	0.0011	宁夏
3	23.4426	0.0010	广东	3	6.7000	0.0011	上海
4	14.7895	0.0009	浙江	4	6.1034	0.0010	吉林
5	13.8649	0.0008	吉林	5	6.7692	0.0010	海南
6	12.7895	0.0008	辽宁	6	3.7500	0.0009	青海
7	14.3208	0.0007	陕西	7	5.8222	0.0009	山西

续表

本科			本科		
排名	信息化专职人员（校均个数）	人均数量（学生＋员工）	省份	排名	信息化专职人员（校均个数）	人均数量（学生＋员工）	省份

排名	信息化专职人员（校均个数）	人均数量（学生＋员工）	省份	排名	信息化专职人员（校均个数）	人均数量（学生＋员工）	省份
8	10.7143	0.0007	宁夏	8	3.6667	0.0009	西藏
9	12.2973	0.0007	福建	9	5.4412	0.0008	内蒙古
10	19.1633	0.0007	四川	10	5.5122	0.0008	黑龙江
11	13.8767	0.0007	江苏	11	6.6667	0.0008	辽宁
12	12.4118	0.0006	内蒙古	12	7.2989	0.0008	江苏
13	15.1667	0.0006	海南	13	7.6200	0.0008	浙江
14	10.7027	0.0006	黑龙江	14	7.3137	0.0007	河北
15	15.6000	0.0006	重庆	15	8.8571	0.0007	广东
16	11.4737	0.0006	甘肃	16	4.6857	0.0007	新疆
17	13.4600	0.0006	湖南	17	7.5500	0.0006	山东
18	11.7619	0.0006	江西	18	5.6800	0.0006	福建
19	12.4478	0.0006	湖北	19	6.7838	0.0006	陕西
20	11.7333	0.0006	新疆	20	6.2034	0.0006	湖北
21	13.3030	0.0006	山东	21	4.5417	0.0006	天津
22	10.5000	0.0005	青海	22	5.6667	0.0006	四川
23	10.7500	0.0005	河北	23	5.4211	0.0005	江西
24	10.8750	0.0005	云南	24	4.6301	0.0005	安徽
25	8.1724	0.0005	天津	25	5.8571	0.0005	重庆
26	10.6389	0.0005	广西	26	4.8125	0.0005	云南
27	15.8000	0.0005	河南	27	5.4318	0.0005	贵州
28	8.9286	0.0004	山西	28	6.3187	0.0005	河南
29	7.2222	0.0004	贵州	29	5.5890	0.0005	湖南
30	2.8000	0.0004	西藏	30	4.6667	0.0005	甘肃
31	8.8889	0.0004	安徽	31	5.9756	0.0004	广西

（十）信息化经费

如表 4.32 所示，人均经费投入出现两种情况：发达地区排名前列的北京、上海、浙江、广东和江苏在各类指标上都表现优良；西藏、甘肃、宁夏、青海虽然学生数少，信息化经费生均值大，但业务系统和在线课程等应用类指标表现不理想。值得引起高度重视的是山西、云南、河北、黑龙江和天津，许多指标都排名靠后，年度经费投入也相对靠后。上海和广东在专科院校的人均信息化投入偏低，这可能与学校学生人数多有关，希望可以找到原因。

表 4.32　信息化校均年度经费与人均年度经费

本科				专科			
排名	校均年度经费/万元	人均经费（学生＋员工）/万元	省份	排名	校均年度经费/万元	人均经费（学生＋员工）/万元	省份
1	1448.9074	0.0891	北京	1	1200.0000	0.2782	西藏
2	1209.6316	0.0609	上海	2	661.9167	0.1627	宁夏
3	919.5088	0.0570	浙江	3	297.9615	0.1082	北京
4	343.0000	0.0494	西藏	4	767.1600	0.0765	浙江
5	783.8421	0.0429	甘肃	5	270.0000	0.0673	青海
6	986.3279	0.0411	广东	6	585.3448	0.0619	江苏
7	937.5000	0.0398	海南	7	637.9121	0.0499	河南
8	899.0000	0.0394	安徽	8	296.3448	0.0487	吉林
9	590.1429	0.0389	宁夏	9	409.0137	0.0470	安徽
10	723.7059	0.0379	内蒙古	10	506.7297	0.0456	陕西
11	733.9811	0.0378	陕西	11	371.2667	0.0432	辽宁
12	909.8400	0.0371	重庆	12	428.6296	0.0424	甘肃
13	752.2239	0.0362	湖北	13	293.4615	0.0424	海南
14	749.2778	0.0350	广西	14	323.7917	0.0420	天津
15	575.1404	0.0348	辽宁	15	381.0600	0.0417	福建
16	654.8000	0.0329	新疆	16	455.0455	0.0417	贵州
17	665.7808	0.0317	江苏	17	415.0678	0.0407	湖北

续表

	本科				专科		
排名	校均年度经费/万元	人均经费（学生＋员工）/万元	省份	排名	校均年度经费/万元	人均经费（学生＋员工）/万元	省份
18	603.7500	0.0310	青海	18	468.6750	0.0399	山东
19	506.4074	0.0302	贵州	19	261.7353	0.0399	内蒙古
20	518.1892	0.0299	吉林	20	429.2381	0.0379	重庆
21	659.3485	0.0277	山东	21	537.5122	0.0378	广西
22	440.9459	0.0253	福建	22	399.8630	0.0344	湖南
23	684.5102	0.0246	四川	23	225.4390	0.0337	黑龙江
24	500.2600	0.0230	湖南	24	359.5098	0.0336	河北
25	451.1071	0.0224	山西	25	336.9298	0.0333	江西
26	775.2545	0.0223	河南	26	424.7857	0.0322	广东
27	349.9310	0.0213	天津	27	202.9111	0.0301	山西
28	284.8649	0.0170	黑龙江	28	287.5256	0.0288	四川
29	356.4063	0.0169	云南	29	167.8000	0.0281	上海
30	291.8095	0.0153	江西	30	261.0417	0.0280	云南
31	242.5833	0.0119	河北	31	176.0000	0.0247	新疆

第五节 主成分综合指标与院校信息化建设表现分析

一、信度与效度分析

（一）信度

根据前面阐述的信效度研究方法，我们剔除指标异常的院校后，采用克龙巴赫系数和主成分因子的有效探寻，确定综合分析指标的六个维度，分别为"信息系统建设""网络安全保障""人力物力保障""线上课程和SPOC建设""MOOC建设与应用""硬件建设效果"，同时开展综合指标分析。

综合指标的信度表现良好，量表总体信度高于 0.7，各维度指标信度检验结果见表 4.33。除"MOOC 建设与应用"和"硬件建设效果"维度的信度表现达到刚可接受水平外，其他维度的克龙巴赫系数超过 0.6，达到较好效果。"MOOC 建设与应用"和"硬件建设效果"维度的信度表现不佳是因为指标数量较少，填报分项表述使填报者理解不够明确，从而影响克龙巴赫系数。原来的 137 个三级指标通过因子分析后，降维筛选至 19 个因子，分布在六大维度中，与原测评评价指标维度保持基本一致，不带有相重性。计算方法和数学建模在前面研究方法中已详细说明（见"二、技术路线"）。

表 4.33　六维度和指标的信度检验结果

维度	指标	α
信息系统建设	1.学校及资产类系统覆盖率 2.学生类系统覆盖率 3.教师类系统覆盖率 4.规划与决策类系统覆盖率 5.教务类系统覆盖率 6.教学类系统覆盖率 7.总务类系统覆盖率	0.8934
网络安全保障	8.是否设立校级数据中心 9.安全管理制度建设情况 10.安全产品和服务建设情况 11.灾难备份情况	0.6100
人力物力保障	12.标准化信息化专职工作人员总数 13.标准化年度信息化经费总额	0.6296
线上课程和 SPOC 建设	14 标准化在线课程总数 15.标准化 SPOC 数量	0.7391
MOOC 建设与应用	16.标准化学校建设并在境内平台开放共享的 MOOC 课程数量 17.标准化教学中应用的在线课程和 MOOC 课程数量	0.5133
硬件建设效果	18.标准化生均带宽 19.标准化生均多媒体教室	0.5066

（二）效度（主成分分析）

为保证综合指标的效度，我们剔除了同时在多个维度之中具有较大因子载荷或者所有因子载荷均不高的指标，进行了降维处理，最终确定了综合指标所包含的分项指标20项。结合各指标的内容，我们对各维度所测量内容进行归纳整理，而后命名。其结果与原有的指标结构大致相符。表4.34中的是降维处理后可以采用的关键指标，其中各指标因子载荷均高于0.5，六个维度的组合信度CR均高于0.7。

表 4.34　主成分分析识别的关键指标的因子载荷与组合信度

维度	指标	因子载荷	CR
信息系统建设	1. 学校及资产类系统覆盖率	0.7935	0.9093
	2. 学生类系统覆盖率	0.8051	
	3. 教师类系统覆盖率	0.8878	
	4. 规划与决策类系统覆盖率	0.8326	
	5. 教务类系统覆盖率	0.6960	
	6. 教学类系统覆盖率	0.5422	
	7. 总务类系统覆盖率	0.7843	
网络安全保障	8. 是否设立校级数据中心	0.6518	0.7867
	9. 安全管理制度建设情况	0.7177	
	10. 安全产品和服务建设情况	0.7500	
	11. 灾难备份情况	0.6482	
人力物力保障	12. 标准化信息化专职工作人员总数	0.8096	0.8106
	13. 标准化年度信息化经费总额	0.8412	
线上课程和SPOC建设	14. 标准化在线课程总数	0.8610	0.8704
	15. 标准化SPOC数量	0.8943	
MOOC建设与应用	16. 标准化学校建设并在境内平台开放共享的MOOC课程数量	0.8524	0.7993
	17. 标准化教学中应用的在线课程和MOOC课程数量	0.7782	
硬件建设效果	18. 标准化生均带宽	0.8249	0.8004
	19. 标准化生均多媒体教室	0.8088	

（三）信息化建设综合表现

剔除相关异常指标信息以及缺失的院校后，我们进一步将院校分为四类："双一流"建设高校（126 所）、非"双一流"普通高校（990 所）、高等职业技术院校（1351 所）以及其他院校（49 所）。综合表现指标计算公式如下：

$$F = \frac{\sum_{i=1}^{6} k_i F_i}{\sum_{i=1}^{6} k_i} \tag{4.11}$$

其中，$i=1$，2，…，6，F_i 为维度 i 的得分，K_i 则为维度的权重计算系数，综合表现的主成分分布表现见图 4.8 到图 4.11。

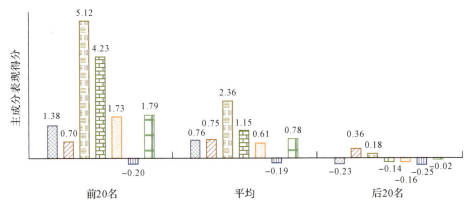

图 4.8 "双一流"建设高校综合排名前 20 名、平均数和后 20 名得分

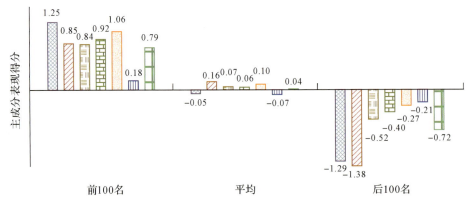

图 4.9 非"双一流"普通高校综合排名前 100 名、平均数和后 100 名得分

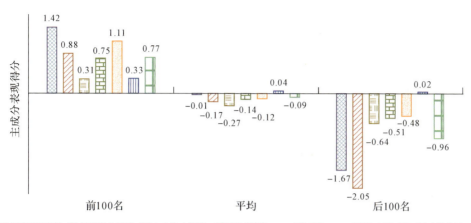

图 4.10　高等职业技术院校排名前 100 名、平均数和后 100 名得分

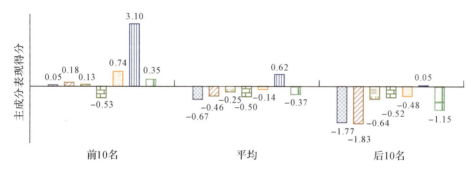

图 4.11　其他院校综合排名前 10 名、平均和后 10 名得分

综合表现突出的"双一流"建设高校，前 20 名院校的"人力物力保障"和"线上课程和 SPOC 建设"表现尤为优秀，但在"硬件建设效果"的平均分项并不比其他院校高，而且是负值，如图 4.8 所示。主要原因是该类院校在校生规模大，具体到每位学生硬件资源（宽带和多媒体教室）就显得不足，优质师资资源的短缺，造成多数为大班化上课，随着小班化、个性化、不受时空影响的新教学模式的开展，这类问题将能得到合理解决。

从图 4.8 和 4.11 可以看到，"双一流"建设高校与排名前 100 名非"双一流"建设普通高校综合表现相差较小，说明我国普通高校前 100 名信息化建设势头强劲，直逼"双一流"建设高校。"双一流"建设高校"人力物力保障"高于非"双一流"普通高校 3 倍左右，但"信息系统建设"非"双一流"普通高校的平均值高于"双一流"建设高校。

从图 4.9 和图 4.10 可以看到，综合表现非"双一流"普通高校排名前 100 名与高等职业技术院校前 100 名几乎相似，说明我国优质高等职业技术院校的信息化建设后来居上。发展职业教育是我国的国策，希望保持目前的强劲势头。

从图 4.8 可以看到，综合表现方面"双一流"建设高校的后 20 名除"网络安全保障"和"人力物力保障"为正值，其他四项 F_i 均出现负值，这类院校的信息化投入还很不够，建议这类高校在信息化建设过程中认真查找、分析主要问题及产生原因，并形成相关对策。

从图 4.9 可以看到，综合表现普通高校后 100 名的 F_i 都是负值，而且负值很大，需进一步调查原因。这些高校信息化投入、人力、物力和资金保障均出现严重问题，应引起高度重视，因为这些因素将直接影响学校的教育教学以及人才培养质量。

从图 4.11 可以看到，其他院校前 10 名，"硬件建设效果"高于其他所有院校，分析发现该类院校如广播电视大学，主要依靠高科技和互联网支撑教育教学，师资力量较薄弱。

二、综合排名和分项排名

（一）"双一流"建设高校综合排名前 50 名的学校

"双一流"建设高校综合排名见表 4.35，包括综合排名和分项排名，如：浙江大学综合排名为第 1 名，分项排名分别为第 16、90、8、1、1 和 11 名。从综合排名前 5 的院校可以看到，"人力物力保障"、"线上课程和 SPOC 建设"和"MOOC 建设与应用"三项的排名一般也较靠前，说明这类高校既重视信息化专业人员的队伍建设，又重视在线课程建设和使用，特别是南昌大学硬件建设效果排在第 113 名，说明该校的网络基础建设和多媒体教室建设投入在"双一流"建设高校中并不是最多的。浙江大学在信息化建设中属于维度比较均匀而靠前的学校，分项指标"网络安全保障"指标由于没有异地灾备设备变成第 90 位，这种情况上海交通大学同样存在。网络设施和多媒体教室等"硬件建设效果"数据，除浙江大学和山东大学外，其它综合排名前 10 的高校均不理想，说明该类高校学生人数多，采用大班教学还是很平常，小班教学普遍不足。

表 4.35　"双一流"建设高校六维度和综合表现前 50 名

院校名称	综合排名	信息系统建设排名	网络安全保障排名	人力物力保障排名	线上课程和 SPOC 建设排名	MOOC 建设与应用排名	硬件建设效果排名
浙江大学	1	16	90	8	1	1	11
南昌大学	2	15	84	21	2	3	113
复旦大学	3	33	91	6	11	28	84
北京邮电大学	4	75	80	19	3	125	106
山东大学	5	5	114	2	49	12	41
上海交通大学	6	44	50	12	14	13	70
清华大学	7	66	93	1	126	9	104
厦门大学	8	45	9	48	4	23	122
武汉理工大学	9	29	113	18	7	22	120
北京大学	10	43	31	11	17	19	76
中南大学	11	12	71	3	76	40	92
湖南师范大学	12	57	111	53	6	4	95
武汉大学	13	39	97	7	26	24	47
中山大学	14	58	59	5	24	59	32
天津大学	15	9	67	45	8	37	58
四川大学	16	37	94	4	43	21	126
陕西师范大学	17	55	74	40	5	100	36
电子科技大学	18	6	42	43	27	15	4
东南大学	19	20	68	22	36	11	12
西南交通大学	20	13	26	33	38	20	5
上海大学	21	17	23	66	13	126	93
中国农业大学	22	41	51	61	12	39	83
中央财经大学	23	91	49	14	15	69	48
吉林大学	24	52	64	9	84	33	18

续表

院校名称	综合排名	信息系统建设排名	网络安全保障排名	人力物力保障排名	线上课程和SPOC建设排名	MOOC建设与应用排名	硬件建设效果排名
西安电子科技大学	25	7	66	44	89	35	1
兰州大学	26	30	38	16	66	25	40
西安交通大学	27	36	70	26	77	5	21
北京交通大学	28	14	88	30	91	7	71
华中科技大学	29	34	13	13	85	46	56
大连理工大学	30	69	86	68	18	8	94
华中师范大学	31	59	48	17	30	73	45
华东理工大学	32	62	6	101	10	86	67
北京师范大学	33	31	3	50	60	18	81
西南大学	34	18	82	74	98	6	9
中国石油大学	35	95	24	29	23	27	85
东北大学	36	1	107	23	102	26	62
郑州大学	37	77	27	28	52	10	110
中国海洋大学	38	8	60	42	81	50	78
华南理工大学	39	84	47	15	55	34	35
广州医科大学	40	104	56	37	16	120	33
合肥工业大学	41	92	77	10	57	124	117
西南财经大学	42	22	10	52	122	113	3
华南师范大学	43	42	12	34	53	83	53
新疆大学	44	56	39	20	56	115	8
广西大学	45	79	30	39	28	84	99
上海财经大学	46	32	8	41	123	92	16
同济大学	47	38	44	65	62	14	42
贵州大学	48	25	78	59	40	97	49

续表

院校名称	综合排名	信息系统建设排名	网络安全保障排名	人力物力保障排名	线上课程和SPOC建设排名	MOOC建设与应用排名	硬件建设效果排名
华东师范大学	49	64	1	49	74	30	87
湖南大学	50	47	15	46	63	43	72

（二）我国本科高校主成分综合排名前 20 的情况分析

1. "双一流"建设高校和普通高校联合排名前 20 的学校

如表 4.36 所示，在我国 1116 所"双一流"建设高校和非"双一流"普通高等院校中，综合指数排名前 20 的学校 95% 都是"双一流"建设高校，非"双一流"普通高校只有楚雄师范学院进入前 7。

表 4.36　"双一流"建设高校和普通高校综合排名前 20

院校名称	综合排名	信息系统建设排名	网络安全保障排名	人力物力保障排名	线上课程和SPOC建设排名	MOOC建设与应用排名	硬件建设排名
浙江大学	1	53	478	8	1	4	126
南昌大学	2	52	430	23	2	10	994
复旦大学	3	128	484	6	11	119	757
北京邮电大学	4	331	404	21	3	1113	962
山东大学	5	23	667	2	241	48	460
上海交通大学	6	167	253	12	16	51	673
楚雄师范学院	7	74	652	259	27	1	153
清华大学	8	290	487	1	1111	26	930
厦门大学	9	172	30	58	4	99	1087
武汉理工大学	10	115	663	20	7	96	1077
北京大学	11	155	178	11	21	81	704
中南大学	12	42	365	3	487	165	835
湖南师范大学	13	221	649	73	6	17	843

续表

院校名称	综合排名	信息系统建设排名	网络安全保障排名	人力物力保障排名	线上课程和SPOC建设排名	MOOC建设与应用排名	硬件建设排名
武汉大学	14	147	534	7	57	104	504
中山大学	15	226	296	5	47	269	401
天津大学	16	39	348	53	8	152	602
四川大学	17	138	509	4	158	90	1101
陕西师范大学	18	216	376	48	5	611	434
电子科技大学	19	32	220	51	60	61	47
东南大学	20	68	354	24	108	44	128

2. "双一流"建设高校和普通高校联合排名前 20 的全国区域分布

全国区域信息化建设综合排名前 20 的地区分布见图 4.12，进入前 20 院校的省份分布见图 4.13，有 2 所以上的省份为北京、上海、湖南、湖北和四川，北京有 3 所。

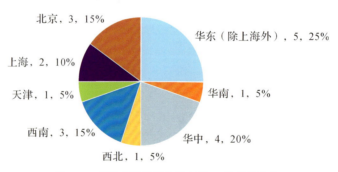

图 4.12 信息化建设综合排名前 20 的地区分布

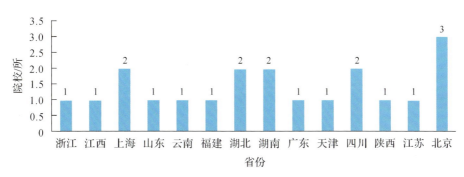

图4.13 信息化建设综合排名前20院校的地区分布（按省份统计）

（三）前50名的非"双一流"普通高校主成分分项排名

表4.37显示了非"双一流"普通高校的分项排名（前50）。"信息系统建设""网络安全保障""人力物力保障""线上课程和SPOC建设""MOOC建设与应用""硬件建设效果"排名第1的分别为广州大学华软软件学院、辽宁工程技术大学、韶关学院、唐山师范学院、楚雄师范学院、上海兴伟学院。特别是楚雄师范学院"MOOC建设与应用"位于第1，"线上课程和SPOC建设"位于第9，在998所非"双一流"普通高校中均位于前段，综合进入包括"双一流"高校在内的全国前20，说明该校非常重视教学和国内优质资源的获取，重视将信息技术渗透到工作流程中。信息系统建设时必须统一标准，统一数据源，防止"信息孤岛"的出现，让信息系统在数据层相互有准则地流通、共享。

（四）前50名的高等职业技术院校主成分分项排名

表4.38显示了高等职业技术院校的分项排名（前50）。"信息系统建设""网络安全保障""人力物力保障""线上课程和SPOC建设""MOOC建设与应用""硬件建设效果"排名第1的分别为青岛航空科技职业学院、黎明职业大学、顺德职业技术学院、盘锦职业技术学院、河南林业职业学院、黄冈科技职业学院。

（五）其他类院校主成分分项排名

其他类院校有48所数据有效，其分项排名（前10）如表4.39所示。该类院校以广播电视大学和干部培训院校为主，由于学生人多，教师少，许多工作流程和教学手段更依赖技术，同时对公共教学资源的需求量比一般院校多。

表4.37 非"双一流"普通高校的分项排名（前50）

信息系统建设		网络安全保障		人力物力保障		线上课程和SPOC建设		MOOC建设与应用		硬件建设效果	
排名	学校	排名	学校	排名	学校	排名	学校	排名	学校	排名	学校
1	广州大学华软软件学院	1	辽宁工程技术大学	1	韶关学院	1	唐山师范学院	1	楚雄师范学院	1	上海兴伟学院
2	南京邮电大学通达学院	2	广东第二师范学院	2	中国医科大学	2	河套学院	2	湖南财政经济学院	2	华北理工大学冀唐学院
3	东莞理工学院城市学院	3	井冈山大学	3	郑州工商学院	3	黑龙江八一农垦大学	3	广东技术师范大学	3	山西医科大学
4	福建警察学院	4	西湖大学	4	广东外语外贸大学	4	川北医学院	4	辽宁财贸学院	4	长沙理工大学城南学院
5	湖南女子学院	5	哈尔滨体育学院	5	广东石油化工学院	5	常州大学	5	南京航空航天大学金城学院	5	中国矿业大学徐海学院
6	山东现代学院	6	河南农业大学	6	香港中文大学（深圳）	6	武汉工程大学	6	西安培华学院	6	广东以色列理工学院
7	南京财经大学红山学院	7	南京特殊教育师范学院	7	郑州升达经贸管理学院	7	盐城工学院	7	湖州师范学院	7	湘潭大学兴湘学院
8	上海师范大学天华学院	8	北京农学院	8	郑州财经学院	8	沈阳师范大学	8	湖州师范学院求真学院	8	湖北医药学院药护学院
9	苏州大学文正学院	9	南京财经大学	9	浙江理工大学	9	楚雄师范学院	9	河南财政金融学院	9	长安大学兴华学院
10	河南工业大学	10	周口师范学院	10	浙江工商大学	10	湖南工学院	10	广西医科大学	10	西湖大学

续表

信息系统建设		网络安全保障		人力物力保障		线上课程和SPOC建设		MOOC建设与应用		硬件建设效果	
排名	学校	排名	学校	排名	学校	排名	学校	排名	学校	排名	学校
11	安徽工业大学	11	山西医科大学	11	北京联合大学	11	青岛大学	11	仰恩大学	11	昆山杜克大学
12	内蒙古大学创业学院	12	浙江海洋大学	12	杭州师范大学	12	武昌首义学院	12	枣庄学院	12	湖南农业大学东方科技学院
13	江苏科技大学	13	上海公安学院	13	桂林理工大学	13	河南财政金融学院	13	重庆交通大学	13	广西科技大学鹿山学院
14	北京第二外国语学院	14	青海师范大学	14	洛阳师范学院	14	上海电机学院	14	广州大学	14	北京电影学院
15	山东师范大学	15	巢湖学院	15	上海纽约大学	15	上海师范大学	15	重庆大学城市科技学院	15	上海纽约大学
16	南京中医药大学翰林学院	16	北京工商大学	16	重庆师范大学涉外商贸学院	16	武昌理工学院	16	吉林大学珠海学院	16	温州大学瓯江学院
17	上海立信会计金融学院	17	桂林理工大学	17	昆山杜克大学	17	云南经济管理学院	17	南京体育学院	17	湖南文理学院芙蓉学院
18	北京印刷学院	18	白城师范学院	18	杭州电子科技大学	18	六盘水师范学院	18	温州医科大学	18	哈尔滨音乐学院
19	厦门大学嘉庚学院	19	江苏师范大学	19	山东科技大学	19	郑州轻工业大学	19	青岛农业大学	19	湖南工业大学科技学院
32	盐城师范学院	32	广东技术师范大学	32	北方工业大学	32	青岛农业大学	32	湖北文理学院	32	福建师范大学

续表

信息系统建设		网络安全保障		人力物力保障		线上课程和 SPOC 建设		MOOC 建设与应用		硬件建设效果	
排名	学校	排名	学校	排名	学校	排名	学校	排名	学校	排名	学校
33	广东科技学院	33	长春光华学院	33	湖北工业大学	33	北京理工大学珠海学院	33	江西中医药大学	33	北京舞蹈学院
34	重庆交通大学	34	新疆工程学院	34	西交利物浦大学	34	南京工程学院	34	桂林旅游学院	34	北京工商大学嘉华学院
35	西藏大学财经学院	35	广东医科大学	35	上海第二工业大学	35	西安欧亚学院	35	武汉纺织大学外经贸学院	35	重庆警察学院
36	鄂尔多斯应用技术学院	36	江苏大学	36	重庆师范大学	36	大连艺术学院	36	贵州民族大学	36	浙江理工大学科技与艺术学院
37	云南经济管理学院	37	浙江工商大学杭州商学院	37	武汉商学院	37	石家庄学院	37	北京吉利学院	37	西京学院
38	信阳学院	38	新疆医科大学	38	西安科技大学高新学院	38	韶关学院	38	宜宾学院	38	山西传媒学院
39	汕头大学	39	新疆师范大学	39	北京工商大学	39	甘肃农业大学	39	湖北工程学院	39	湖北工程学院新技术学院
40	贵州财经大学商务学院	40	乐山师范学院	40	吉林财经大学	40	重庆工商大学	40	唐山师范学院	40	湖南理工学院南湖学院
41	福建江夏学院	41	重庆邮电大学	41	安徽农业大学	41	天水师范学院	41	喀什大学	41	江苏师范大学
42	哈尔滨信息工程学院	42	泉州师范学院	42	赣南师范大学	42	郑州西亚斯学院	42	江西科技师范大学	42	福建江夏学院

续表

	信息系统建设		网络安全保障		人力物力保障		线上课程和SPOC建设		MOOC建设与应用		硬件建设效果
排名	学校	排名	学校	排名	学校	排名	学校	排名	学校	排名	学校
43	浙江工商大学杭州商学院	43	北京理工大学珠海学院	43	浙江工业大学	43	陕西科技大学	43	东北电力大学	43	大连东软信息学院
44	云南工商学院	44	内蒙古师范大学	44	西湖大学	44	济南大学泉城学院	44	武汉生物工程学院	44	浙江树人大学
45	厦门理工学院	45	浙江水利水电学院	45	温州大学	45	江西师范大学	45	沈阳城市建设学院	45	江西农业大学南昌商学院
46	江西财经大学	46	晋中学院	46	西南政法大学	46	武汉纺织大学	46	兰州城市学院	46	南通理工学院
48	陕西服装工程学院	48	福建中医药大学	48	西安建筑科技大学	48	河北科技师范学院	48	贵州财经大学商务学院	48	闽南师范大学
49	武昌理工学院	49	温州肯恩大学	49	桂林电子科技大学	49	咸阳师范学院	49	郑州轻工业大学	49	四川工商学院
50	浙江财经大学东方学院	50	黄山学院	50	江西财经大学	50	井冈山大学	50	上海电机学院	50	重庆邮电大学

表 4.38　高等职业技术院校的分项排名（前 50）

信息系统建设		网络安全保障		人力物力保障		线上课程和SPOC建设		MOOC建设与应用		硬件建设效果	
排名	学校	排名	学校	排名	学校	排名	学校	排名	学校	排名	学校
1	青岛航空科技职业学院	1	黎明职业大学	1	顺德职业技术学院	1	盘锦职业技术学院	1	河南林业职业学院	1	黄冈科技职业学院
2	培黎职业学院	2	广东交通职业技术学院	2	兰州石化职业技术学院	2	四川护理职业学院	2	河南物流职业学院	2	郑州电力高等专科学校
3	江西外语外贸职业学院	3	辽宁金融职业学院	3	浙江建设职业技术学院	3	湖北中医药高等专科学校	3	江苏工程职业技术学院	3	北京科技职业学院
4	四川文化传媒职业学院	4	菏泽医学专科学校	4	湖南外国语职业学院	4	无锡职业技术学院	4	泉州轻工职业学院	4	培黎职业学院
5	抚州幼儿师范高等专科学校	5	湖北科技职业学院	5	江苏农牧科技职业学院	5	阜阳职业技术学院	5	山东信息职业技术学院	5	北京科技经营管理学院
6	榆林能源科技职业学院	6	湖北中医药高等专科学校	6	陕西铁路工程职业技术学院	6	广东江门中医药职业学院	6	江西外语外贸职业学院	6	宝鸡三和职业学院
7	曲靖职业技术学院	7	广西农业职业技术学院	7	哈尔滨职业技术学院	7	马鞍山师范高等专科学校	7	浙江同济科技职业学院	7	石嘴山工贸职业技术学院
8	湖南高速铁路职业技术学院	8	西安职业技术学院	8	北京财贸职业学院	8	江苏海事职业技术学院	8	辽宁轻工职业学院	8	攀枝花攀西职业学院
9	广州珠江职业技术学院	9	辽宁现代服务职业技术学院	9	长江职业学院	9	菏泽职业学院	9	浙江邮电职业技术学院	9	衡阳幼儿师范高等专科学校
10	青岛求实职业技术学院	10	吉林交通职业技术学院	10	唐山工业职业技术学院	10	成都航空职业技术学院	10	乌海职业技术学院	10	北京艺术传媒职业学院

续表

信息系统建设		网络安全保障		人力物力保障		线上课程和SPOC建设		MOOC建设与应用		硬件建设效果	
排名	学校	排名	学校	排名	学校	排名	学校	排名	学校	排名	学校
11	建东职业技术学院	11	重庆工商职业学院	11	宁夏财经职业技术学院	11	湖北城市建设职业技术学院	11	甘肃财贸职业学院	11	烟台文化旅游职业学院
12	宁夏工商职业技术学院	12	阳江职业技术学院	12	浙江旅游职业学院	12	河北艺术职业学院	12	商丘职业技术学院	12	朔州陶瓷职业技术学院
13	江阴职业技术学院	13	贵阳职业技术学院	13	武汉软件工程职业学院	13	山东传媒职业学院	13	武汉城市职业学院	13	广州铁路职业技术学院
14	北京经济管理职业学院	14	德州职业技术学院	14	徐州工业职业技术学院	14	济南职业学院	14	湖北中医药高等专科学校	14	应天职业技术学院
15	重庆智能工程职业学院	15	盘锦职业技术学院	15	长春职业技术学院	15	西安航空职业技术学院	15	吉林工业职业技术学院	15	青岛幼儿师范高等专科学校
16	湖北三峡职业技术学院	16	河北机电职业技术学院	16	广东科学技术职业学院	16	邢台职业技术学院	16	四川幼儿师范高等专科学校	16	广州松田职业学院
17	连云港职业技术学院	17	四川文化产业职业学院	17	广东女子职业技术学院	17	清远职业技术学院	17	湖南机电职业技术学院	17	吉安职业技术学院
18	连云港师范高等专科学校	18	内蒙古机电职业技术学院	18	铜仁幼儿师范高等专科学校	18	呼伦贝尔职业技术学院	18	河南机电职业学院	18	广元中核职业技术学院
19	吉林司法警官职业学院	19	重庆城市职业学院	19	安徽医学高等专科学校	19	山西机电职业技术学院	19	马鞍山师范高等专科学校	19	湖南汽车工程职业学院
20	硅湖职业技术学院	20	四川工商职业技术学院	20	无锡城市职业技术学院	20	湖南水利水电职业技术学院	20	江苏护理职业学院	20	潍坊环境工程职业学院

高校治理体系中信息化能力
发展研究

续表

	信息系统建设		网络安全保障		人力物力保障		线上课程和SPOC建设		MOOC建设与应用		硬件建设效果
排名	排名	学校	排名	学校	排名	学校	排名	学校	排名	学校	排名	学校
21	21	白城医学高等专科学校	21	浙江经济职业技术学院	21	潍坊职业学院	21	浙江旅游职业学院	21	重庆工程职业技术学院	21	雅安职业技术学院
22	22	南京交通职业技术学院	22	周口职业技术学院	22	浙江机电职业技术学院	22	河北政法职业学院	22	河北艺术职业学院	22	漯河食品职业学院
23	23	江苏食品药品职业技术学院	23	泉州幼儿师范高等专科学校	23	东营职业学院	23	南京工业职业技术学院	23	浙江宇翔职业技术学院	23	湖南九嶷职业技术学院
24	24	九州职业技术学院	24	福建船政交通职业学院	24	成都职业技术学院	24	云南国土资源职业学院	24	河北能源职业技术学院	24	云南理工职业学院
25	25	安徽现代信息工程职业学院	25	贵州轻工职业技术学院	25	郑州铁路职业技术学院	25	长江工程职业技术学院	25	云南城市建设职业学院	25	青岛航空科技职业学院
26	26	南京城市职业学院	26	唐山职业技术学院	26	辽宁装备制造职业技术学院	26	河北工业职业技术学院	26	广西电力职业技术学院	26	苏州职业大学
27	27	广东江门中医药职业学院	27	浙江警官职业学院	27	邯郸职业技术学院	27	重庆信息技术职业学院	27	武汉职业技术学院	27	永州师范高等专科学校
28	28	广西培贤国际职业学院	28	江苏经贸职业技术学院	28	宝鸡职业技术学院	28	南宁职业技术学院	28	陕西铁路工程职业技术学院	28	满洲里俄语职业学院
29	29	常州纺织服装职业技术学院	29	乌海职业技术学院	29	河南职业技术学院	29	广西机电职业技术学院	29	安徽中澳科技职业学院	29	南京工业职业技术学院
30	30	宁夏财经职业技术学院	30	威海海洋职业学院	30	安徽国际商务职业学院	30	温州职业技术学院	30	青岛职业技术学院	30	云南轻纺职业学院

续表

信息系统建设		网络安全保障		人力物力保障		线上课程和SPOC建设		MOOC建设与应用		硬件建设效果	
排名	学校	排名	学校	排名	学校	排名	学校	排名	学校	排名	学校
31	南京科技职业学院	31	天津城市建设管理职业技术学院	31	浙江纺织服装职业技术学院	31	山西水利职业技术学院	31	四川科技职业学院	31	北京戏曲艺术职业学院
32	山东畜牧兽医职业学院	32	江苏海事职业技术学院	32	鄂州职业大学	32	河北机电职业技术学院	32	云南国土资源职业学院	32	河南女子职业学院
33	广东理工职业学院	33	锡林郭勒职业学院	33	黄河水利职业技术学院	33	西双版纳职业技术学院	33	北京科技职业学院	33	南充文化旅游职业学院
34	苏州经贸职业技术学院	34	江西工业工程职业技术学院	34	江苏经贸职业技术学院	34	湖南商务职业技术学院	34	湖南电子科技职业学院	34	鄂尔多斯生态环境职业学院
35	六安职业技术学院	35	安徽国防科技职业学院	35	广州铁路职业技术学院	35	昌吉职业技术学院	35	辽宁建筑职业学院	35	西藏警官高等专科学校
36	天府新区航空旅游职业学院	36	苏州卫生职业技术学院	36	福建农业职业技术学院	36	鹤壁职业技术学院	36	北京交通运输职业学院	36	北京网络职业学院
37	湖南环境生物职业技术学院	37	浙江农业商贸职业学院	37	湖南交通职业技术学院	37	郑州铁路职业技术学院	37	济南幼儿师范高等专科学校	37	天府新区旅游职业学院
38	张家界航空工业职业技术学院	38	贵州工商职业学院	38	商丘职业技术学院	38	天津海运职业学院	38	金肯职业技术学院	38	山东特殊教育职业学院
39	无锡科技职业学院	39	湖南铁道职业技术学院	39	绵阳职业技术学院	39	湖南生物机电职业技术学院	39	湖南高速铁路职业技术学院	39	黔东南民族职业技术学院

续表

信息系统建设		网络安全保障		人力物力保障		线上课程和SPOC建设		MOOC建设与应用		硬件建设效果	
排名	学校	排名	学校	排名	学校	排名	学校	排名	学校	排名	学校
40	南京工业职业技术学院	40	常州工业职业技术学院	40	安徽商贸职业技术学院	40	湖南艺术职业学院	40	厦门东海职业技术学院	40	安徽冶金科技职业学院
41	江苏医药职业学院	41	辽宁轻工职业学院	41	广东建设职业技术学院	41	襄阳职业技术学院	41	内江职业技术学院	41	长春东方职业学院
42	武汉交通职业学院	42	广西机电职业技术学院	42	石家庄职业技术学院	42	台州职业技术学院	42	温州科技职业学院	42	云南水利水电职业学院
43	江苏信息职业技术学院	43	辽宁农业职业技术学院	43	重庆三峡医药高等专科学校	43	山东科技职业学院	43	威海海洋职业学院	43	蚌埠经济技术职业学院
44	四川司法警官职业学院	44	苏州信息职业技术学院	44	苏州职业大学	44	安徽电子信息职业技术学院	44	湖南工业职业技术学院	44	塔里木职业技术学院
45	江苏卫生健康职业学院	45	重庆公共运输职业学院	45	驻马店职业技术学院	45	威海职业学院	45	山东劳动职业技术学院	45	天津工程职业学院
46	温州职业技术学院	46	河北交通职业技术学院	46	河南质量工程职业学院	46	长沙环境保护职业技术学院	46	邢台医学高等专科学校	46	新疆科信职业技术学院
47	辽宁石化职业技术学院	47	嘉兴职业技术学院	47	广东省外语艺术职业学院	47	广州城市职业学院	47	云南农业职业技术学院	47	梅河口康美职业技术学院
48	南京信息职业技术学院	48	南京信息职业技术学院	48	江西外语外贸职业学院	48	重庆工业职业技术学院	48	湖南有色金属职业技术学院	48	鄂州职业大学
49	上海中侨职业技术学院	49	宁波卫生职业技术学院	49	重庆工商职业学院	49	乌海职业技术学院	49	扬州工业职业技术学院	49	重庆健康职业学院
50	河北交通职业技术学院	50	河南经贸职业学院	50	广东理工职业学院	50	昆明冶金高等专科学校	50	杭州职业技术学院	50	白城职业技术学院

表 4.39　其他类院校的分项排名（前 10）

信息系统建设		网络安全保障		人力物力保障		线上课程和 SPOC 建设		MOOC 建设与应用		硬件建设效果	
排名	学校	排名	学校	排名	学校	排名	学校	排名	学校	排名	学校
1	陕西航天职工大学	1	湖南省广播电视大学	1	河北省广播电视大学	1	北京开放大学	1	河北省广播电视大学	1	北京市西城经济科学大学
2	陕西省广播电视大学	2	青海省广播电视大学	2	云南开放大学	2	新疆维吾尔自治区广播电视大学	2	北京开放大学	2	西安铁路工程职工大学
3	青海省广播电视大学	3	福建省广播电视大学	3	河南省广播电视大学	3	吉林省经济管理干部学院	3	江西经济管理干部学院	3	天津市南开区职工大学
4	云南开放大学	4	陕西省广播电视大学	4	贵州广播电视大学	4	江西经济管理干部学院	4	湖南省广播电视大学	4	甘肃广播电视大学
5	河北青年管理干部学院	5	成都广播电视大学	5	四川广播电视大学	5	江西广播电视大学	5	吉林省经济管理干部学院	5	北京市朝阳区职工大学
6	贵州广播电视大学	6	西安市广播电视大学	6	江苏开放大学	6	云南开放大学	6	陕西省广播电视大学	6	北京宣武红旗业余大学
7	天津市河西区职工大学	7	天津市广播电视大学	7	成都广播电视大学	7	北京市海淀区职工大学	7	云南开放大学	7	天津市和平区新华职工大学
8	湖南省广播电视大学	8	合肥职工科技大学	8	湖南省广播电视大学	8	湖南省广播电视大学	8	西安铁路工程职工大学	8	北京市海淀区职工大学
9	西安市职工大学	9	江苏开放大学	9	福建省广播电视大学	9	长春广播电视大学	9	甘肃广播电视大学	9	桂林市职工大学
10	北京开放大学	10	内蒙古自治区广播电视大学	10	陕西省广播电视大学	10	贵州广播电视大学	10	合肥职工科技大学	10	江西广播电视大学

三、聚类分析结果

（一）各省份层次聚类结果与分析

本书对全国31个省份进行层次聚类分析，数据中包括六类主成分，分别是"信息系统建设""网络安全保障""人力物力保障""线上课程和SPOC建设""MOOC建设与应用""硬件建设效果"，个体距离采用平方欧氏距离，类间距离采用平均链锁距离，已做标准化处理，无须重复处理，符合聚类要求。生成的聚类分析树形图见图4.14，全国高校信息化按省份分成四组。

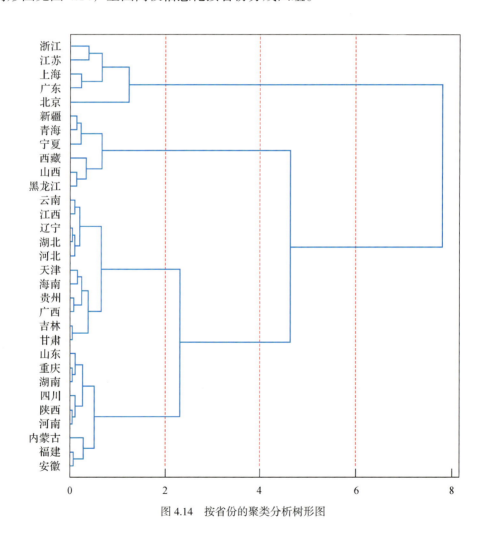

图4.14　按省份的聚类分析树形图

图4.15显示,第一组为发展良好型,涵盖北京、上海、浙江、江苏和广东,该组是指标最好的组,教育教学的MOOC建设与应用的得分相比其他项不高,是今后的突破口。第二组是发展迟缓型,涵盖新疆、青海、宁夏、西藏、山西和黑龙江,该组六个指标负值最大,是信息化工作比较薄弱的省份,但"硬件建设效果"相对正值,说明信息化网络基础和多媒体建设已初具规模,希望加大信息化的投入和业务系统建设力度,增加人力物力投入,关注信息化安全的各项工作。第三组是发展稍慢型,涵盖云南、江西、辽宁、湖北、天津、海南、贵州、广西、吉林和甘肃,该组比上一组的表现要好一点,如果增加硬件投入,可能会取得更好的教育教学效果。最后一组为发展型,涵盖山东、重庆、湖南、四川、陕西、河南、内蒙古、福建和安徽,应加强人力物力保障与线上课程和SPOC课程建设。

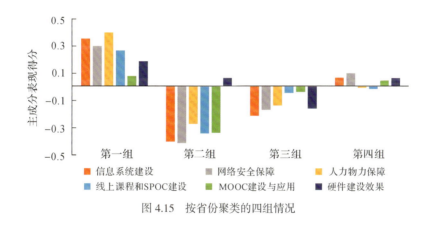

图4.15 按省份聚类的四组情况

(二)"双一流"建设高校聚类结果与分析

由图4.16明显可见"双一流"建设高校的四堆聚团,聚团的第一组(Ⅰ)、第二组(Ⅱ)较少,分别为3所和10所,第三组(Ⅲ)有22所,第四组(Ⅳ)有92所,占"双一流"建设高校的大部分。敏感成分形成二维,分别是"人力物力保障"和"线上课程和SPOC建设"组成的平面。

各型主成分分布见图4.17和表4.40。第一组(Ⅰ)投入综合型表现最好的"线上课程和SPOC课程"达17,说明这组学校在人力物力充沛的条件下,首先考虑的是建设互联网课程,它满足了信息化背景下学生线上线下自主学习的需求,这类院校无论是在教师创新大赛、教学成果还是在大学生创新大赛、"互联网+"5G

等大赛中都有不俗表现。第二组（Ⅱ）是高投入型，它的投入是所有院校中最高的，但是它的线上课程表现没有第一组（Ⅰ）突出。第三组（Ⅲ）是教学投入型，在人力物力有保障的情况下，投入教学相对比其他指标占比多。第四组（Ⅳ）是待发展型，特别是教育教学投入需要增加。四个类型的小组的F_6都是负值，需要加强硬件建设，如网络建设，人均带宽和多媒体教室的升级改造都需要加大投入。以上数据是在"双一流"高校中的比较，和其他类不在同一水平上。

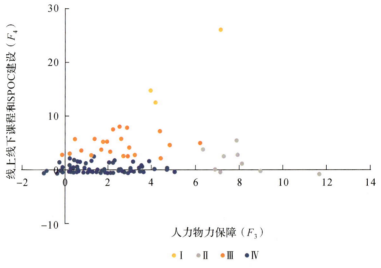

图 4.16　"双一流"建设高校聚类情况

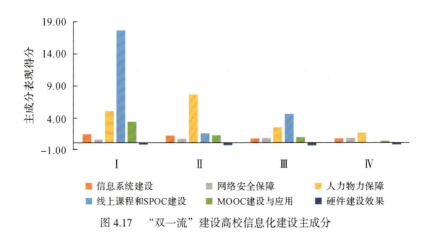

图 4.17　"双一流"建设高校信息化建设主成分

表 4.40　"双一流"建设高校层次聚类和 K-means 聚类分析结果

类别	数量	F_1 均值	F_2 均值	F_3 均值	F_4 均值	F_5 均值	F_6 均值	典型院校（前 5）
Ⅰ （投入综合型）	3	1.37	0.64	5.13	17.83	3.36	−0.21	浙江大学、 南昌大学、 北京邮电大学
Ⅱ （高投入型）	10	1.18	0.64	8.23	1.53	1.29	−0.35	复旦大学、 山东大学、 清华大学、 北京大学、 中南大学
Ⅲ （教学投入型）	22	0.73	0.77	2.44	4.58	0.95	−0.34	上海交通大学、 厦门大学、 武汉理工大学、 湖南师范大学、 天津大学
Ⅳ （待发展型）	91	0.70	0.76	1.60	0.08	0.40	−0.13	

（三）非"双一流"普通高校聚类结果与分析

从图 4.18、图 4.19 和表 4.41 可以看到，非"双一流"普通高校在敏感成分"人力物力保障""线上课程和 SPOC 建设"和"MOOC 建设与应用"的三维空间下，聚类成四堆。第一组（Ⅰ）是投入教学型，数量为 102 所学校，"人力物力保障"投入一般，但重视线上课程和 SPOC 课程的建设与应用。第二组（Ⅱ）为投入基建型，这类学校有 447 所，对信息系统建设和网络安全建设投入较大，课程建设表现为负值。高校的首要任务是教育教学，但这类学校在信息化教学课程资源方面投入非常不够，信息化建设的最终目标是人才培养，再好的业务系统也必须要为教育教学服务，这种类型的学校占比较大，需要更关注教学和线上课程。第三组（Ⅲ）是教学型，虽然 F_3（"人力物力保障"）为负值，但 F_5（"MOOC 建设与应用"）高达 3，这类学校可能经费紧张，所以充分利用了公共资源，在少花钱的同时做好线上课程，这类学校有 67 所，适当增加投入，能够更好地改善信息化环境。第四组（Ⅳ）为待发展型，各类指标全是负值，这类学校有 374 所，不是一个小数字，信息化环境不容乐观。这类学校需找出原因，先从投入着手，增加第三方更便宜的优质线上课程，如中国大学 MOOC 课程等，建立一定的互联互通常用信息系统。

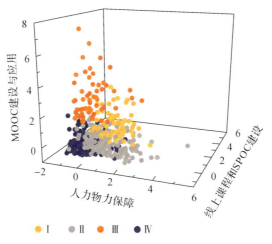

图 4.18 非"双一流"普通高校聚类情况

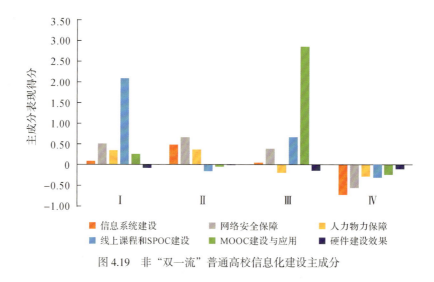

图 4.19 非"双一流"普通高校信息化建设主成分

表 4.41 非"双一流"普通高校层次聚类和 *K*-means 聚类分析结果

类别	数量	F_1 均值	F_2 均值	F_3 均值	F_4 均值	F_5 均值	F_6 均值	典型院校（前5）
I （投入教学型）	102	0.08	0.51	0.35	2.09	0.25	−0.09	郑州轻工业大学、 浙江师范大学、 广东白云学院、 韶关学院、 北京理工大学（珠海学院）

续表

类别	数量	F_1 均值	F_2 均值	F_3 均值	F_4 均值	F_5 均值	F_6 均值	典型院校（前5）
Ⅱ（投入基建型）	447	0.48	0.66	0.36	−0.17	−0.06	−0.02	中国医科大学、山西医科大学、重庆邮电大学、温州大学、郑州工商学院
Ⅲ（教学型）	67	0.05	0.39	−0.20	0.67	2.86	−0.15	楚雄师范学院、辽宁财贸学院、常熟理工学院、湖南财政经济学院、温州医科大学
Ⅳ（待发展型）	374	−0.73	−0.57	−0.29	−0.31	−0.24	−0.11	北京电影学院、江苏师范大学科文学院、浙江理工大学科技与艺术学院、杭州电子科技大学信息工程学院、辽宁科技学院

（四）高等职业技术院校聚类结果与分析

从图4.20、图4.21和表4.42可以看到，高等职业技术院校在敏感成分"线上课程和SPOC建设"、"MOOC建设与应用"和"硬件建设效果"的三维空间下，聚类成五堆。第一组（Ⅰ）是均衡发展型，数量为183，"人力物力保障"投入有一定规模，"线上课程和SPOC建设"有所开展，基本具备"信息系统建设"和"网络安全保障"。第二组（Ⅱ）为投入教学型，这类学校有47所，"MOOC建设与应用"表现最好，其他表现一般。第三组（Ⅲ）是软件建设型，"信息系统建设"与"网络安全保障"相对其他院校做得好，但"线上课程和SPOC建设""MOOC建设与应用"相对表现较差，这类学校有617所，可见高等职业技术院校中有一定数量的学校不太重视线上课程建设和公共优质第三方资源的应用。第四组（Ⅳ）为硬件建设型，有41所学校。"硬件建设效果"表现优秀，说明该类学校网络和教室信息化环境较好。第五组（Ⅴ）为待发展型，各类指标均不理想，特别是"网络安全保障"，这类学校数量可观，有463所，占高等职业技术院校的三成左右，各地政府必须引起高度重视。

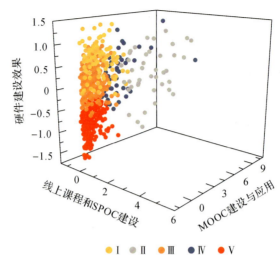

图 4.20　高等职业技术院校聚类情况

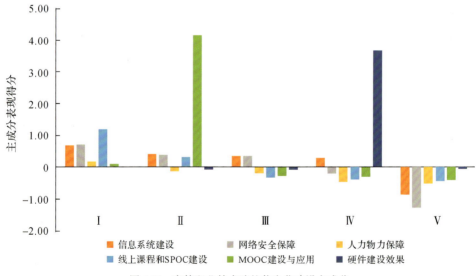

图 4.21　高等职业技术院校信息化建设主成分

表 4.42　高等职业技术院校层次聚类和 K-means 聚类分析结果

类别	数量	F_1均值	F_2均值	F_3均值	F_4均值	F_5均值	F_6均值	典型院校（前5）
Ⅰ（均衡发展型）	183	0.68	0.70	0.17	1.21	0.10	−0.02	四川护理职业学院、南京工业职业技术学院、江苏海事职业技术学院、盘锦职业技术学院、嘉兴职业技术学院
Ⅱ（投入教学型）	47	0.42	0.38	−0.13	0.32	4.15	−0.09	江苏工程职业技术学院、湖北中医药高等专科学校、浙江同济科技职业学院、江西外语外贸职业学院、河北艺术职业学院
Ⅲ（软件建设型）	617	0.37	0.36	−0.21	−0.32	−0.28	−0.10	安徽国际商务职业学院、宁夏财经职业技术学院、江苏卫生健康职业学院、辽宁石化职业技术学院、南京信息职业技术学院
Ⅳ（硬件建设型）	41	0.28	−0.21	−0.46	−0.39	−0.31	3.67	黄冈科技职业学院、苏州职业大学、广州铁路职业技术学院、北京艺术传媒职业学院、吉安职业技术学院
Ⅴ（待发展型）	463	−0.87	−1.27	−0.51	−0.44	−0.42	−0.05	临沂科技职业学院、景德镇陶瓷职业技术学院、襄阳汽车职业技术学院、塔城职业技术学院、嵩山少林武术职业学院

四、排名靠后院校情况分析

（一）非"双一流"普通高校综合排名后20的学校

表 4.43 显示，综合排名后 20 的大学大多是独立学院，这些学校所在省份见图 4.22。某些独立学院的人力、物力配置、课程建设和应用不够理想，信息系统建设人均投入约为 223 元，而最低的系统造价人均投入只有 2 分钱，还有 64 所

院校系统造价投入为 0，也就是说，信息化工作基本没有开展。山西、河北分别有 4 所高校进入后 20 名，吉林有 3 所。该类院校落在第四组（Ⅳ），属待发展型。

表 4.43　非"双一流"普通高校综合排名后 20 的学校 F 排名

院校名称	综合（排名）	信息系统建设（排名）	网络安全保障（排名）	人力物力保障（排名）	线上课程和 SPOC 建设（排名）	MOOC 建设与应用（排名）	硬件建设效果（排名）
安顺学院	1097	1048	1082	1086	409	1054	555
西安交通大学城市学院	1098	1007	1086	900	997	1088	906
东北师范大学人文学院	1099	1082	1080	799	990	1006	484
西藏藏医药大学	1100	1020	1084	1045	958	992	789
太原学院	1101	1093	1051	1058	835	1101	467
河北师范大学汇华学院	1102	1052	1103	971	623	431	787
广西中医药大学赛恩斯新医药学院	1103	1105	991	1098	866	685	870
石家庄铁道大学四方学院	1104	1056	1098	734	1077	1068	584
银川能源学院	1105	915	1114	905	789	532	700
山西应用科技学院	1106	1102	1029	1023	682	989	1086
山西警察学院	1107	1099	1081	932	1101	1033	411
天津体育学院运动与文化艺术学院	1108	1071	1097	926	1054	1083	734
河北科技学院	1109	1022	1111	771	1069	1008	1036
长春工业大学人文信息学院	1110	1110	1088	889	1096	1064	671
长春理工大学光电信息学院	1111	1112	1053	1037	1086	1067	854
江苏大学京江学院	1112	1097	1107	862	892	619	851
延安大学西安创新学院	1113	1088	1112	909	668	613	355

续表

院校名称	综合（排名）	信息系统建设（排名）	网络安全保障（排名）	人力物力保障（排名）	线上课程和SPOC建设（排名）	MOOC建设与应用（排名）	硬件建设效果（排名）
山西工程技术学院	1114	1111	1089	1061	633	466	977
武汉体育学院体育科技学院	1115	1101	1110	990	926	871	809
青海大学昆仑学院	1116	1115	1116	802	982	1001	469

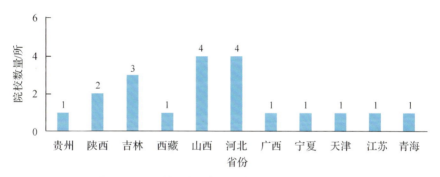

图 4.22　非"双一流"普通高校信息化建设综合排名后 20 的所在省份

（二）高等职业院校综合排名后 20 的学校

表 4.44 显示，排名后 20 的高等职业院校无论是在信息系统建设、人力物力保障、硬件建设效果上，还是在课程建设上都表现不佳，网络安全投入更是堪忧，这些学校人才培养质量可能会由于教学信息化环境配置不到位而受到很大影响。它们在各省份的分布见图 4.23，占全国省份的 45%。河南有 3 所，其他依次为新疆、湖北、山西和黑龙江。该类院校落在第五组（Ⅴ），属待发展型。

表 4.44　高等职业院校综合排名后 20 的学校

院校名称	综合 （排名）	信息系统建设 （排名）	网络安全保障 （排名）	人力物力保障 （排名）	线上课程和SPOC建设 （排名）	MOOC建设与应用 （排名）	硬件建设效果 （排名）
天津生物工程职业技术学院	1332	1283	1331	803	1255	1019	933
新疆维吾尔医学专科学校	1333	1324	1300	676	1261	1000	875
新疆应用职业技术学院	1334	1273	1332	881	1131	1114	1262
荆州教育学院	1335	1333	1233	1331	1239	1244	791
鹤壁能源化工职业学院	1336	1311	1316	1221	1006	1196	459
湖北体育职业学院	1337	1278	1336	1227	1130	532	800
大连航运职业技术学院	1338	1323	1245	1322	1319	811	1236
郑州电子商务职业学院	1339	1343	1265	1073	1158	1230	275
吉林水利电力职业学院	1340	1334	1279	1157	1151	1154	1190
朔州师范高等专科学校	1341	1259	1341	1100	1212	1210	1012
湘中幼儿师范高等专科学校	1342	1347	1258	1197	1117	1033	610
哈尔滨应用职业技术学院	1343	1335	1286	1301	1105	1234	851
西安健康工程职业学院	1344	1242	1349	1099	1243	1065	493
桂林山水职业学院	1345	1282	1340	1091	1202	1178	940
濮阳石油化工职业技术学院	1346	1342	1307	1092	1069	1212	346
甘肃有色冶金职业技术学院	1347	1318	1339	1012	1116	1160	452
山西省吕梁市教育学院	1348	1337	1335	1207	1106	1133	1322
江西农业工程职业学院	1349	1332	1348	948	1122	1008	995
内蒙古能源职业学院	1350	1344	1334	1237	1088	1061	1308
黑龙江艺术职业学院	1351	1331	1351	945	1085	1041	681

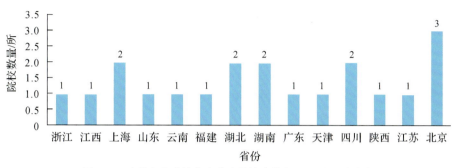

图 4.23　高等职业院校信息化建设综合排名后 20 的所在省份

第六节　思考与展望

一、多视点看填报内容

从数据处理的流程看，我们首先进行数据规范处理和二元次转换，展示了原生态的六个维度、137 个指标的全国信息化建设基本情况，包括"双一流"建设高校、非"双一流"普通高校和高等职业院校等，具体见图 4.24。其次是通过 10项特征指标对各省份的信息化建设表现进行排名。最后用主成分分析法用六个因素进行学校的综合排名。

图 4.24　六维度的信息化建设

（一）视点一：137 项分指标观察全国状态

1. 总体情况

我国高校信息系统 2021 年人均造价为 785 元，总造价为 3150214 万元，校均建设系统 22.43 个。人均带宽为 0.67M，校均无线覆盖率为 0.66M。校均多媒体教室占比为 65.29%。校均在线课程为 201 门。人均数字图书为 72.40 册，人均电子期刊为 10.11 本。信息化专职人员为每万人配备 6.3 人。人均信息化年度经费为 351 元，2021 年度总投入为 1409843 万元。

【建议】

增加信息化专职人员的数量，特别是信息化专职人员每万人少于 4 人的单位，同时考虑信息化人员的结构梯度，包括学历、学位和职称。

2. 短板和差距

我国高校基础设施、教学资源和学习空间的标准差大，需要根据实际情况找出原因。整体水平有待提高的是信息系统的数据统计、大数据支持的学校决策和预警、重点院校的数据异地备份、教师类的信息系统管理、实践类和实习基地类管理系统，德育和思政类管理系统建设明显不够，各校之间数字化图书期刊、出口带宽、在线课程等资源建设不均衡。

【建议】

①用好大数据平台，重视信息系统大数据挖掘及其对决策的影响；

②建立教师与学生各类信息的全生命周期管理体制机制；

③加强学生实习实践等信息管理系统的建设；

④增加高性能计算的信息化项目调研；

⑤增加虚拟仿真和 AI 系统的信息化项目调研；

⑥增加物联网相关系统的调研和统计。

3. 经费投入不均衡

我国信息化年度总投入为 1409843 万元，"双一流"建设高校投入为 284076

万元，非"双一流"普通高校为529777万元，高等职业院校为581132万元，其他类学校为14867万元。全国平均每所院校的信息化经费约为140万元，"双一流"建设高校平均每校投入2255万元，非"双一流"普通高校平均每校投入535万元，高等职业院校平均每校投入430万元，其他类学校平均每校投入310万元。

信息化年度建设经费达到2000万元的有129所学校，达到1000万元的有250所学校，50万元以下的为643所学校，其中非0元经费的有242所学校，0元经费的有401所院校。值得关注的是年度信息化经费在50万元以下的学校占全国2516所院校的25.6%，0元经费的占7.3%。

【建议】

有效平衡高校教育信息化建设经费，重点项目重点投入，面上内容均匀投入、落后地区分类投入，并增加信息化建设的绩效考核。

特别关注0元经费的学校和所在区域。

（二）视点二：十大特征概览全国各省份教育信息化建设工作

1. 本专科10项显性指标排名前5位的省份

从图4.25可以看到，在本科院校中10项显性指标上排前5名的有21个省份。浙江、北京均占10项指标中的7项，其次是上海占6项，再是西藏占4项。西藏硬件投入积极，但在线课程、数字图书和期刊、信息系统教育教学管理、数字教学资源均缺乏，值得引起高度注意。

从图4.26可以看到，在专科院校中，10项显性指标上排前5名的有19个省份，浙江占10项指标中的7项，其次是北京占6项，江苏、青海占5项，上海和西藏占4项。但有所区别的是，上海多媒体教室数、出口带宽和无线覆盖未排在前列，与上海学校的学生数多有关。西藏在线教学比较落后，人均信息系统建设造价、人均年度信息化经费和无线覆盖排名靠前，但应用指标需要进一步优化，不能一味投钱，要关注应用效果。

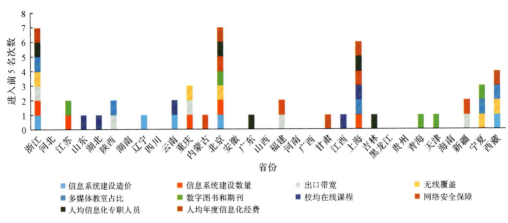

图 4.25　本科院校 10 项显性指标排名前 5 的省份

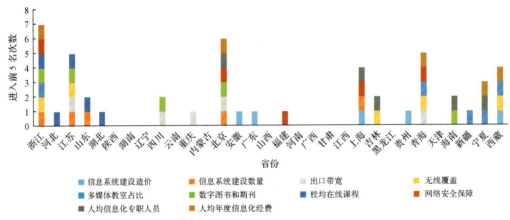

图 4.26　专科院校 10 项显性指标排名前 5 位的省份

2. 本专科高校 10 项显性指标排名后 5 位的省份

从图 4.27 可以看到,本科院校中 10 项显性指标排名落入后 5 位的省份有 22 个,河北和山西有 5 项指标落入,河南、广西和新疆有 4 项指标落入,其次是云南、黑龙江、天津和西藏。需要特别指出的是,上海有 1 项出口带宽指标落后,应特别注意。出口带宽在经费不充裕的区域和学校坚持够用原则也是可行的。

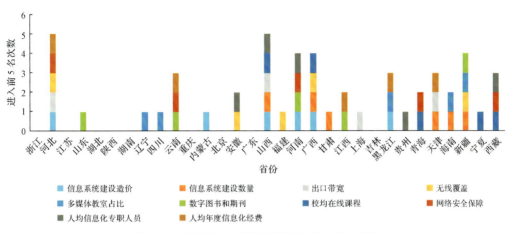

图 4.27　本科院校 10 项显性指标排名后 5 位的省份

从图 4.28 可以看到，专科院校 10 项显性指标排名落入后 5 位的省份有 21 个，天津和山西分别有 5 项，甘肃、上海和新疆有 4 项，再次是云南、吉林和贵州。需要特别指出的是，上海应进一步开展调研分析，找到其中原因。

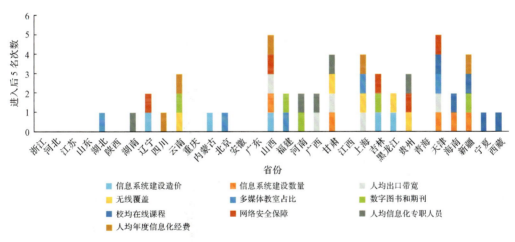

图 4.28　专科院校 10 项显性指标排名后 5 位的省份

【建议】

①山西、河北和天津应仔细检查各项信息化指标，特别是要调研后5位高校的信息化建设情况对本地区教育教学的影响，加强信息化顶层设计，投入一定的经费开展信息系统的建设；

②上海应加强网络带宽和无线网建设，调研这个因素是否影响教师学生的教学学习，并制定相应措施；

③相关上级行政部门应对本区域中相关高校进行调研和跟踪，敦促各省份相关学校重视并提出解决方案。

（三）视点三：主成分分析和聚类分析可见高校信息化建设的主要问题

从原始指标的概貌分析到经验特征的典型分析，从因子分析到聚类分析，信息化的137个指标从个体描述逐步变成因子信息，以最少的信息丢失将原有137个指标浓缩成19个因子，6个主成分，使这些变量具有可命名解释的多元统计，把离散的问题聚焦成信息化建设主要问题，便于向学校提出更好的信息化建设建议。例如，本书通过聚类将高校分成"双一流"建设高校的四类、非"双一流"普通高校的四类和高等职业技术院校的五类。浙江大学属于"双一流"建设高校的第一类，它的综合排名靠前，需要建设解决的主要问题凸显于主成分与同类学校的比对。因此，对比前三名其它高校，浙江大学需进一步提高信息系统安全性。所以说，主成分分析和聚类分析结合，是发现学校信息化建设主要问题的有效方法。

【建议】

①关注各层次高校的最后一组，破解基础问题，全面普及高校信息化工作；

②抓住各层次高校最多组分类的高校，解决主要矛盾，全面提升我国高校信息化建设水平；

③引导各层次高校的最后一组解决主要难题，跨越式提升我国高校信息化建设水平，赶超世界同类高校，引领我国高等教育信息化。

二、进一步工作和展望

（一）建立输入输出指标进行常模分析

为了进一步深入研究我国高校信息化的发展，我们将继续探究现有的 137 个指标，准备通过全国多中心调研，对增加输出指标进一步进行科学论证和研究，用因子分析和灰度分析进行统计学建模，提出行之有效的输出指标。具体做法是邀请本科教育专家、信息化行业专家和统计学专家等进行多轮次分类观察和科学论证，建立常模，修正相应指标，减少方差奇异，进行信度、效度和结构效度的信效度检验，以切实反映我国高校信息化建设成效与发展，为高等教育的人才培养助力。

（二）坚持信息化数据的常态化连续性研究

本书是建立在时间节点上的研究，为准确反映实际情况的变化和趋势，研究团队将跟踪 3—5 年的数据，甚至进行长期跟踪，形成常态化研究和发展趋势研究。我们将继续优化研究方法，形成相应的各类趋势报告、学校诊断报告，为决策部门和各省份各高校提供有效翔实数据与基于数据的决策依据，用大数据服务高等教育教学。

（三）有机结合"数的研究"与"质的研究"

本章是基于统计学"数"的研究，为了全面分析我国高等教育信息化，我们结合了"质"性研究，在收集原始资料的基础上建立了"情景化的、主体间的"意义解释，全面描述了我国教育信息化全貌。

第五章　高校信息化治理能力发展的全国案例

第一节　北京大学：
教育网联邦认证和资源共享基础设施 CARSI[①]

一、背景与问题

（一）背景

教育网联邦认证和资源共享基础设施 CARSI 项目于 2006 年由北京大学计算中心发起，在国内高校已经普遍建设完成的校园网统一用户管理和身份认证系统基础上，为我国高校和科研机构提供教学科研资源共享服务。

从 2006 年 863 项目支持小范围技术试验到多项国家课题支持，CARSI 服务于 2017 年 11 月被列为中国教育和科研计算机网（以下简称教育网）五大基础服务之一。2019 年 5 月 24 日，CARSI 正式成为全球身份认证联盟 eduGAIN 全资格会员，在此领域唯一代表教育网，同时启动软件系统升级、服务模式和管理模式升级工作。

2020 年初春，受到疫情影响，高校教学科研活动多在线上完成，师生居家访问电子资源需求猛增，VPN 拥挤和掉线成为全国高校的痛点问题。各高校纷纷寻求可支撑"停课不停教，停课不停学"工作要求的技术手段。CARSI 因其可以支持师生随时随地进行教学科研活动的技术特点，成为高校抗击疫情大军中一股重要的技术力量。高校和资源服务商的接入需求在短期内同时爆发，项目迎来了发

---

① 作者：陈萍、刘嘉玉。

展机遇，也面临着重大挑战。近400所高校和近30家资源提供商在三个月内上线该服务，CARSI在eduGAIN联盟72个正式会员国家和地区中，一跃成为英、美之外的第三大国家和地区级身份认证联盟。

这期间，项目组十余年来的技术积淀、多年来国内外合作交流中的经验积累、2019年中启动的新模式、灵活高效的联盟管理政策、项目组成员夜以继日的应急工作模式发挥了重大的作用，使如此迅速的大规模发展成为可能，厚积而薄发。

（二）问题

目前，随着全球疫情的常态化发展，传统的电子资源访问方式已无法满足各高校师生、科研学者的使用需求。主要体现在三个方面：一是高校师生在校外不方便访问学校已采购的电子资源。以往大学采购的资源只能在校园网内通过IP地址获得访问授权，校外访问需使用VPN，突发的居家模式给VPN系统带来巨大的访问压力，系统不稳定。二是我国高校信息化建设经费投入差异较大，普通高校信息化建设相对滞后，各高校教育资源分配不均，教育公平问题尤为突出。三是学校投入了大量额外经费以满足师生校外资源访问需求，但资源访问管控能力不足。

二、案例阐述

CARSI身份认证端（identity provider，IdP）采用标准接口对接高校统一身份认证系统。在过去20多年中，大部分高校已经完成该系统的建设，为人、财、物等各类高校内部系统提供统一的用户管理和身份认证服务。CARSI资源服务端（service provider，SP）采用标准接口对接应用资源提供方。资源可以来自资源提供厂商，也可以来自其他高校或者单位。CARSI服务让原本在校内拥有访问权限的师生可以随时随地去访问其他高校、国内厂商甚至国际厂商的应用资源，既解决了资源访问端个人信息真实性等用户管理问题，又实现了用户身份认证和访问控制的分离，是资源访问管理的一项重要变革。

在技术方案上，CARSI服务继承了Shibboleth[①]中间件的技术优势。一是具有

---

① Shibboleth是一项由美国Internet 2推出的开源项目，被各个国家的教育科研网络广泛采用，应用在高校间联合认证用户身份和单点登录web应用资源。

由规范接口支持的强可扩展性。一套规范接口同时要求 IdP 和 SP 遵守，两者的互认和通信通过此接口完成。加入过程简单，不受已有规模限制，可持续发展能力强。二是一次部署，重复使用，后期投入少。无论是 IdP 还是 SP，在一次性完成 CARSI 部署之后，后续在 CARSI 支持更多的 SP 或 IdP 时，都无须再进行技术调试，可直接连通，复制成本极低。三是具有安全性。个人身份信息保存在学校，认证过程在学校完成，认证结果传输给 SP，无泄露个人隐私信息的风险，安全性高。

北京大学 CARSI 项目组自主设计了 CARSI 联盟运行管理机制，并完成了系统研发，实现了简化部署、规范管理、高效实施、稳定运行。主要内容包括：一是秉承"自服务"理念，设计开发了 CARSI 会员管理系统，支持高校和资源提供商管理员自助完成从提交申请、调试到上线和运维的全过程，简化部署。二是设计开发了 CARSI 运行管理系统。高校和资源提供商可管理自己的 CARSI 服务，了解服务运行情况，监测服务运行状态。项目可持续发展能力强。三是面向高校用户，设计开发了共享资源目录系统，集中展示 CARSI 资源。采用 SaaS 模式，仅需高校管理员简单配置，本校师生即可在一次登录后一站式检索、访问 CARSI 资源。使用方便，一目了然。四是针对不同高校信息化发展水平差异较大的特点，研发 IdP 快速安装包、自动监测、自动运维等机制，同时从安全性、可靠性等方面提升服务稳定运行能力，依靠技术提供多方面的保障机制。

三、主要成效

基于以上技术特点、运行特点和管理特点的新系统，于 2019 年 5 月在 CARSI 成功加入国际身份认证联盟 eduGAIN 后正式上线，一经推出就吸引了国内高校和国内外资源提供商的注意。2020 年初新冠疫情暴发，居家教育教学、学习科研成为全球亟待解决的问题。因技术先进，CARSI 服务迅速成为高校抗击疫情的一股重要技术力量，作为学术资源访问利器直接支持高校"停课不停教，停课不停学"，迎来跨越式发展。高校数量较疫情前增长了 29.5 倍，资源厂商增长 13 倍，规模跃居世界第三，仅次于美国和英国。

作为高校和资源厂商的桥梁，截至 2022 年 9 月，CARSI 共汇聚 86 个国内外厂商的 218 个资源，如爱思唯尔、科睿唯安、万方等。目前，500 余所高校的 570 多万师生可通过 CARSI 访问 63 种资源类型，包括超 29 万种期刊，26 万余种多媒体资源，330余万册电子书及教材，1300多万篇学位论文，超3亿项专利以及超10亿条数据资源。现阶段，与成熟的高校信息化应用厂商合作，探讨通过CARSI为高校提供真实身份认证解决方案的模式，如福昕PDF编辑器、教育教学管理系统、高校电子交通卡、国家基因库等，助力师生教育教学、学习成长，享受智能便捷的出行体验和校园服务，为各学科领域的师生提供全面、专业的学术资源和科研工具。

四、总结和思考

CARSI联盟的长期发展目标不是只有国内顶尖高校参与，而是希望可以帮助更多的普通高校解决资源访问问题。CARSI研发团队提出了一系列新思路，研发了自服务注册系统、运行分析系统、运行管理系统、IdP快速安装和安全增强配置方法等工具与系统，帮助普通高校突破了因人员匮乏、技术经验有限等因素引起的依靠自身的力量难以跨越的技术壁垒，参与新技术、体验创新，为优化社会资源配置、创新高教行业公共服务供给提供了一种新模式，在消除教育不平衡、顶尖高校发挥更大社会价值、促进教育均等和资源共享方面进行了积极的尝试，解决了一些问题，带来了不小的社会效益。

2020年春，CARSI项目跨越式发展过后，进入了面向纵深稳步发展的阶段。目前的工作重点有三个方面：

一是吸引更多的优质资源加入CARSI。2022年前9个月，项目共上线资源24个。福昕公司的PDF高级编辑器网页版为所有CARSI高校用户提供长期免费使用权限，另有47家资源服务商的78款资源产品（截至2022年9月23日）开放免费使用、购买折扣、免费试用等权限。这些资源产品横跨教育学、理学、经济学、法学、教育学、历史学、医学、军事学、管理学、艺术学等各个学科领域，为不同学科背景的高校师生打开了一道道"免费试用之门"，共享各类优质的资源产品。另有两个影响较大的资源服务商，北京市政交通一卡通已经完成技术对接并于2022年10月正式上线，深圳华大生命科学研究院（深圳国家基因库）正在调试中。

二是帮助学校和资源提供商了解CARSI的技术优势，更好地推动学校身份认证系统建设和资源访问方式变革。在CARSI的发展过程中，高校优化IdP部署、升级校园网用户认证方式的情况和资源提供方依托 CARSI 创新用户服务模式的探索，时有发生。

三是解决快速发展中遗留的各种问题，开发新功能，升级系统版本，带动 CARSI 向更规范、更灵活、更完善的方向发展。这是项目的长期目标，CARSI 联盟北大团队期待可以为身份认证和资源访问方式的变革贡献力量。

第二节 复旦大学：
基于智慧融合的高校数字化治理体系建设 ①

一、建设背景

随着互联网、物联网、云计算、大数据等技术的高速发展与智慧终端的普及，以数字化驱动教育教学的变革与发展已经成为了世界性的课题。2021 年 8 月，教育部批复同意上海成为教育数字化转型试点区。在此背景下，高校也应采用数字化技术，提升智慧校园建设的信息化、数字化、智能化水平，为师生的教学、科研、生活保驾护航。筑牢信息化基础架构及业务基础平台，全方位支撑学校教育改革与发展。

二、案例阐述

复旦大学围绕推进教育数字化转型的关键环节，将云计算、大数据、人工智能、物联网、5G、IPv6、移动互联网等先进技术与人才培养数字化场景进行深度融合，构建高校数字化治理体系，体现创新型校园信息化建设思路，在此过程中坚持以需求为导向、以师生为核心，聚焦四个方面提出了以下建设任务。

（一）构建数字化转型核心技术体系，更新换代基础技术架构

第一，构建统一信息化基础设施。建立以光缆传输为基础的校园网络承载平台，连接四个校区和多所附属医院；基本完成校园无线网络覆盖，实现 5GHz 无线网在教学科研和办公区域全覆盖等。第二，以平台化思维打造"一大厅 N 平台"

---

① 作者：张凯、文捷、鲁寅辉、张乐。

的"一网通办"技术底座。学校建设了统一身份认证平台、一表通平台、工作流平台、统一消息平台、统一收费平台、在线教学平台、电子签章平台等数十个基础技术平台，按照平台化、标准化、集约化的建设模式，夯实"一网通办"基础平台的技术底座，构建智慧校园服务协同新机制。第三，构建统一数据管理平台。完善数据采集、校验和流通机制，建立层次化的数据管理与服务体系，实现学校各业务管理系统间数据的共享和交换，建立统一信息标准，为综合查询与决策支持提供统一的数据集成平台。第四，构建统一安全管理体系。建立"物理安全＋信息安全"的防护体系，落实安全责任制。

（二）积极优化"一网通办"服务治理体系，全面实现服务一网受理

在服务流程事项建设层面，重新进行顶层设计，构建综合服务体系，持续推进审批事项的"一网通办"改革。整合现有各职能部门碎片化、条线化的校务服务事项前端受理功能，强调信息化服务质量。加强师生用户对网上办事服务大厅关注服务的可操控性，对用户进行数字画像，实现针对不同用户群体的服务精准授权。

制定服务建设技术标准和管理流程，确保服务建设科学规范，用户体验统一，同时减少重复建设，提高建设效率；结合用户角色、业务完整性、处理效率等因素，对业务进行解耦和整合，对服务进行重构，确保合理有效，建设统一服务配置中心和 API 网关，构建全方位服务监控体系和日知中心，做好服务全生命周期管理。

（三）持续探索"一网统管"校园数字化治理模式，综合提升管理服务效能

探索"一网统管"精准治理体系，统筹、加强各类系统互联互通，结合业务应用场景，建设不同的应用分析模型。建设决策支持平台，构建教学、科研、人员管理等主题数据分析平台和主题领导驾驶舱，以数据驱动学校治理能力的提升，推动校园管理手段、管理模式、管理理念创新，深挖业务需求，对校务数据进行清洗、挖掘和分析，定制个性化数据可视化的统计分析功能，推进公共数据按需实现有效整合和共享，开展数据可视化分析应用，实现资源统筹调度、态势全面感知。

（四）融合创新新技术应用场景，积极探索教育新基建范式

在全国高校中，率先完成 5G 智慧校园云网融合服务，基于 5G ＋边缘计算，

打通运营商蜂窝数据网和校园以太网,实现4G/5G/NB-IoT私网接入本地数据中心,方便师生无感知用网。基于微服务架构,逐步重构原有的巨无霸系统,烟囱式业务系统逐步向轻量化演变,经过简化的单个业务可以脱离传统业务运行,增强系统的运维及快速交付能力。通过以太网方式完成了主干物联网的搭建,已接入门禁、安保等物联设备,建设若干个具有我校特色的智慧教室。大胆探索混合云应用部署架构,在保证数据安全的前提下充分发挥云计算的服务优势,改善服务体验。

三、主要成效

（一）实现应用构建高效率响应,推动从需求迭代"航母调头"到"快速灵活"的转变

利用信息化手段,在已有基础架构及平台基础上,精准施策,服务大局,具备高效率响应能力。2022年,面对疫情挑战,能便捷、高效地提供全方位服务与保障,从形势研判、资源调度、决策支持等方面有效辅助学校疫情防控工作,并在衣食住行各方面为师生提供便利。例如:为确保在校学生核酸检测应检尽检、不落一人,通过搭建核酸检测核验系统,解决人员统计困难的问题;为解决师生用餐困难问题,结合各校区各食堂的配置及管理要求,基于现有技术平台,快速搭建订餐小程序;随着学校准封闭管理策略逐步开放,为进一步加强疫情预警和监测,需要灵活可配置并适应各种场景的预约和签到服务,学校"场所码"上线;为方便师生进出校门,根据上海市疫情防控管理要求,一卡通系统对接大数据中心接口,师生仅刷校园一卡通即可完成健康码和核酸报告比对,实现快速准入。这些紧急需求源于疫情防控工作的关键环节,刻不容缓,信息化通过基础设施、技术平台、数据服务、工作流引擎等的快速搭建,"一站式""复旦大学网上办事服务大厅（eHall）"发布上线,真正做到了及时响应、灵活配置、快速迭代,经受住了这次疫情的严峻考验,为特殊时期的教学科研办公提供了有力支撑。

（二）提升校务服务智能化水平,推动从"人找服务"到"服务找人"的转变

持续推进服务事项智能化,通过对用户在网上办事大厅中的事项办理数据的挖掘,整合用户收藏、最近使用和搜索事项、已填写的事项草稿等数据进行事项

推荐。创建服务别名，提升师生用户搜索命中率；服务标签化管理，实现服务的精准授权；结合办理量大的事项、当前业务周期内的事项、用户最近使用的事项等数据，向用户智能推荐服务；优化服务搜索，支持服务别称，服务展示关联，方便用户查找。

运用人工智能技术，实现师生交互智能问答。建设智能问答机器人，对接业务系统，为教学、科研等多场景提供智慧应答服务。在招生、迎新、离校等高频次、高并发、重复问题多的业务场景中，提供智能问答服务，简化了服务流程，提升了用户满意度，降低了学校服务压力。

（三）解决数据整合共享难问题，推动从"师生用户跑腿"到"数据流程找路"的转变

构建"智慧校园数据云"。目前已完成100多个数据源1000多项数据共享服务对接实施，实现了与教学科研管理相关的重要关键数据集成共享，包括文科、理科科研项目、科研经费数据集成共享，成果认领系统建设，科研服务系统建设等。在教职工年度考核等服务中，通过数据集成共享，不断增加自动填写项数量，极大减少了老师的填报工作量。

构建"智慧校园数据安全"体系。建设元数据管理、数据质量管理、数据脱敏、数据审计、数据存储加密等数据综合治理平台。

建设"综合数据分析平台"。已完成网上办事大厅、"双一流"学科建设竞争力分析、科研项目经费分析、科研成果分析、教职工学生基本情况分析、平安复旦、人员在校情况、在线教学等主题数据驾驶舱建设。

四、总结和思考

教育数字化转型是一个系统工程，不可能一蹴而就，是优化科研教学环境、提升高校核心竞争力的重要举措。下一步，复旦大学将继续推进信息化建设思维和理念的转变，制定数字化转型的战略，更加突出改革创新、业务流程再造、数据共享应用，提升师生对数字化的认识，加强对数字化技术的运用，深化智慧融合的高校数字化治理体系建设，创建符合"双一流"要求的信息化智慧校园。

第三节　北京师范大学：
"京师在线"打造校内外一体化智慧学习平台 [①]

一、背景分析

随着人工智能、物联网、云计算和大数据等信息技术快速发展和广泛应用，高校信息化正在从起步、应用阶段走向融合、创新阶段。在这个时期，"互联网＋教育"不断涌现出教育组织新模式、教与学新规律，以 MOOCs 为代表的在线教育大大推动了高等教育的国际化和全球化，有力推动优质资源的开放共享，传统教育教学的模式创新。作为国内教师教育、教育科学领先的著名学府，北京师范大学（简称北师大）高度重视教育教学工作，并在相关研究领域发挥了重要作用，但从学校工作角度来看，仍然面临现实挑战。一是面向校外，在以 MOOCs 为代表的在线教育发展浪潮中，缺少北师大 MOOCs 平台和品牌，难以集中高效地发挥我校教师教育引领作用和社会服务能力。二是面向校内，现有网络课程辅助教学平台部署分散、功能陈旧、共享不足，平台功能以课程管理为主，在跨校区协同学习、移动学习、混合式学习等方面支撑不够，不能很好地满足当下多样化学习方式的需求，难以支撑教学模式的创新变革。三是面向个性化、智慧化学习需求，急需构建教与学的全景大数据，开展学习行为规律分析和研究。因此，建设校内、校外一体化智慧学习平台，成为推动学校打造 MOOCs 品牌特色，促进线上线下教育教学融合的重中之重。

二、案例阐述

为破解以上问题，《北京师范大学"十三五"发展规划纲要》提出了"建设统一在线学习平台、推动 MOOCs 平台开发与应用"的任务。同时，学校专题研究制定《推进教学信息化工作方案》，要求"建设统一的在线学习平台，建成国

---

①　作者：刘禹、卢小清、孙秋瑞、别荣芳。

内一流的教师教育 MOOCs 平台，支持校内教学模式改革，同时向社会提供服务，提升学校教学影响力与社会服务能力"。校内各部门积极落实教学信息化工作要求，组织召开数字化课程建设大会，制定了《在线开放课程建设与应用管理办法》，启动数字化课程建设项目，从体制机制、激励机制等方面大力推动。在平台建设方面，学校领导班子多次研究并做出部署，明确了建设思路——建设面向校外的"京师在线"平台，并依托"京师在线"建设面向校内的 SPOC 平台。

（一）总体架构

"京师在线"由开放慕课平台和校内教学平台两大部分组成，总体架构如图 5.1 所示。其中开放慕课平台主要面向校外用户提供服务，突出打造北师大 MOOCs 品牌，发挥我校特色学科优势；校内教学平台为校内教师和学生用户提供服务，主要支撑校内教学活动，促进教学模式变革，提升教学质量。

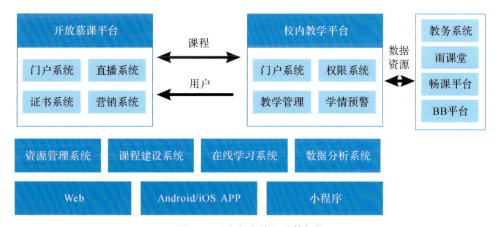

图 5.1　"京师在线"总体架构

"京师在线"开放慕课平台与校内教学平台有独立的门户系统，开放慕课平台包括证书、营销、直播系统，其中直播系统可以实现多人互动、研讨会等，可推流到各主流视频平台，实现直播分发。校内教学平台包括权限系统、教学管理及学情预警模块，对接教务系统、雨课堂等平台，实现资源、数据开放互通。开放慕课平台与校内教学平台通过校内统一身份认证接入，校内师生可直接登录参与教学活动。开放慕课平台与校内教学平台基于同一套底层基础服务，课程资源与用户数据互通。底层基础服务包括资源管理系统、课程建设系统、在线学习系统与数据分析系统。资源管理系统对课程基础的音视频、文档、题库等资源进行统一管理，提供技术支持能力。课程建设系统是在线教学平台的核心功能，辅助教师快速、便捷地在平台发布课程。在线课程学习系统支持学生在线完成所有课程教学活动。数据分析系统可实现对平台数据、课程数据、教学班活动数据的分析，形成可视化展现方式。

（二）建设原则

松耦合原则。资源、课程、教学三者分离，同一个资源可用于多门课程，同一个课程可分为多个学期或轮次，在一个学期或轮次的同一门课程又可对应多个教学班，分离式的架构设计可以赋予课程应用极大的灵活性和自由度。

智能化原则。构建平台教与学全景大数据，开展数据分析和智能应用：分析学习行为规律，研究教与学的现象和规律；辅助教师教学管理，了解全过程学习情况，掌握课程运行状态；支持学生在线学习，提供个性化学习推荐与智能导学等。

开放性原则。可对接其他成熟开放慕课平台千余门国内外名校名师精品慕课资源。校内教学平台可对接雨课堂等校内课堂智慧教学工具、校内教务系统与数据中心。

多终端学习。支持 PC、移动端应用，支持学生将视频离线下载至本地，在无网络情况下进行学习，相关学习记录在联网后可同步至云端。

（三）建设方式

1. 部署模式

为保证系统未来有良好的扩展性，开放慕课平台部署在成熟的云服务之上，同时为了保障校内师生学习体验，所有慕课视频支持在北京校区与珠海校区各缓存一份，校内用户访问平台观看学习时，可直接读取校内缓存视频进行播放。校内慕课平台采用纯本地部署模式，部署在北京校区内，同时视频资源可缓存在珠海校区一份，保证两个校区的师生均有良好的学习体验，部署方式详见表5.1。

表 5.1 "京师在线"部署方式

平台	公有云	校内（北京）	校内（珠海）
开放慕课平台（MOOC）	网站＋资源	资源	资源
校内学习平台（SPOC）		网站＋资源	资源

2. 运营内容

运营以推广平台与课程为目标，提升网站服务用户的数量和质量，做好网站后期运维、运作与经营。开放慕课平台运用包括课程、微课、直播、新闻、推文等内容运营，以及微学位、培训等项目运营。校内教学平台运营包括门户、课程、培训、数据分析等服务。

三、主要成效

"京师在线"于2020年初正式上线，截至2022年8月，开放慕课平台有用户4.9万人，上线课程1120门。校内教学平台累计用户为13.2万人，每学期平均活跃课程近320门。新冠疫情暴发伊始，"京师在线"作为学校唯一具有大规模在线服务能力的教学平台，发挥了重要作用。

面向校外，在课程资源运营方面，实现包含课程上线、课程审核、课程推广、使用培训、技术答疑等服务，目前平台已有2138个课程视频，并形成了九大资源模块（见图5.2）。

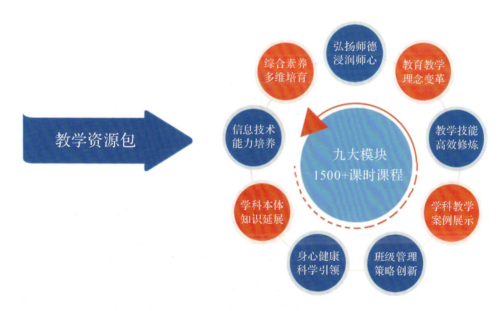

图 5.2 "京师在线"开放慕课平台资源模块

开放慕课平台完成了教育部思政司、教育部高等学校心理学教学指导委员会组织的"高校疫情心理援助热线"和"大学生心理应激与应对"两个系列讲座，"高校疫情心理援助热线"网络培训直播的总人数达到了50.9万人次，"大学生心理应激与应对"网络培训与快手、抖音、新浪等多家平台进行联合直播，观看直播累计1398.4万余人次（见图5.3）。顺利完成基础教育教师在线教育教学能力提升培训公益项目、京师家庭教育、"5·25"大学生心理健康教育月、高师国培"云上讲坛"直播间（第一季）公益讲座、疫情期间境外学生心理的自我关照、"关注乡村家庭教育，赋能乡村振兴"等系列直播。

乔志宏教授直播现场

林崇德先生首讲直播画面　　通过抖音收看直播　　通过快手收看直播

图5.3　开放慕课平台"高校疫情心理援助热线"和"大学生心理应激与应对"两个系列讲座

面向校内，全力支持校内教学课程线上教学，以 2020 年春季学期为例，平台支撑 867 个教学班的线上教学活动，占全校当前学期课程的三分之一。同时还承担了全校开学第一课、返校第一课、历届新生入学教育、留学生新生入学教育等大规模课程，支持毕业生毕业晚会、学生微党课大赛等大型活动，支持学工部、教务部、国际处、图书馆、校工会等单位开展系列直播讲座，支持幼儿园等单位开展专业能力课程培训。

四、总结和思考

"京师在线"作为学校推进教学信息化工作的重要任务之一，实现了北师大 MOOCs 平台零的突破，成为学校推进"互联网＋教育"的重要平台之一。面向校内，实现了混合式教学，为线上线下教育的深度融合提供了坚实平台，服务学校人才培养和教育教学改革。面向校外，在教师教育、教师专业发展、教育技术等领域积累了一批课程和资源，正在为基础教育、乡村振兴等领域提供服务，逐步支撑打造北师大 MOOCs 品牌，发挥特色学科优势，服务终身学习。

下一步，"京师在线"将重点围绕扩大应用范围、推进资源共享、加强数据分析等方面深入应用，推进平台与校园物理空间、线上学习空间与社交空间的连通融合，提升教学全过程技术支持服务能力，丰富创新应用激励机制，努力形成一条具有北师大在线教育特色的发展之路。

第四节　上海交通大学：自主研发支持高校数字化转型 [①]

一、背景分析

2022 年初，教育部在全国教育工作会议和年度工作要点中正式提出"实施教育数字化战略行动"，加快推进教育数字转型和智能升级。上海交通大学在信息化建设中持续探索自主研发路线，组建了一支高水平的软件研发和系统运维团队，通过自研信息化基础平台，营造师生共建校园应用新生态。在新冠疫情防控期间，

---

① 作者：姜开达、章思宇、张金冉。

学校信息化部门应需而动、随需而变，通过数字化有力提升了学校疫情防控的智能化、科学化和精准化水平。

二、案例阐述

（一）自主研发"交我办"APP，建立应用门户

学校自主研发"交我办"APP，汇集各类办事事项和应用530余个，2021年共完成线上办事138万件。通过持续推进流程再造，精简线上办事环节，提高审批效率，"让师生少跑腿，让数据多跑路"。制定《交我办应用接入管理规定》，新应用上线、接入管理更规范、更高效。建设数据聚合的"交我办"日程中心，已有6.6万名师生高频使用。建设富媒体、零成本的"交我办"消息中心，年度发送消息近千万条。

（二）政务数据支持学校业务，进校多码合一

2020年以来，随着疫情防控常态化，校内外人员进出校园的管理方式也在不断变化。最初，人员需要上传"随申码"和"行程卡"截图申请入校，通过文字识别（OCR）方式辅助审批。在上海市教育委员会和市大数据中心的支持下，学校借助政务数据共享对接了人员疫苗接种和核酸检测信息，更加精准地进行自动化审批。校内师生可以使用"交我办"APP的"多码合一"功能，快速亮码进出校门。

（三）信息化支持专业流调团队，获取精准数据

在疫情发展的初期，流调环节非常关键。如果在短时间内不能掌握校园内阳性、密接、次密接等人员的行动轨迹，就会面临较大风险。如果学校可以在短时间内清楚地排查出相关人员的行动轨迹，疾控流调人员就可以很方便地缩小调查范围。为此，学校信息化部门和公共卫生学院专业流调团队反复讨论，研发流调管理系统，快速采集相关人员信息来辅助判断，显著加速流调进程。

（四）启用校园健康码和自助签到，精确出入记录

学校于2020年启用校内楼宇健康码，张贴在各楼入口处，对人员进出执行扫码的管控要求。校外人员来访只需出示"随申码"，通过学校自研的"交我办"APP扫码，授权人员即可获取来访人员的基本信息。学校同时提供了自助签到系统，核酸检测可以通过"交我办"APP进行分组签到扫码。签到平台向校内所有人员

开放，随时随地创建，快速生成静态码、动态码，支持便捷导出分析。

（五）信息化系统走入基层院系，校院两级融通

学校自主研发的学院管理系统（SA）整合了全校数百个应用系统数据，实现了校院两级业务协同和数据融通，通过开放接入将信息化能力延伸到基层学院。研究生招生、学院房产、仪器共享等新模块已采用开放平台接入形式完成上线。通过组件式开发考核评审模块，兼容校级、院级评审考核任务，2021 年支撑3000 余名教师完成职称评审、长聘晋升、年度和聘期考核等工作，实现了 90%以上的填报数据自动生成，支持了全校考核评审全流程管理。

（六）快速满足各部门需求开发应用，随需升级迭代

信息化部门快速响应学校动态变化的要求，开发师生位置申报、每日平安报等功能，为校园防疫提供科学准确数据。研制自习室、体育场、超市、浴室、理发店线上预约系统，并持续迭代优化，让师生更加公平有序地使用有限校园资源。紧急对接上海瑞金医院的专家资源和互联网医疗平台，解决校内突发就医需求。升级云视频平台，上线"健康中国"系列抗疫知识讲座，提升师生科学防控能力。

（七）举办校级信息化创新创意大赛，培育校园团队

学校举办"交我办"创新创意大赛，面向全体师生征集新创意、新想法、新设计。通过发掘教学科研、管理服务等新场景，探索人工智能等新技术在校园落地，打造更友好、更易用、更新颖的"交我办"平台，营造广大师生共创共享的新生态。同时，通过大赛发掘出校内优秀设计团队和开发团队，让信息化系统成为软件工程、人工智能、设计等学科人才培养的实践基地，为学生提供创意交流展示的舞台，也激发他们的创新思维并培育创业精神。

（八）参与上海市信息化标杆校建设，探索能力输出

学校同上海音乐学院、上海商学院组成了三校合作共建的上海市教育信息化应用标杆学校联合体，形成了高校信息化共建新模式。三校通过"云网融合"的跨校信息基础设施，实现了云资源集约建设、云软件共建共享、云安全协同防御。经过三年建设，各校校园网基础设施建设水平都得到显著提升，虚拟专网打破各校物理边界，跨校资源无缝互访，学校的云计算平台对上海音乐学院和上海商学院完全开放。各校在网络安全防护能力协同建设、漏洞和威胁情报共享、师生网络安全培训等方面也开展广泛合作。

三、总结和思考

（一）坚持需求应用牵引

教育信息化发展到目前阶段，主要问题已经不是各类平台和技术能不能满足需求，而是缺乏真实需求应用为先导。互联网应用的典型开发思维是快速上线，通过需求不断迭代开发，尽早将应用推到用户眼前，根据反馈持续试错、日臻完善。新技术发展日新月异，而新技术往往意味着高成本、低成熟度，需要避免为了追求新技术而去创造伪应用，应该是为了满足应用的需求，业务部门主导，信息化部门进行技术配合，选择最合适、最稳健的技术来达到目标。这个过程中，信息化部门不要越俎代庖，冲在第一线，而应认清自己的定位，服务支持业务部门工作。

（二）坚持体制机制创新

教育数字化转型需要政府、学校、企业、社会之间深度协作。部分学校可以先行先试、积极探索、创造经验，带动其他学校跟进效仿；信息化做得比较好且有余力的学校可以创新机制，发展壮大信息化团队，对外输出信息化能力；学校可以创新灵活用人方式，对特殊岗位要提供特殊政策，吸引优秀信息化人才；学校要多方建设学校数字基座，将各类教育信息化应用按需接入共享基座，大力推进教育信息化应用上云，改变传统信息化建设、管理及应用模式；学校要提倡多使用标准化、服务化SaaS应用，降低信息化使用门槛和更替成本，推进按需购买，提升信息化经费使用效能。

（三）发挥高校人才优势

高校有着得天独厚的智力资源，可以源源不断地产出信息化人才和网络安全人才，要培养好并用好这批人，避免"守着金山讨饭吃"，让最优秀的人才全面参与教育信息化建设。可通过培养信息化专业技术核心队伍、在业务部门设立信息化专员等多种形式，形成多元化的信息化人员队伍体系。可结合创新创业，鼓励高校优秀信息化团队和网络安全团队先行先试，做大做强，能力输出全国其他学校。可树立优秀信息化团队标杆，带动更多高校团队向其学习和借鉴，形成良性竞争的友好氛围。可探索建立与市场环境相适应的信息化人才特殊薪酬待遇体系和职称评审体系，增强高校对高层次信息化人才的吸引力。

（四）加强数据应用驱动

数据治理已成为当前教育信息化建设的热点和难点，翻过这座山，又是一片新天地。数据作为所有业务流转和决策支持的基础，其标准化和交换共享利用应成为信息化建设的重点。基于数据的个性化教学、科学化评价、精细化管理、智能化决策、精准化科研等，将对提高教育质量、培养创新人才、提升管理效能具有潜在的巨大推动作用。推广典型数据应用有利于获得业务使用部门的支持，当其有了获得感之后，有助于其部门数据资源目录的梳理和权威数据源的确认。可建立易用的数据分析平台，提供低门槛的 BI 可视化分析工具，挖掘数据的核心潜能，为教育科学决策提供支持。

第五节　中山大学：
跨系统互联互通，打造一站式竞价采购平台 ①

一、背景分析

"十三五"期间，中山大学信息化建设夯实基础，整改短板，建立了国内领先的信息化基础设施，数据治理初见成效，实现了教学、科研、党建、学生事务、行政办公、资产管理等教育、管理和服务全领域的信息系统覆盖，并具创新性地打造了线上线下相结合的一站式用户信息化服务平台。

但在学校信息化发展初期，学校层面缺乏整体规划和顶层设计，各业务单位各自为政推动部门信息化项目建设，各系统垂直建设，业务割裂，造成学校已建与在建的信息系统存在标准不一、资源分散、整合不足的问题，形成"数据孤岛"。

"十四五"开局之年，教育部下发了关于加强新时代教育管理信息化工作的通知，为高校的教育管理信息化建设的数字化转型提供了方向和指引。

推进教育管理信息化要以业务为核心，以数字化技术为驱动，是一项系统工程。中山大学深入贯彻落实通知要求，结合自身信息化建设中系统割裂、业务多环节的突出问题，深入学生一线和教职工团队，通过面对面的沟通、调研来发掘

---

① 作者：姜媛姣、胡国庆、张科、道焰、何海涛。

并理解师生需求，摸清痛点，梳理出系统整合需求清单。与此同时，联动各业务单位，立足中山大学三校区五校园办学特点，紧紧围绕师生关心的跨校区办事等应用场景，利用数字化技术加强校区之间的协同管理和服务，打造统一、便捷、精准、高效的校园服务体验。

国内设备竞价采购流程优化是中山大学教育管理信息化水平提升的典型案例。中山大学网上竞价系统于 2003 年启用，该系统主要定位于 20 万元以下仪器设备的竞价采购，是学校师生广泛使用的核心业务，网上竞价平台线上供货商年平均成交额超过 2 亿元，总金额大，订单单价低、数量多。

竞价采购系统建设早，技术和系统设计比较落后，与下游系统整合不足。师生使用竞价系统采购国内设备，从发起采购，到完成资产报增和财务报销，需要登录多个系统操作，流程复杂，手续繁多，相同内容的表单和资料多次填报、提交，师生意见较大。

按照"需求牵引、应用为王、服务至上"的原则，网络与信息中心联合设备处和财务处成立工作小组，推进国内设备竞价采购及财务集中结算流程优化，用户登录竞价系统一个平台即可完成采购的所有相关业务，实现了"采购—报销—资产"的全流程电子化，并同步实现了采购设备的集中结算。

二、案例阐述

（一）国内设备竞价采购业务流程重构

国内设备竞价采购原有业务流程需要用户登录网上竞价系统、资产管理系统、USC 系统、财务报销系统等多个系统操作。

用户从发起采购到完成资产报增，全程需要在四个系统完成操作，发票、审核确认单、货物验收单等资料需要多次提交，烦琐而重复性的流程给用户带来了极差的使用体验。

国内设备竞价采购业务流程优化的目标，是实现竞价类的国内采购流程全过程线上审批和集中结算，为竞价类国内设备的采购提供一站式服务，通过优化采购"申请—审批—结算—入账"的业务流程，让用户登录一个系统即可完成采购的所有相关业务，实现"采购—结算—资产"的全流程电子化。

国内设备竞价采购业务流程优化包含以下两个任务。

第一，接口互通。通过数据交换平台，实现竞价系统、财务系统和资产系统的接口互通。

第二，竞价系统升级改造。将网上竞价系统改造成采购经办人的单一工作门户，资产入账和财务报销相关信息在竞价系统预填报，用户不再需要登录多个业务系统，免除用户填单、打印、交表的重复工作。

优化后的国内设备竞价采购业务流程如图5.4所示。

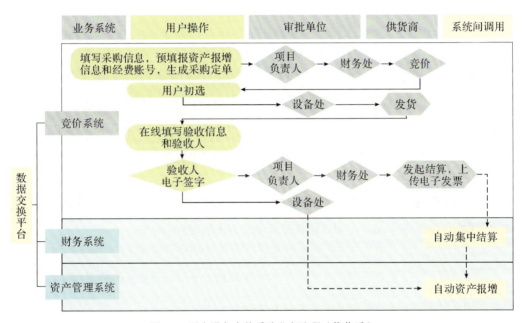

图5.4　国内设备竞价采购业务流程（优化后）

用户在竞价系统填写申购单，预填报与固定资产报增和财务报销相关的信息，项目负责人审核采购申请并进行经费审批，财务处对经费账号预审后，竞价系统发布采购信息；供货商参与竞价，用户初选供货商后设备处完成采购审批，供货商发货；用户在线填报验收信息，三位验收人和项目负责人电子签字，至此，需要用户参与的采购流程全部结束。

订单结算由供货商发起，固定资产报增由系统自动触发和完成，通过数据交换平台实现数据在不同系统间的传递及流程节点状态的自动同步，不再需要用户手动操作，也不再需要任何纸质材料。

用户对货物进行验收之后，供货商对申购单发起结算，发起结算时，需要填写发票编号、发票金额、发票验真结果，其后，上传电子发票和发票验真结果文件。结算提交后，竞价系统直接调用财务系统接口，提交结算单附件，分别提交结算单、电子发票、电子发票验真结果、验收单等附件到财务系统。

收到电子发票后，财务系统自动核查：①发票号是否重复；②填写内容和发票内容是否一致。

竞价系统通过定期轮询的方式，调用财务系统订单信息查询接口，确认申购单的状态是否已结算。

财务集中结算完成后，竞价系统对已通过设备处验收审核、财务集中结算已完成且标记为办理固定资产的项目，自动规整资产报增需要的数据，发起资产报增申请，并将报增相关数据传输到数据交换中心，供资产管理系统调用。资产管理系统采用定期轮询的方式从数据交换中心获取固定资产报增相关数据并自动完成资产报增，并将处理结果传输到数据交换中心，竞价系统通过定期轮询的方式，获取资产报增结果。

优化后的流程实现了国内设备竞价采购全流程的电子化贯通，真正做到了"数据多跑腿，师生少走路"，让IT面对复杂，让师生体验简单。

（二）数据交换平台打破系统壁垒

竞价系统通过数据交换平台实现与财务系统、资产管理系统的业务和数据对接，如图5.5所示。

图5.5　数据交换平台

数据交换平台是"十三五"期间，中山大学在数据治理的基础上，同步数据管理中心构建的交换平台，实现校内信息全面共享，以数据共享交换平台为桥梁，建成人事、学生、教学、科研、设备、公房基础信息库和共享交换库，为业务系统提供有效、可靠的数据服务。

数据交换平台起到桥梁枢纽作用，可以实现业务数据在不同业务系统间顺畅、实时、批量传输，并将数据汇入数据中心库，并提供前置库、实时消息、API网关、文件交换等多种交换模式。

国内设备竞价采购业务优化后的流程不仅通过数据交换平台实现了经费账号、验收单、电子发票、订单、资产等信息在不同系统间的自动调用和流转，同时针对所有标记为"办理固定资产"的项目，在竞价系统内部建立资产台账，生成资产卡片并存储到数据管理中心，为将来进一步的资产管理提供业务和数据支撑。

三、主要成效

（一）应用支撑体系打造便捷式服务体验

竞价系统对接学校中央身份认证系统、统一门户、消息中心和电子签系统，融入学校统一的数字化生态，为师生打造"一网、一次、一窗"便捷式服务体验。

竞价系统管理端接入中央身份认证系统，用户、管理人员和审核人员均采用NETID登录；竞价系统管理端接入统一消息平台和统一工作门户，实现单点登录，竞价系统消息和待办提醒通过学校统一门户消息平台推送通知，便于用户集中办理。

竞价系统接入结合AI实名认证的电子签章平台，免除了用户打印纸质验收单、审批签字、扫描上传的琐碎工作，如果是跨校区的工作组织，审批签字还需要进行跨校区的文件传递。电子签章系统实现了国内设备竞价采购流程的全过程无纸化，避免了跨校区工作审批盖章的来回跑问题。

（二）有效提升服务和管理效能

竞价采购系统的流程优化不但精简了师生办事流程，减少了采购经办人的烦琐工作，取消了跨校区的资料投递，还提升了业务部门管理效能，优化了审批流程，提高了核算效率，免除了纸质材料，将管理人员从繁重、机械、耗时的传统工作模式中解放了出来。

四、总结和思考

系统整合和流程提效是新时代教育管理信息化的核心需求。中山大学将继续坚持以师生为中心，以学校事业发展需求、师生教学科研需求及学校管理服务需求为导向，针对教务、科研、人事、财务、后勤等一系列流程全面实现电子化，提升流程申请、审批效率，提效跨部门、跨层级、跨地域的协作；围绕入职、培养、绩效、报账等典型业务场景，统筹建设、优化学校核心业务系统，基于应用支撑体系和数据服务能力，打通业务流程，推动管理服务"减流程、减证明、减时间"，打破系统间的壁垒，消除数字鸿沟，提升校园管理效率和治理水平。

第六节 北京外国语大学：
人工智能助推高校教师发展 [①]

一、背景分析

2018 年 8 月，教育部启动了"人工智能助推教师队伍建设行动"，北京外国语大学（简称北外）作为唯一高等院校入选试点。学校经过近五年的改革实践，在教师发展理念上取得重要突破，在教师发展实践上取得显著成就。教育信息化发展回归育人本质，为教学科研一线服务，不断提高教育环境水平和师生体验满意度。

北京外国语大学作为首批"211 工程"高校、"985"优势学科创新平台高校、首批"双一流"建设高校，形成了"外、特、精、通"的办学理念和"兼容并蓄、博学笃行"的校训精神，在教学实践中，我们还面临以下主要问题：

第一，如何顺应智能时代大势，促进教师的教育教学理念与方法的变革？没有教师观念的转变、能力发展、素养提升，很难实现传统教育向智能教育的跨越。

第二，如何在智能技术变革教学的时代背景下，提升教师的智能教育素养？

---

① 作者：杨红波、杨月、唐锦兰、张虹。

教师必须尽快学习驾驭人工智能等新技术，创新教学方式方法，这是当前高校教师发展面临的重大挑战。

第三，如何创新教育教学环境，构建"人机共教"的泛在、灵活、智能的教学生态？改造教学物理环境，打造智能化校园，必须实现教师智能素养提升和教学环境智能化改造之间的良性互动，方能最终实现教学生态的变革。

第四，如何创新教师发展模式，赋能教师专业发展？引导教师自主利用人工智能技术开拓教师发展新模式，形成人人参与教学研讨，人人投入教学改革的教师发展文化，是当前高校教师队伍建设面临的新任务。

二、案例阐述

近年来，针对上述问题，学校投入大量资源进行实践探索，聚焦教育教学理念与方法创新、教师智能教育素养提升、教师教学环境改进和教师发展模式创新等多个方面，进行了卓有成效的探索和创新，陆续形成了一批试点成果，例如：成立人工智能与人类语言重点实验室，通过虚拟教研室、教师工作坊等，支持新疆大学、西藏民族大学和海外孔子学院教师发展，开展了多次教师同步课堂；探索与科大讯飞、英特尔、外研在线等人工智能领域的企业合作，共建了一批冠名智能教室，引进了智能教学软硬件和人工智能课程等；形成了《高等院校利用人工智能助推教师队伍建设行动指南》。IDC（互联网数据中心，Internet Data Center）获评 2022 年北京市高等教育教学成果奖一等奖，获得 2019 年 IDC 中国数字化转型全方位体验创新领军者奖。主要实践和成果如下。

（一）探索出智能时代"四新发展、四轮驱动"的教师发展北外模式

北外实践证明，人工智能时代的高校教师必须实现"四新发展"，即掌握"新技术"（基于大数据进行"智能决策""智能教学"和"智能评价"等），树立"新观念"（个性化、情境化、泛在化教与学理念等，共创、共享和协作式教研、观摩与诊断教师发展理念等），掌握"新方法"（虚实融合、沉浸式、翻转式、协作式教学），承担"新角色"（教学情境构建者、学习过程促进者、探究活动引导者）（见图 5.6）。

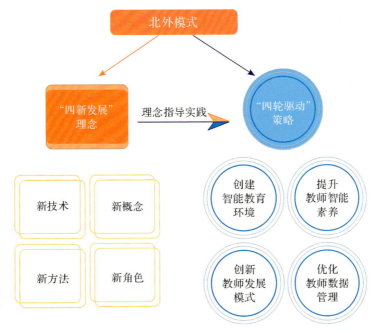

图 5.6　人工智能助推教师队伍建设——"四新发展、四轮驱动"北外模式

要实现教师发展和教学质量提升两者之间的良性循环，必须实施创建智能教育环境、提升教师智能素养、创新教师发展模式、优化教师数据管理的"四轮驱动"创新策略，使学校的"教、学、管、评、测"数据化、体系化、智能化，全面创新人才培养模式和教学管理模式。

（二）研发高校教师智能教育素养培训体系和提升平台

学校结合智能时代特点，构建高校教师智能素养提升的新框架，并研发自有知识产权体系化的高校教师发展智能平台和教师智能素养提升平台，融合课程、工具和模式，为高校教师智能教育素养提升提供从体系到平台的全方位支撑。

截至 2022 年 9 月，教师发展智能平台共发布 56 门课程，教师智能素养提升平台发布 56 门学习课程。学校通过教师发展中心，组织入校五年内的新教师进行线上培训，帮助不同地域的教师开展跨时空教研活动，形成专业学习共同体，促进教师发展。

（三）建设智能、虚实融合、形式多样的"人机共教"的智慧教学环境

我校智能教室建设遵循以教师为主导、以学生为主体的理念，重构教与学的

物理和虚拟空间。截至 2022 年 9 月，全校 100 多间教室进行了智能化改造，建成了智能教育示范教学楼和智能教学保障中心等，致力于让每一间教室成为以互动大屏为主的集成自动云录播、远程教学的物联网教室，让师生听得清、看得清、环境舒适。全校超过 80% 的教师参观或使用过智能教室，使用反馈良好。在疫情期间，智能教室在研究生复试、专业在线考试、云教研工作中发挥了重要作用。

试点期间，学校创新推进人工智能与人类语言重点实验室、全球语言文化 VR 实验室、教师自助录课中心、5G＋VR 体验中心、智能报告厅等建设项目，提高了学校育人环境水平。

（四）建立高校教师发展智能实验室及系列虚拟教研室，建设新型教师发展创新基地

2019 年，以"四新发展"理念为指导，学校建立了高校教师发展智能实验室，打造了大学思辨英语精读虚拟教研室、协同育人虚拟教研室、产出导向法云教研共同体、"一路同行"西部高校大学英语虚拟教研室等，探索建立了促进教师职业发展的内在机制和外在多模态行为分析模型，实现了教育教学的智能测评和诊断，支持教学示范、模拟教学和虚拟教研等。与此同时，依托教师发展智能实验室和虚拟教研室构建的理论、模型和教学示范数据，孵化教师发展创新基地，切实提升教师教育教学能力，为教师职业发展提供基地保障。

北外虚拟教研室依托企业微信定制开发，具有教学研讨、教学观摩、教学分享、教学反思四大功能模块，可以满足不同教研团队的多样化教研需求，实现了学院内部教研、跨院系教研和跨高校教研。

（五）优化教师数据管理

教师大数据中心通过汇聚高校教学各个环节模块、整合校园大数据、输出数据反馈报告、提供多维度教学预警等方式形成高校大数据的完整解决方案。

截至 2022 年 9 月，在教师相关数据采集方面，教师大数据中心共集成系统 13 个，集成接口 223 个，年度增量交换数据 5174.82 万条，总交换量达 123.58 亿条。依托数据中心与数据可视化建模的工具，我们建设了丰富、立体的教师个人画像，并实现了多维度的信息展现，在此基础上建成了覆盖全校各部门的校情分析、基于学科的双一流评估系统，能够对教师、学院、学科进行专题分析。

依托教师大数据，学校重点推进网上一站式服务大厅、教师个人主页、企业

微信应用等建设，助力教师进行网上教学、科研、管理等活动，有力地提高了学校教育信息化水平。

三、总结和思考

2021 年 9 月 17 日，"教育部人工智能助推教师队伍建设行动"北京外国语大学试点工作总结交流会举行。教育部党组成员、副部长孙尧，教育部教师工作司司长任友群等教育部领导和各省份教育厅及部分高校领导出席会议。北外在大会上向国内外发出五个语种版本的《人工智能助推高校教师发展之北外倡议》，得到新华网、光明日报等多家媒体报道。

通过试点，北外总结了丰富的实践经验和多个创新点，有力支持了全校教师队伍建设，教师智能素养大幅提高，推动了学校"双一流"发展。近年来，北京大学、中国传媒大学、中国人民公安大学等多所高校来北外交流人工智能助推教师队伍建设，北外经验已经辐射到全国多所高校以支撑北外国际化、重特色、高水平、综合性世界一流外国语大学为目标，遵循顶层规划、迭代实施；需求驱动、技术赋能；智能引领，安全护航三个原则，统一校园新型基础设施，聚焦校园教育教学、科研创新、教师发展、学科建设、开放合作、校园管理六大应用场景，着力实现校园服务、质量、治理和数字化能力四个提升，做好组织、制度、资金、人才和安全五项保障，全面建成融合互联、开放创新、智能协同、安全共享的"数智北外"（见图 5.7）。

"十四五"期间，北外将总结首批试点工作的经验，以"数智北外"顶层规划为依据，借鉴国内外高校先进模式，加大政策与资金保障力度，持续在教师队伍培训培养、教育教学改革、智能教室全面应用、教师大数据细化建设等方面发力，继续将第二批试点工作推向深入。推动教师真正适应信息化、人工智能等新技术变革，积极有效开展教育教学，成为教学领域的专家。

图 5.7　"数智北外"教育信息化发展蓝图（草案）

第七节　北京建筑大学："数智"赋能，数字战"疫" [①]

一、背景分析

为应对动态变化、复杂严峻的疫情，北京建筑大学充分发挥"大数据＋信息化"优势，基于数据治理的方法，打造疫情防控应急指挥信息平台，自主研发师生健康信息填报系统、基于多源异构时空大数据的校内轨迹溯源分析平台、全场景进出校预约审批系统等信息系统，持续迭代 30 余个微应用程序，以数据化、智能化手段赋能疫情防控的精准化、精细化管理。

疫情以来，发挥信息化优势，助力学校疫情防控工作，是高校面临的前所未

---

① 作者：朱金保、魏楚元、孙绪华、曹祯。

有的考验和挑战。很多高校面临多校区多校门、人员分布分散（全国乃至全球各地）、校内居住人员成分复杂（家属、租户、驻校区办公人员、租赁商户、维修工作、施工工人等）、基础数据信息台账不清等问题，疫情防控工作面临严峻的挑战。疫情防控对学校信息化工作是一次大考。疫情反复无常，疫情防控更需要快速响应，那就要求"与时间赛跑"，疫情为高校信息化提出了水平更高、响应更快的明确要求。

大学校园面积虽小，但是人员较为密集，进出人员身份复杂，必须精准查验核酸、疫苗接种信息、通信行程卡等数据，而且要方便教职工出入校门，方便访客身份的人员进出学校。一是要解决进出校人员身份数据问题；二是要解决校园内活动轨迹、同时空交集问题。如果想准确掌握一个人当天去过哪里、接触过哪些人，仅通过原有校园设备还无法实现。在疫情防控管理当中，疫情溯源工作往往需要多次核实确认，其中不乏有意或者无意漏报、瞒报情况，或无法确定时间地点等情况，为疫情防控的溯源工作带来了极大的困难，一旦溯源流调时间过长，可能会引发疫情进一步扩散。

在此背景下，北京建筑大学在学校党委的领导下，从 2020 年 2 月底开始，快速利用信息化优势，系统谋划，提出打造校园疫情防控应急指挥信息平台，运用数据治理方法，快速采集数据，助力疫情防控的精细化、精准化，提升防控科学化水平。

二、案例阐述

要让数据充分发挥价值，进而赋能决策，要通过信息化手段精准快速掌握"人、地、物"信息，全面掌握所有出入校园人员的核酸、疫苗接种等防疫数据，同时记录人员轨迹，辅助校园管理科学决策。北京建筑大学网信中心从一开始就立足于"数据"开发应用，以数据治理提升防疫信息的精准性，最大限度发挥数据的价值，以数据赋能防疫。

（一）精心打造防疫指挥信息平台，打造防疫管理"一张图"

北京建筑大学运用"大智移云"等新一代信息技术，打造集信息中心、调度中心、决策中心于一体的疫情防控应急指挥信息平台。平台与校园安防监控平台、在线教学网络平台、隔离点人员与巡逻执勤保安员等实时视频监控平台多维连接，实时覆盖学校两校区全部场所，及时掌握在线教学、校园管控、物资调配、人员在岗等情况，实现人、地、事、物、组织的互联互通和统一调配。学校通过各类数据的联网共享，形成疫情防控应急管理"一张图"，为统筹调度、精准研判、科学决策提供动态数据支撑。

（二）精细研发微应用程序，紧抓校园常态化防控

学校自主开发30余个师生防疫专属小程序，涵盖教职工及共同居住人信息报送、学生健康信息填报、健康监测或解除隔离申请审批、快递取件预约等防疫过程中的各类型业务，为学校做好疫情防控工作提供了信息化技术保障。全面梳理各归口部门22种人员类型，建立全量人员数据中心，打造六大类人员"全场景进出校预约审批"系统，支持黑白名单设置，可及时调整"审批制出入校"和"备案制出入校"模式。在统一信息处理平台支持下，学校已实现各类数据信息共享共用，师生员工在出入校门时自动核验健康宝、核酸等相关信息，多级联动，切实把好校园入口关。

（三）精密捕捉轨迹数据，实现快速流调溯源

结合高校管理特点，为校园全面楼宇、会议室等重点场所制作点位二维码1045个，师生员工可一键扫码提交到访记录，以接近零成本的方式实现精准的轨迹数据采集。自主研发基于多源异构时空大数据的校内轨迹溯源分析平台，利用时空数据分析技术，对人员、车辆出入校门、楼宇门禁、定位扫码、消费流水、上网记录等校内全量多类型数据进行快速分析，精准实现校内人员轨迹复现、分析处理及态势预测。同时，该平台可实现对特定人员在指定时间段内时空伴随者的一键快速查询，在多次校内溯源演练和实战应急处置工作中，5分钟内即可完成对特定人员时空伴随者的数据溯源任务，显著提高追踪效率和匹配精准度，支持对涉疫人员校内快速流调分析（见图5.8）。

图 5.8　校内人员轨迹复现

三、实践成效

（一）精准利用数据，提升防疫过程中师生获得感

北京建筑大学构建微应用系统群，通过系统后台数据库比对，对核酸应检未检特殊人员、超 3 日未检师生进行分层次、分类别、分时段等情况的智能提醒，及时督导师生员工配合完成各项防疫工作，师生未按规定频次核酸检测率从约 5% 大幅缩减至 0.3%。学生签到报送小程序稳定服务学生用户近 300 万次，校园快递预约小程序上线 3 天预约量达到 790 余条。进出校申请审批系统覆盖校内外全体人员，线上预约后刷身份证直接入校，精准防控的同时减少了疫情接触风险，已累计服务用户 113 万余次。极大提升了师生满意度。

（二）统筹宣传推广，打造信息化建设"金名片"

在学校党委的统一领导下，全体师生密切配合，充分利用信息化手段确保各项疫情防控政策在校园内落地落实，实现校园防疫"师生线下担当尽责与数据线上高效利用"双驱动，持续提升防疫工作精准化、精细化水平。校园疫情防控信息平台接待中国人民大学等 30 多所京内外高校来访交流，被北京日报、北京电视台等 10 余家媒体专题报道，相关研发成果被多所高校防疫借鉴使用，"数智化"

校园疫情防控应急指挥信息平台已成为学校信息化建设的"金名片"。

四、总结和思考

学校将在前期工作成果的基础上，进一步强化疫情防控科技手段的应用，有效应对大规模学生假期进出京、出校返校的精准管理等分析研判，全面梳理各类突发事件处理流程，持续完善两校区数字孪生校园模型的应用场景，实现学校疫情防控管理工作的流程化、数据化、动态化、立体化、智能化，全面优化学校现代化治理体系与治理能力。

为了更好地利用信息化手段助力校园疫情防控，让数据赋能校园防疫，提升校园防疫精细化、精准化水平，我们为高校防疫信息化建设提出如下建议：

一是加强高校疫情防控信息化的顶层设计。将校园疫情防控信息化建设纳入学校信息化顶层设计，统一布局、统筹谋划、长效推动。以轻量、便捷、高效为目标，充分整合利用学校已有信息化基础条件，设计信息化支撑校园疫情防控的工作流程，不断优化系统功能，持续深挖场景应用，实现精准防疫。

二是加强与上级大数据平台的长效对接。与核酸、疫苗接种、行程卡等数据完成对接，从底层突破数据壁垒，实现国家、北京防疫数据资源与校园疫情防控信息平台的协同联动和融合利用，促进数据共享，助力疫情防控。

三是加强信息化项目立项审批的沟通协调。结合学校疫情防控形势的快速变化，为高校疫情防控信息化项目的立项、审批开通"绿色通道"，缩短评审周期，确保尽早实施见效。

四是加强对优秀信息化案例的宣传推广。"校园战疫"系统能够发挥大平台的作用与优势，支持高校结合实际需求进行个性定制，具有较高的推广示范价值。建议上级部门能够适时推广"校园战疫"系统经验做法，提升高校防疫的科学化、精准化、精细化水平。

第八节 上海海事大学：
复用社会数字化基座，助力高等教育数字化转型 [①]

一、背景分析

为迎接数字时代，国家和各地政府都在积极推进数字化转型，并与"十四五"规划结合，夯实数字基础设施，挖掘数字化场景，发挥数字化作用，提高经济、生活和治理的能力。高校作为社会的一个组成部分，也在积极探索教学、科研、管理和服务的数字化转型。但是信息化建设有其客观和标准规律，社会与学校使用的信息化基础在技术上是相同的。为了节约成本并充分利用社会资源，教育信息化在建设系统时充分复用社会信息化基础设施就成为了一项降本增效的研究课题。

（一）复用社会数字化资源的必要性

教育信息化的传统模式是学校申请经费，由第三方供应商提供硬件设施和开发软件，并在学校内部部署交付使用。后续，学校一般自主运维或者交由专业团队运维。这种模式下，建设和运维的时间以及资金成本都比较高，而且由于缺乏专业的监理以及需求不明确、易变更，软件类项目有一定的失败率，影响了教育信息化的发展，削弱了信息化对教学、科研的赋能效果。随着云计算的发展，社会逐步接受并大范围采用云服务，企业逐步缩小本地数据中心规模，逐步扩大云上资源建设规模，学校也是顺应了这种变革。

此外，云计算、大数据、人工智能和区块链等技术的基座日益庞大，且其迭代频率日益提高，加上社会化分工的日趋细化，使得学校不可能完全本地化部署以上技术堆栈。借助于社会上标准、丰富、专业的数字化基座，针对不同高校、不同类别的师生，构建个性化的教学场景、学习场景、生活场景也就成了可行的信息化应用策略，从而早日实现高等教育的数字化转型。

---

① 作者：王玉平、洪皓洁。

（二）社会数字化基座的夯实

近两年，上海致力于打造基于"1＋16"总体架构的"超级计算一朵云""互联互通一张网"。全市包括市、区两级4600多个业务系统"一云承载"，超过1.3万个节点"一网贯通"。这"一云""一网"即政务云和政务网已经成为支撑上海城市数字化转型特别的"大基座"，而且目前该基座已经足够扎实和强大，尤其是为疫情防控提供了强有力的技术支持和稳定保障。此外，上海市政府、市教育委员会发布《上海市公共数据和一网通办管理办法》和《上海教育数据管理办法（试行）》，明确提出要推动数据归集整合，保障数据安全，促进数据共享开放，发挥数据价值。在此背景下，上海市"一网通办"实现人员注册与身份核验、各类数据互连互通，以"高效办成一件事"为目标，助力城市数字化转型，为上海市及长三角地区的数据打通提供了有利土壤。

二、案例阐述

在上述背景下，上海海事大学积极响应上海市"一网通办"建设理念，并依据《上海市教育数字化转型实施方案（2021—2023）》，以稳定校内数据中心运营为基础，探索云网融合发展；以治理校内教育数据为基础，融合社会多维度数据；以优化再造业务流程为基础，探索校内校外资源开放机制。目前，学校的网上办事中心因其简便易用、办事效率高而深得师生喜爱。

在疫情防控形势下，借助于信息化来做到精准、及时、有效的人员信息排摸，是上海海事大学信息化发力的着眼点。在保障正常教学管理和生活的前提下对人员按照疫情防控要求进行管控，也是数据多跑路的典型应用场景。为此，上海海事大学积极与市大数据中心教委团队交流合作，打造了校外人员入校身份自动识别、校内人员疫情防控信息自动获取和基于"随申码"实现校内"一码通校"甚至"一码通城"的示范性应用场景。

（一）校外人员入校身份自动识别

疫情防控形势下，校外人员入校涉及申请、审批、核验流程。传统方式由校内老师收集人员信息并代为线上申请，或通过发送链接、关注学校公众号等方式由校外人员自行申请。此两种方式均存在校外人员身份认证、校验困难问题，且个人基础信息需要重复提交，不够简便、安全。

为此，上海海事大学将学校"一网通办"平台——网上办事中心接入上海市"随申办"APP。校外访客可实名登录"随申办"APP访问上海海事大学网上办事中心，使用"校外人员入校申请"服务自行申请入校，校内负责人只需审核即可。

校外人员使用"随申办"APP填写申请时，系统会自动对接用户基础信息，如姓名、身份证号、手机号等。得到用户授权后，系统可以从市大数据中心自动获取随申码、行程码及近期核酸检测报告信息，从而精准掌握申请人相关信息。在征得申请人同意后，系统还可以使用电子证照，允许申请人在校园门口完成体温检测等疫情防控步骤后，通过人脸识别自助入校。整个应用过程如图5.9所示。

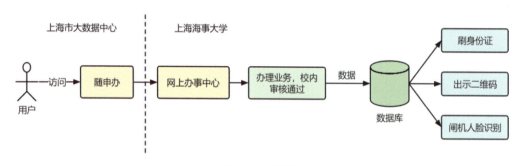

图5.9 应用过程

申请通过后，校外人员的身份信息将自动添加到学校人员信息库，从而为校外人员使用校内资源提供了身份支撑。

（二）校内人员疫情防控信息自动获取

在疫情防控之初，上海市积极推出健康码，从信息技术上给予市民健康状况的初步认定，并将其作为出入公共场合的准入凭证。上海海事大学也在短期内开发了校内人员入校申请流程。彼时，师生需要上传健康码、行程码截图和核酸检测报告，供审批人判断是否同意申请人入校。这种模式是典型的线上数据转为线下再转为线上的电子化流程，存在数据流通不畅、办事操作繁杂的弊端。为了解决这一问题，上海海事大学与市大数据中心教委团队沟通，协调使用市大数据中心的数据资源，通过技术手段复用市大数据中心的有效数据，从而让数据多跑路，简化师生操作步骤，提高师生对信息化的获得感和幸福感。图5.10为上海海事大学教职工入校申请的截图，在该申请中，健康码和核酸检测报告的数据均从市大数据中心自动获取，提高了数据的精准性。

上海海事大学疫情防控期间入校申请

申请人:	王** (******)	申请部门:	信息化办公室
*前往校内地点:	信息办	*常备电话号码:	137****3711
*预计进校时间:		*预计离校时间:	
*进校事由(详细填写):	正常开展信息化工作		
入校注意事项:	(1)首次返校 　　根据学校发布的《关于2021年秋季学期教职员工开学返校有关事项的通知》的要求，只有符合返校条件的教职工方可申请返校。首次返校的各类教职工，需提前1天在数字平台上办理申请进校手续，申请时需提供最新的行程码和健康码。若行程码显示14天内一直在沪，并且健康码为绿色，教职工可凭上述两码申请进校；若行程码显示14天内曾过上海市以外的低风险地区，除行程码和绿色健康码之外，还需提供返沪后48小时内的核酸检测阴性报告，方可申请进校。 (2)再次返校 　　再次返校的教职工只需提供最新的绿色健康码即可。 (3)体温检测 　　若进校的教职工在班车点、校门口等进校通道（建议短驳车上增加检测体温设备与人员）被检测出体温高于正常值，则不得进校，班车、校门口等相关值班人员做好登记并及时上报给相关学院（部门），下次进校申请时需提供返沪后48小时内核酸检测阴性报告。		
目前无以下异常症状:	发热、咳嗽、流涕、咽痛、咳痰、胸痛、肌肉酸痛/关节痛、气促、腹泻		
*健康码:	随申码为绿码（数据来源: 市大数据中心）		
最近14天抵沪后首次入校:	☐ 是		
*核酸检测报告: (返校前14天内有外省市旅居史的教职员工，须提供返沪后48小时内核酸检测阴性报告，方可申请入校。)	检测结果: 阴性 检测时间: 2022-03-05 18:49:21 （数据来源: 市大数据中心）		
本人承诺上述内容均属事实，仅我本人入校，承诺人: 王玉平。 ☐ 我承诺			

请注意：流程已经变更，自2022年1月19日开始进校需审批！

提交　　　终止

图 5.10　上海海事大学疫情防控期间入校申请

（三）基于"随申码"实现"一码通校"

为了实现校园一卡通业务"去卡化"，部分高校自建"一码通"作为校内通行凭证，实现校内消费和各类身份认证，但"一码通"的建设和维护都需要成本。为了探索学校自有设施和社会资源相结合的模式，上海海事大学响应市委市政府要求,将上海市"随申码"引入校园生活,通过"随申码"实现师生的校内餐饮消费、班车乘坐、图书借阅等,打造了"一码通校"新模式。

上海市大数据中心提供了扫码获取人员信息的接口,学校与上海市大数据中心进行数据对接,用户的"随申码"由校内系统扫描后,通过API(应用程序接口,application programming interface)向市大数据中心发起获取用户信息请求,并将接口返回的脱敏身份信息与学校人员信息库进行匹配,识别扫码人员,校一卡通系统、图书借阅系统借此识别人员并进行实时自动绑定,从而实现系统内的账户扣费、借阅信息录入。"随申码"应用场景的时序如图5.11所示。

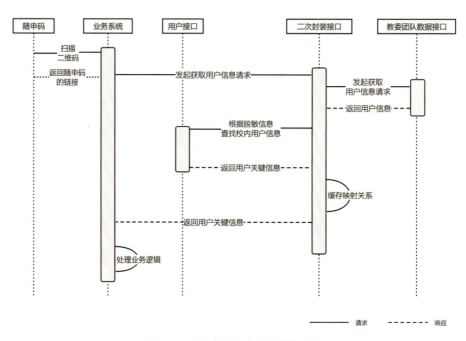

图 5.11   "随申码"应用场景的时序

三、主要成效

上述三个场景充分挖掘了基于"随申办"和"随申码"的数字化转型应用场景,实现了高校"一网通办"与社会数据的深度融合。通过市大数据中心提供的人员基础信息、"随申码"信息、核酸检测结果信息等社会数据,学校打造了校内外数据互联互通的数字化转型应用。

校外人员入校申请上线后两周内，业务办理量超过 200 人次，信息填报的准确性增强，业务办理效率提升，数据实现共享利用，减少了手动录入造成的错填、漏填，实践了学校服务走向社会的新应用模式。

"随申码"引入校园后，在餐饮消费和班车乘坐场景日均使用近千次，在图书借阅场景发挥"随申码"的师生身份识别功能，减少了师生校园标识，使得师生在上海市无缝对接校内外生活，融入了上海市"一码通城"。

四、总结和思考

上海海事大学坚持以人为本，转变工作模式，充分利用社会资源，进一步加深与社会的融合，打破校内外空间隔阂，使得信息化服务不再局限于高校内部，不再局限于物理空间。大学是社会的大学，是社会的一部分，学校的信息化基座应充分利用社会资源，大学的资源也应向社会开放。

学校将进一步利用信息化手段，加强资源整合，打破信息壁垒，赋能教育教学和服务管理，助力学校数字化转型。同时，学校将在避免重复投资建设的原则下，充分依托上海市大数据中心强大可靠的数字化基座，复用社会信息化基础设施，打造以政务云、政务网为基础支撑的面向学校和社会服务的数字化场景，挖掘信息化技术对教学、科研、管理和生活的全方位赋能的价值。

第九节　郑州科技学院：
尝试构建"中枢系统"，提升信息化治理能力 [①]

一、背景分析

教育信息化发展到 2.0 阶段，信息化服务教学、科研、管理的能力显著提升，但要实现教育现代化，离不开"教育信息化的引领和推动"，仍需不断提升教育治理能力和治理水平。从高校信息化发展历程看存在以下情况：第一，业务系统引入突破了手工管理的局限，同时也竖起了一座座"孤岛"；第二，统一身份认

[①] 作者：高丽杰、李振峰、尹朋、郭飞场。

证和业务系统集成解决了多次登录问题，却未从根本上实现面向用户的跨系统业务互通，有效解决了"信息孤岛"问题，也造成持续重复"点到点"系统对接带来的成本居高不下的问题；第三，"一站式""一网通办"通过业务批量部署降低了建设成本，却没有实质性解决业务关联的"最后100米"问题。

不难发现，业务系统未真正联动起来，为数不多的联动对于用户而言根本无感，例如"一网通办"批了假条，到大门口人脸识别，门卫依旧还要求出示请假依据、做登记，依旧还要找任课老师报备，依旧需要跑去跟宿管阿姨报备，"一网通办"却不能"一办通行"。而真正需要着力解决的问题是：系统间对接深度不够，业务未能真正联动。实际"事务流程"堵在"最后100米"。"对各业务系统进行实效调度，对数字校园进行有效治理"成为我们需要着力破解的难题。

二、案例阐述

（一）案例思路

为了解决业务系统间对接深度不够带来的便利性不足、师生获得感不强的问题，学校尝试通过架构思路改变、组织制度和模式创新来加快推进数字化转型，尽早实现"教育信息化推动和引领教育现代化，提升学校治理能力和治理水平"。

（二）技术路线

学校尝试搭建一个独立于各业务系统的调度系统。系统由神经元注册、中枢系统调度两大主体模块组成，三个关键动作为注册、触发、同步，中枢系统初步模型如图5.12所示。

该模型把每一个业务系统（S_1）与其他关联的一个事件看成一个"神经元"j（p_1，p_2，…），把多个事件统一存放（姑且称之为注册）在一个地方，姑且称之为神经元集合（$C\{j_1，j_2，j_3，…\}$）。当某业务系统事件触发神经元集合中的某个神经元时，神经元集合立即将神经元消息对应传导到对应的某一个或多个业务系统，实现关联同步。这种把神经元注册到神经元集合，通过事件触发神经元，由神经元集合同步到关联系统的模式叫中枢系统模式。中枢系统仅负责调度业务流程协调联动（见图5.13），并不直接干预业务系统，仅通过神经元集合根据规则自行传导到对应业务系统，以此实现同步调节。

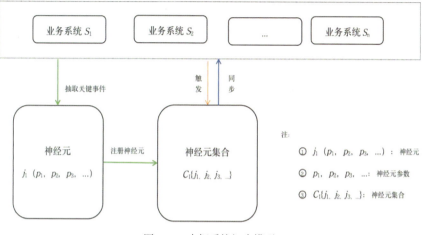

图 5.12　中枢系统初步模型

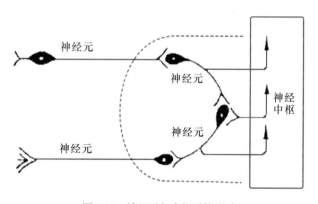

图 5.13　神经元与中枢系统联动

（三）具体实践

目前，郑州科技学院进行了两个方面的探索。一是面向学生培养的三全育人学生综合素质评价系统；二是面向学生的小切口服务应用的"一办通行"实例（学生请假）。

三全育人学生综合素质评价系统是郑州科技学院在三全育人体系框架下，自主研发的一套综合评价系统，最大特点是，系统本身是个容器，负责制定评价规则，并完成数据简单统计运算，各类评价数据来自不同的业务系统（注册到中枢系统），同时也服务于不同业务系统（从中枢系统取业务数据），如表 5.2 所示。

表 5.2　中枢系统注册

注册单元	注册项	中枢调度类型
教学管理	专业排名	输入型
学生日常管理	表彰、通报	输入型
公寓管理	表扬、违纪	输入型
社团管理	社团活动获奖	输入型
科研管理	科研课题获奖	输入型
推优遴选管理	评价排名	输出型
奖助贷管理	评价排名	输出型

　　中枢系统负责调度，并支持灵活扩展，新上业务系统如高校奖助贷系统需要应用综合测评系统的评价数据时，可自行注册神经元以接收中枢系统的传送指令。

　　"一办通行"实例（学生请假）。学生在"一网通办"发起请假流程，学生管理人员审批后流程结束，中枢系统负责接管后续事务，目前学校施行的是"非必要不外出"，校门安防人脸识别出入通道仅对通过请假人员或白名单人员开放刷脸识别通行，公寓管理与校门安防策略相同。教学管理系统自动同步出勤记录到教学管理人员。一整套事务关联自然衔接，涉及"一网通办"、学生管理、安全管理、公寓管理、教学管理等系统，学生用户可以行云流水般顺畅完成请假及后续事务。校园"一办通行"流程如图 5.14 所示。

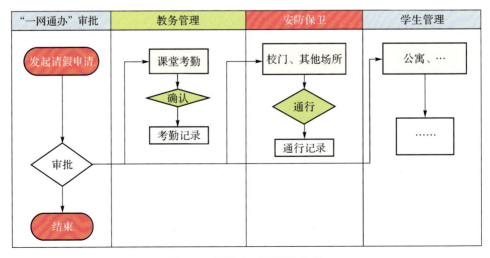

图 5.14　校园"一办通行"流程

三、主要成效

两个"小切口大场景"的实践效果明显，已稳定运行三个学期，其中学生请假事务运行量大，关联效果好，共服务师生 232982 人次，学生以及校园安防、学生工作、生活服务等管理人员及授课教师均体验到成效。学校因此获河南省教育信息化建设成果一等奖。

（一）提升信息化治理能力

有效解决了多系统间仅通过数据对接难以实现业务互动的问题。随着数字技术蓬勃发展，制约教育数字化战略的不再是技术创新，信息化组织制度创新或将成为教育数字化转型的重要推动力和增长极。近年来，高校业已关注数据治理，并建设了数据中心，但早期不彻底的系统对接、局限性的数据流通，以及对业务融通的无视或者不重视，导致数据没有真正流动起来，更难做到数据实时同步。这很大程度上是系统间业务没有完全流通所致，也可能是源于业务流通难度远超数据流通。但该解决的问题，掩盖是搪塞不过去的，迟早还是要回过头来，以用户为中心，以事务为主线，而不是简单地以处室部门边界为依据划分系统。

（二）促使管理与教学的有机融合

有效联结学生管理与教学管理。高校的中心任务是培养人才，管理是为教学服务的，管理过程也体现育人过程，只有从业务层面把学生管理业务与教学业务联动起来，才能从根本上把"管理"和"教学"有机融合，服务于高校的中心任务——培养人才。就前文两个实践而言，学生在校全生命周期的活动及日常管理均与综合评价挂钩，学生考勤自动同步，把授课教师从耗时费力的课堂考勤中解放出来，提高有效授课时间。

（三）提升师生信息化获得感

系统间松耦合，业务间紧耦合，使关联业务联动起来，使面向用户的业务流无缝无感衔接。就"一办通行"（学生请假）实践而言，虽是小切口，却涉及多场景的联动，运行成效明显。学生、教师及管理部门享受到信息化的获得感，重点是打通了事务流程的"最后 100 米"。

（四）降低重复性"系统间对接"建设成本

从传统"点到点对接"机制到"基于注册制的神经中枢"联动机制，建立的是一种基于规则的调度系统，避免同类关键业务事件与多个系统所带来的需要多个接口、产生多项费用、可持续性差等问题，极大降低了重复建设成本，提高了学校对信息化可持续发展的自主性，减少了被业务系统厂商"绑架"的风险。

四、总结和思考

近年来，全国各高校都在探索智慧校园建设，在促进高校治理能力现代化的路上，不再一味地追求技术创新，而转向组织制度创新，以期通过信息化管理体制、组织模式改革，用数字化转型理念武装头脑，依托教育信息化推动和引领教育现代化。

近两年的探索尝试，总结起来，智慧校园建设还是要冷静下来，结合学校实际，实事求是地以问题为导向，从小切口着手解决跨业务的大场景问题。从"元宇宙"纬度下沉到教育信息化自身治理上来，构建"数字大脑"从构建中枢系统开始。"数据多跑腿"还要扩展到业务全联动，从"一网通办"升级到"一办通行"。

由于目前市场尚无现成的调度业务系统的系统（中枢系统），需要学校与合作的平台厂商共同摸索，边研究边实践，需要大量的模型研究、试运行和磨合，建设周期较长，下一步打算联合更多学校一起研究，众筹思路，形成科学模型，加快研发速度，扩展更多项目，推广到更多学校。

第六章　高校信息化治理能力发展的浙江案例

第一节　浙江大学：构建"学在浙大"开环开放智慧教育新生态，促进数智驱动多跨融合的教学创新①

一、背景分析

随着信息技术的高速发展，全球教育面临新的机遇与挑战，复杂教育环境下传统教育教学已经难以支撑新时代赋予高校的建设高质量教育体系的使命。从资源角度来看，跨学科海量知识的大规模交叉融合存在困难；从教学角度来看，线上线下多模态弹性融合教学难以开展，人才培养的无边界触达难以实现；从学习角度来看，学生无障碍获取全学科学习资源、开展个性化学习的需求难以满足。如何依托"互联网＋"时代的信息技术优势，立足全球一流大学发展目标，构建数智驱动的超大规模线上线下融合教学创新体系，针对如上困难，高效提升教育质量，培养社会紧缺人才是当前迫切需要解决的教学难题。

二、案例阐述

（一）大处着手，统筹全局做好全域教育生态体系顶层设计

浙江大学（简称浙大）以习近平总书记关于数字化改革和教育信息化的重要论述为指引，围绕立德树人根本任务，深化技术方案，提升管理效率，查找服务短板，落实教育场景，从教育新基建、数字教育大脑、教育中枢、教育治理应用

及教育辅助系统五大方面开展详细的顶层规划设计，实现规划宏观可顶天、微观可落地（见图6.1）。

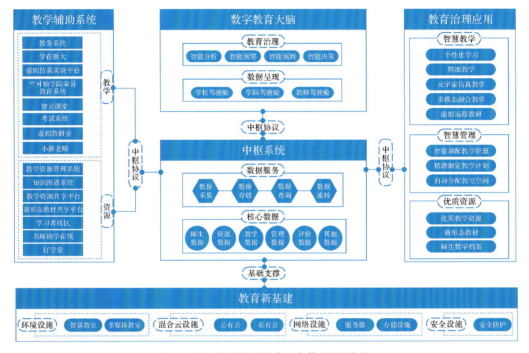

图6.1　浙江大学全域教育生态体系规划架构

（二）理论创新，构建数据驱动的K-CPS教育理论新模型

K-CPS即以学科资源、师生数据、教育要素驱动为核心，整合知识图谱（knowledge）、智慧教室（classroom）、"学在浙大"平台（platform）和"智云课堂"（cloud service），构建智能化创新教育环境，支撑线上、线下、混合式教学多模态，深入推动智慧化教学（见图6.2）。

（三）小处着眼，凝练"关键小事"，小切口大场景落地教育服务

以师生为本，密切围绕教育服务师生重点之关注，谋划信息化服务治理主要场景，逐条梳理各部门精准服务事项。以"四个一"（一事一表一库一平台）工程为主要抓手，按照"办理一件事，只填一张表"的原则，从细微处见真章，实现教职工入职"一网通办、一秒智办"（入职一件事）、新生入学和毕业生离校手续30秒完成（入学一件事、离校一件事），落实各类多跨场景教学服务流程。

2022年，对"四个一"工程数字化改革成果进行深化与延展，通过启动与推进智慧财务、智慧总务、导学关系、校园数字化医疗服务、离校一件事、办事大厅2.0、研究生入学一件事、全球暑期学校等多跨场景的数字化改革任务，探索党政机关整体智治的数字化改革路径，助力打造数字化、协同化、智慧化的校务治理体系，切实提升师生教育服务满意度。

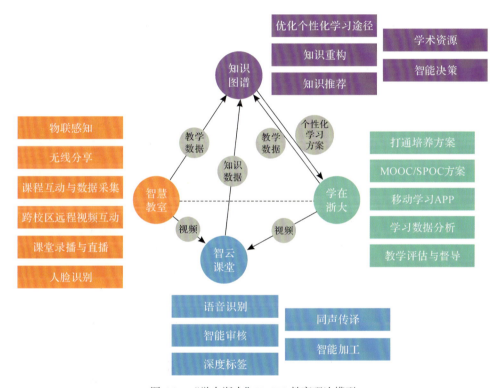

图6.2　"学在浙大"K-CPS教育理论模型

（四）技术引领，切实提升教育智理能力

高度重视教育信息化前沿技术研发与引领，围绕知识智能化组织、教育行为数据分析、智能交互、XR增强、下一代互联网、物联感知、元宇宙等技术开展集成化教育应用研究。设立校级教育信息化联合研发中心——智云联合研发中心，历时5年时间，落地教学驾驶舱、浙大元宇宙会议、AI课堂同步翻译、浙大哈佛VR远程高清公开课、网络虚拟教研室、网络全真课堂、网络万人课堂、AR虚拟

实验教学、AI 智能考场、AI 体能测评、5G Wi-Fi 融合校园高速无线网、校园智能能耗监管、校园智能餐饮、沉浸数字化党建展等各类创新应用 20 余项。教育信息化科技创新应用成果于 2022 年获得浙江省教学成果一等奖 1 项,获批 2021年工信部"5G +智慧教育"应用试点单位,于 2021 年 10 月被中央网信办等八部委联合授予"国家智能社会治理实验基地(教育)"称号,更于 2022 年 2 月被教育部遴选,获得联合国教科文组织哈马德国王奖提名(我国总提名数 3 名)。

(五)夯实基础,构建高韧性教育支撑新基建

建设基础网络服务、浙大云计算资源、数据中台、浙大混合云、"浙大钉"、浙大高性能算力中心等数字新基建,打造"用户端—服务器端""常态化录制—智能化处理—视频流分发""校园网—互联网""国际—国内"全链路教学支撑体系,实现校园新基建资源弹性可扩展、灵活可调控的高韧性服务性能,确保各类 OMO(线上线下深度融合模式,online-merge-office)教育服务的高效开展。2021 年面对突发的疫情,学校依托教育新基建高韧性能力,一键秒开,所有课程实时从线下切换到线上,确保了教学过程的无缝衔接、平稳过渡。

(六)底线思维,夯实扎牢教育信息化安全新防线

积极针对校园安全,从物理安全、系统安全、数据安全、文化安全等不同维度构筑多层级协同安全防御体系,综合利用防火墙、IDS(入侵检测系统,intrusion detection system)、IPS(入侵防御系统,intrusion prevention system)、WAF(网站应用级入侵防御系统,web application firewall)、反垃圾邮件等网络安全防御系统,并联动统一认证、日志管理、证书服务等系统,依托安全大数据态势感知等新技术,实现综合联动的校园一体化防御体系构建,最大限度补足防御短板,极大程度上遏制了 0day(没有补丁的漏洞利用程序)、APT 攻击(定向威胁攻击)、鱼叉、跨站脚本、SQL(结构化查询语言,structured query language)注入等攻击手段,同时在安全管理上进一步加强安全培训与责任考核,定期开展攻防演练、弱口令与漏洞扫描机制、系统等保分级安全测评等,有效保证了校园网络的绿色安全生态。

(七)协同共赢,打造众筹群智校园信息化合作生态圈

充分发挥合作伙伴的群智力量,面向学校教育生态全域智治的信息化支撑诉求,众筹共建生态圈。先后与 40 多家合作伙伴建立不同层级的战略合作,并创

建多家联合实验室，协同开展专项技术攻关和应用部署（如浙大－移动 5G 联合实验室等），以生态圈群智群策的方式孵化教育大脑、成果导向质量评价、同屏跨域授课、个性化知识推荐等智慧教学整体解决方案 10 余项。积极利用众筹机制，充分调动校内外各单位部门硬件资源构建浙大众筹混合云。2022 年 1 月，浙大云－图形计算平台正式上线。该平台由浙大信息技术中心与浙大 CAD&CG 国家重点实验室联合众筹共建，混合云集群理论计算能力双精度浮点运算能力达到 3.1Pflops，单精度浮点算力达到 6.2Pflops，一方面为国家重点实验室的专项科研提供了必要的算力支撑，另一方面也最大限度发挥了平台的算力优势，为全校其他学科教学科研工作带来了帮助。

三、主要成效

（一）教育资源全域整合——实现资源要素有效汇聚及价值最大限度发挥

充分利用数字采集、同步录制、知识图谱等技术，面向全校课程开展知识数字化组织汇聚。现已采集录制课程 3.2 万门次、149.9 万小时，100% 覆盖智慧教室，录制课程师生线上日访问量为 4.4 万次，日均直播全学科课程为 2000 学时，147.9 万人次观看直播。在课程录制的同时，还提出了以知识图谱为核心的创新型知识组织新方法，围绕核心课程建设智能热词标签、智能视频关键词标签、PPT 知识识别等知识图谱 6000 余万条，智能语音识别 74 万小时以及课程微视频单元 10 万多个，让每一门传统课程都分解为一个个具体的视频知识点，形成全新的线上知识组织体系，从而让学生可以充分针对自身的知识薄弱点快速找到所需要的知识内容，并利用各种碎片化时间开展个性化针对性学习，有效实现了教育知识资源的全域整合和学生的个性化针对性培养。

充分围绕教室资源做好智慧化文章，建立"1 ＋ X"浙江大学智慧教室建设标准，遵循"老师一分钟就会，设备一分钟就位"理念，改建讲授型、互动型、创新研讨型等智慧教室近 800 间，推进线上线下多模态融合教学，实现教育空间资源价值最大限度的发挥（见图 6.3）。

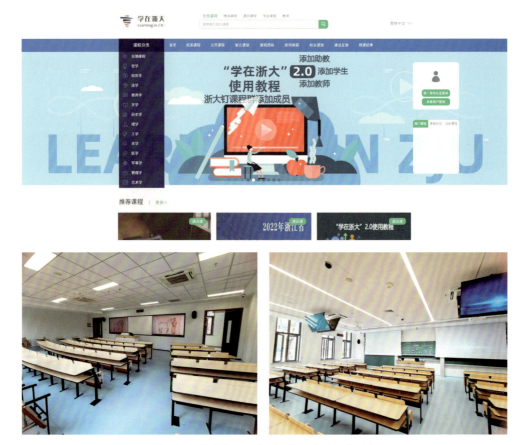

图 6.3 "学在浙大"首页、浙江大学智慧教室

（二）教育过程全域管理——打造人才教育培养管理的有效闭环

构建以"学在浙大""浙大钉""智云课堂"为核心的在线教学模式，以数据流通和智能分析为主线，贯穿学校统一身份认证、教务、学工、研工、协同办公等 20 多个底层支撑系统，在真正确保教学数据权威、统一、准确的前提下，以数据为驱动，围绕组织教学、实施教学和评价教学三个环节打造基于数据中台的数智融合的全流程管理体系，形成人才培养管理的有效闭环（见图 6.4）。

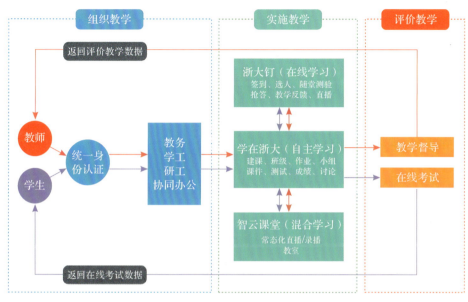

图 6.4 数智融合人才教育培养全流程闭环管理体系

（三）教育服务全域支撑——建立以生为本的全周期教育服务体系

在招生、迎新、复试、授课、考试、答辩、夏令营、毕业、就业等场景开展探索和实践，服务云招生 3.3 万人次，云面试数量 2.7 万人次，云考试数量 12.5 万人次，毕业生云指导、云签约 4.6 万余人次，有效形成了全过程在线人才培养服务支撑体系。构建了"决策机构—院系—技术团队—师生"点线面体教学服务保障环境，以"浙大钉"沟通群、一对一院系联络人等方式开展老师和助教信息素养培训、在线答疑、提供创新教学方案等活动，解决师生教学困难，保障线上教学活动的规范化发展。创建"空对空""地对空""混合"多场景，构造线上线下融合（OMO）、弹性混合（HyFlex）、"主从式"多教室线上线下实时交互等多模式，消除了学生学习的时空限制，让跨域学习成为可能，为开环教育打下坚实基础（见图 6.5）。

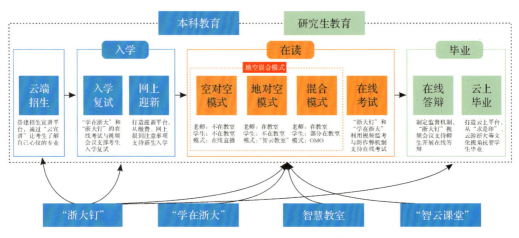

图 6.5　以生为本的全周期教育服务体系

（四）教育对象全域包含——实现全纳性公平化人才培养

充分利用全域教育生态高韧性软硬件基座及 OMO 教学系统灵活弹性架构，针对以往"网红课程"学生选课难等问题开展针对性研究，构建了同屏跨域授课、同步课堂、万人课堂等授课服务新场景，学生可以在不同地点、不同教室学习同一门课程，并获得与教师在同一空间的等效学习体验。疫情期间，针对众多国际生回校难等问题，更是开通了面向 149 个国家和地区学生的 OMO 一体化学习课堂，学生无论是在家中还是在途中，都可以通过网络接入"智云课堂"，真正实现了不落下一节课、不落下一个人，为教育全纳性公平化、知识无边界触达提供了很好的支撑（见图 6.6）。

图 6.6　同步课堂

（五）教育素养全域提升——实现个性化开环教育培养

针对新时代高素养合格大学生培养需要，浙江大学本着"以人为本、差异化培养"的人才培养理念，积极开展推进学生个性化全方位素养提升的新型教育学习环境建设。首先，围绕学生特点，多部门联动，为学生量身定制个人学习培养方案，并配套合理的数字教学资源；其次，在全面感知学生行为数据和构建课程知识图谱的情况下，自动研判学生知识薄弱点，提供相应的个性化视频知识点与试题推荐；最后，针对学生素养全域提升需要，充分利用教育信息化支撑四类课堂建设，提供实践教学、个性化学习、AR/VR 实验教学等服务，开放全球暑期学校，让更多校外学生通过网络获得校内教师的实践性指导。这些举措极大提升了浙大师生的多方位素养，为我国优秀高素养合格接班人培养提供了支持。

四、总结和思考

（一）多技术整合创新

"学在浙大"全域 OMO 智慧教育生态在构建过程中，高度重视前沿技术的引入和应用拓展，在知识表达环节中引入知识图谱与 NLP（自然语言处理技术，natural language processing）自然语言理解等技术，实现了知识点的有效提取与微课、金课短视频的自动化构建；在网上教学过程中，引入了 AI 实时翻译、语音合成等技术，实现了多语言同步翻译教学；在个性化素养提升方面，引入了 AI 大数据分析最近邻查询等技术，较好地实现了学生画像绘制与知识推荐功能；在学生体育锻炼中，引入了 AI 图像感知识别等技术，为智能体育锻炼测评提供了支持；在国际交流中，引入了元宇宙等技术，为虚拟现实会议的召开提供了帮助。这些技术的融入都为浙大全域教育生态增添了亮点，也为智能教学多场景创新落地提供了支持。

（二）学生整体学习成效提升明显

"学在浙大"运行 5 年多以来，师生整体反响极佳。建设团队针对全校 1000 多门通识课程进行连续跟踪，对历年学生成绩数据做了详尽的分析对比，发现利用"学在浙大"辅助教学的课程，学生成绩在 80—89 分段的人数比例明显上升，60—70 分段的人数比例明显下降（见图 6.7）。不仅如此，很多学生在校期间长期利用"学在浙大"平台，旁听了大量非本专业热门课程，有很多毕业生纷纷表示希望毕业后能依然享受在校生的教育机会，能更多获得"学在浙大"的优秀教育资源，以伴随其一生的成长。

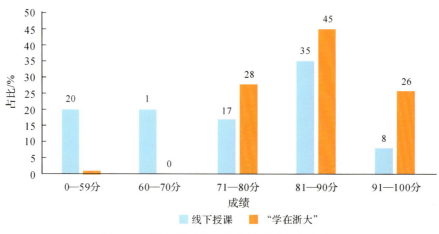

图 6.7 "博弈论"课程不同授课模式的成绩对比

（三）社会化强辐射成效显著

"学在浙大"全域生态体系从建成以来，面向全校师生累计完成建设数字课程 5 万余门次，日均直播课程 2000 余学时，总访问量达 2.1 亿次。在关注全校教育生态重塑的同时，浙大还高度重视社会服务与拓展，建设模式已经从全校走向全省乃至全国。目前浙江省内依托浙大模式的"学在浙江"教学生态正在兴建，并已在浙江省研究生学会、温州大学、浙江音乐学院、浙大城市学院等多高校复制落地。同时，已经利用"学在浙大"研发成果，向国家输送智慧教学领域国家级标准 3 项，对接国家智慧教育公共服务平台，并被较好应用到教育部 439 个试点的国家虚拟教研室国家平台的建设过程中。各级政府及媒体也予以了广泛报道，时任浙江省委书记袁家军评价"浙江大学初步建成国内最先进的全链路一体化智慧教育平台"。2022 年 6 月，教育部简报文章《浙江大学以"网上浙大 2.0"为抓手加快打造数字时代办学新空间》介绍了该创新教学体系的应用实践成果。人民日报、光明日报、中国教育报、中国教育网等累计报道浙大创新教学实践 50 余次。

"学在浙大"全域 OMO 智慧教学服务生态体系建设是一个全方位、高难度、综合性的教育信息化工程，"学在浙大"教学空间满足了数字时代多模态教学方式需求，并立足浙江，走向全球，取得了教育界广泛的认可。但仍存在功能融合度不够、智能化水平有待进一步提升的问题。下一步工作重点，一是迭代升级现有的教学场景，进一步贯通不同系统的数据资源，优化应用场景，提高师生的体验度。二是优化知识图谱构建路径，加快学科知识图谱的建设，提高教学资源重构的智能化水平，提升资源有效利用率。三是对接国家智慧教育平台，让更多学校、机构利用空间优势服务大众学习，提升国民综合素质能力。未来，"学在浙大"还将继续本着以人为本的精神，向更加智能、更加泛在、更加便捷、更有成效的方向去走，相信在大家的支持鼓励下，一定会走得更远、更好。

第二节　浙江工业大学：智慧校友服务系统 ①

一、背景分析

校友作为高校的一种独特资源，是高校事业发展的重要组成，越来越受到高校和社会的重视与关注。浙江工业大学（简称浙工大）在学校近70年发展历程中，培养了30余万名校友，他们奋斗践行在服务国家战略和区域经济发展中，他们是学校人才培养质量和办学成果的重要体现，他们还是学校建设与发展的重要依靠力量和宝贵资源。

搭建校友与校友、校友与母校之间的信息纽带，用创新方式服务广大校友，实现校友、母校、社会资源最大化，都对校友工作提出了极大的挑战。

学校在2016年自主研发了校友信息系统，但其功能仅限于服务管理员做日常查询、维护校友数据之用，难以实现信息动态更新、校友在线互动和校友资源挖掘等新时代环境下校友工作的发展要求。

二、案例阐述

近年来，学校不断推进校友信息系统改革工作，通过充分调研和理念创新，坚持运营管理和智慧服务并重，以校友的学籍信息、获奖情况、师生关系、就业

---

① 作者：赵彬、金盼。

信息、生活服务等基础数据为支撑，以"多元主体、服务引领、协同驱动、持续发展"为建设思路，逐步构建了一套具有浙工大辨识度的智慧校友服务系统。

（一）体系架构

系统从体系架构上可分为基础层、数据层、支撑层、应用层、展现层五个层次和纵向的支持保障体系，如图6.8所示。系统主要围绕动态更新、情感互动、

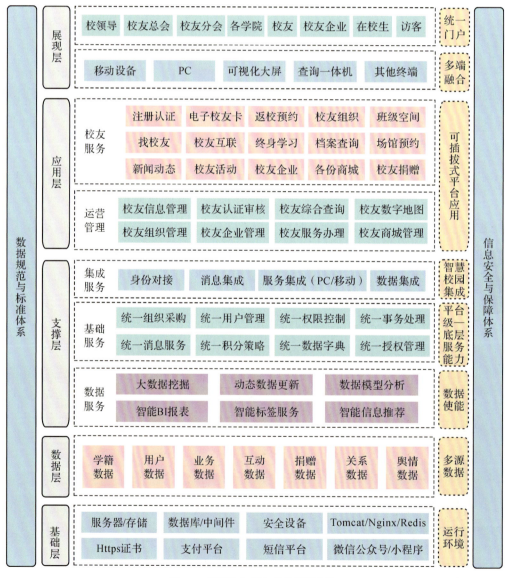

图6.8　智慧校友服务系统设计框架

数据分析、协同运营、资源汇集、功能扩展等六个方面展开，充分挖掘和发挥数据价值（例如：为校友们提供同行业、同兴趣、同地域的校友查找服务；为管理者提供本地校友、重点校友、爱心校友、互动联络记录查询服务等），有效集聚校友资源，实现"学校服务校友进步，校友支持学校发展"的重要目标。

（二）功能设计

1.动态更新提升工作效率

校友数据库常态维护由总会管理员、学院管理员和校友组织管理员完成，会存在数据更新不及时、不完善等问题。应用层中的数据动态更新基于小程序端的校友个人使用互动记录，配置更新规则可实现数据自动更新，上线 11 个月累计更新信息 430 余万条，更新规则详见图 6.9。这切实解决了校友工作人力不足的现实问题，提高了工作效率，创新了校友动态管理的工作方法。

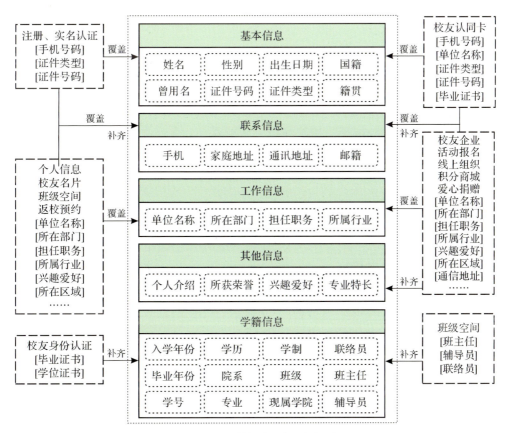

图 6.9　校友数据库动态更新规则

2. 情感互动精准服务校友

实现毕业季线上服务、校友电子卡服务、疫情期间校友返校服务、校友企业招聘和展示服务、学校建设发展资讯服务、"一次不用跑"线上档案查询服务、多维度校友查找服务、校友名片交换服务、校友风采展示服务、校友专属活动服务、地方分会智能推荐服务、创新创业服务、终身学习服务、文创物品积分兑换服务、节日和生日祝福短信关怀等，满足校友情感需求、社交需求等，提升校友的体验感和获得感，让校友服务工作更有温度，更有广度，更有显示度。

3. 数据分析提升服务质量

业务数据实现可视化工作台多端融合、站群管理全终端查看、校友业务数据及运营数据查询，通过平台可查询校友信息、校友会信息、校友企业信息、班级信息、平台运营数据及排名等。使数据服务于业务，从而实现对校友需求的快速响应和判断。

4. 协同运营加强队伍力量

实现独立微门户运营，可自定义设置角色权限范围，实现各类组织机构信息管理、校友信息管理、移动端校友信息检索、联络员班级空间管理、活动运营管理、后台一键式投稿等。规范统一各类组织线上运营管理模式，搭建多元立体的校友工作队伍，巩固"学校统筹、校院结合、各地联动、多员参与"的校友工作格局。

5. 资源汇集提供决策依据

根据数据使用场景定义各类数据模型，包括校友用户画像、校友资源分析、校企资源分析、校友捐赠分析、学校建设发展决策、地方经济发展等，实现校友资源的精准对接。构建"校友—母校"发展共同体，为校友经济与地方经济高质发展提供大数据决策依据。

6. 功能扩展实现个性定制

前瞻的底层设计可以保证系统的可持续性和延展性。后端采用微服务架构技术体系，服务可独立部署在不同的进程中，将功能分解到各个离散的服务，实现对应用系统的解耦。对接"智慧工大"各相关部门数据接口，满足校友工作者个性化、定制化的运营需求。

三、主要成效①

系统（一期建设项目）于 2021 年 10 月正式上线，经过 11 个月的平台运营，入库校友数据 33 万余条，日均访问量达 2643 人次，日均访客数达 78 人，已注册用户达 20643 人，已认证校友达 17678 人，领取电子校友卡的有 12072 人，入驻校友组织 120 个，入驻校友企业 227 个，展示宣传 142 位校友风采，开放电子校友卡、查找校友、校友返校、档案查询、班级空间、校友企业等校友服务 17 项。一期建设项目已实现了面向校领导、总会管理员、学院管理员、分会管理员、校友企业、校友等不同角色、身份用户的基础服务平台搭建。

借助智慧校友系统，校友总会通过发布 2021 年新年和除夕祝福短信，有效联系校友 14 余万名，2022 年生日祝福短信可触及人数为 13 余人，2022 年毕业季线上活动有效提升了应届生校友身份归属感（校友身份认证率同比增长约40%），在疫情期间，校友使用返校预约模块日均 8 人次（上线 3 个月）。地方校友会通过智慧校友系统有效确认校友的真实信息，减少通过微信、QQ 等公共聊天平台建立的校友联络载体的安全问题，规避欺诈风险，让每一位校友都能安心，找到"家"的感觉。

智慧校友系统目前还存在校友信息更新不及时不完善、校友情感需求满足不精准、校友互动联络记录追溯性有待提高等问题。从智治的角度来说，目前智慧校友数据无法形成数据仓，还不能全面有效地服务学校育人工作、校友工作，校友数据管理运营权限分级分类分组不够清晰、新闻资讯后台信息辨别管理不够智能、个性化线上服务、功能扩展能力不够创新等问题也待改进。

四、总结和思考

以高水平的教育信息化引领教育现代化，以建立教育数字化公共服务体系为目标，浙江工业大学智慧校友系统建设基于"智慧工大"数字化改革整体推进，规划分为三个阶段：基础平台服务、深化运营服务、大数据分析决策服务。目前基础平台服务已建设完成，正在基于学校综合数据中心，对服务系统界面融合和

---

① 本部分数据统计截至 2022 年 9 月 29 日。

运营细节方面进行改进和优化，提升校友的使用体验感和情感交互黏性。系统的深化运营服务包括毕业季校友身份自动转换引导、值年返校线上联络活动、社交网络个性化推荐服务、电子校友卡支付功能、疫情期间校友返校预约功能、校友企业招聘服务、积分兑换商城、校友终身学习模块、校友专属福利活动（校内校外资源）等。大数据分析决策服务主要内容有校友关系图谱、校友行为分析、校友捐赠关联、人才培养成果跟踪研究、全网重点校友数据挖掘、地方发展校友资源对接、校友企业行业资源对接等。对校友数据模型的构建是学校基于学生主体数据的成长模型的延伸，通过集成校友在校能力属性标签、行为属性标签、获奖和兴趣属性标签、情感属性标签，可提出基于可视化成长分析的校友画像，也为学校人才培养提供综合性学习行为数据评价体系，增强学校教育数据模型的灵活性和可扩展性，有助于推动学校数据资产价值化。

校友服务系统以管理运营为宗旨，以校友需求为导向，解决了传统校友信息系统中存在的问题，极大限度地提高了校友工作效率，拓展了校友关系维护新模式，实现了校友信息的智能采集、精准服务、互联互通、资源共享。

校友服务系统后期将积极融入学校整体智慧校园建设，解决在校师生数据和校内资源壁垒问题；加强宣传推广，充分调动学院和地方校友会力量，提高校友认证率，增强校友数据的外界传输交互，建立学校整体社会外部资源画像，以拓展学校外部合作，支持学校决策。

第三节　浙江工商大学：发挥数据中台价值，提升高校治理效能 [①]

一、背景分析

如今，社会各领域信息化步伐不断加快，社会整体信息化程度不断加深。教育行业也不例外，教育信息化是新时代高等教育得以高质量发展的基石，也是新时代教育领域的要求。其信息化建设成效直接关系到办学治校治理能力和治理水

---

① 作者：徐斌、张炜钰。

平，对实现人才高质量培养也具有重大意义。

智慧校园作为新时代教育信息化的一个美好愿景，其核心特征是"以数据为中心"和"以服务为目标"，但其高质量的运行需要多维、完整、准确的数据来支撑。然而，高校传统的信息化应用建设普遍存在"重流程、轻数据、缺标准"的倾向，高校当前的数据治理仍存在许多问题和困境，比如：数据质量不高，交换平台只能做一些粗略的检查处理，以直接交换数据为主；数据对接成本高，数据交换以第三方系统的数据需求为驱动，一旦有新需求，需要三方一起商议修改或者增加视图接口，对接成本高；数据实时性不强，数据源到数据中心的实时同步涉及多种因素，需要数据源所属应用系统的配合；碎片化的单一数据难以发挥数据的整体价值，新时代的数据治理应该是从全盘考虑所有数据，理清各系统之间数据的内在逻辑和相互之间的关联，从实际情况出发，要把原始数据清洗整合成各类数据主题库，需要制定科学的数据标准，尤其是符合校情的各种校级数据标准；数据安全保护机制不完善，传统方式对于数据调用无法进行有效的管控，需要一种新的方式来实现字段级限制、敏感信息加密、访问回溯等全流程数据安全保障。

因此，夯实数据基础，做好底层数据能力的建设，以达到技术降本、应用提效、业务赋能的目标，将会成为高校的普遍建设需求。

二、案例阐述

智慧校园是涵盖制度配套、基础设施、业务支撑、数据资源、信息安全、智慧应用和创新发展在内的复杂的系统工程，代表着校园信息化总体建设与应用水平发展到一定的高度。浙江工商大学智慧校园采用顶层设计思路，应用先进的信息化技术，以充分响应校领导、部门、教职工、学生、合作企业和公众的资源需求、办事需求、成长需求、管理需求为目标，合理规范、高度集成校园业务应用和数据资源，实现对校园事务的精细化管理，以及对目标用户的精准化服务，形成更加紧密、高效和开放的智慧应用体系（见图6.10）。

数据中台作为智慧校园的重要组成部分，必须放到智慧校园顶层规划的大背景下进行设计，确保不同阶段的项目应用建设充分融合、相互支撑。此外，数据中台还会驱动高校的组织和流程实现进化。

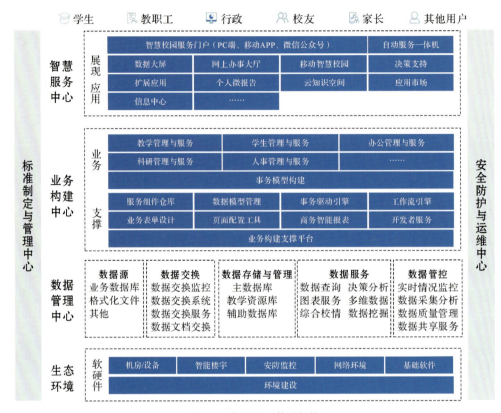

图 6.10　智慧校园体系架构

　　浙江工商大学对此在战略上高度重视，在决策层领导下由数字化办公室牵头、由正方软件股份有限公司承建，有效实现了学校"数据一个库"，并且在赋能业务支撑学校智能化的过程中，反馈数据和新数据源源不断地从业务前端回流到数据中台，形成了闭环且可不断迭代（见图 6.11）。

　　（一）以数据为载体，构建全量化数据管理仓库

　　智慧校园建设需要更多高质量数据源做支撑，以全面反映学校现状，辅助学校进行科学管理决策。以数据为载体，围绕"数据规范、数据生产、数据存储、数据调度、数据治理、数据服务"脉络，实现校情与行为数据的全面积累，保障工作协同机制的有效建立。数据中台采集包括人事、科研、教务、学工、后勤、财务等多种异构业务系统数据，以及线下积累的离线业务表单数据，实现对多源数据的集中采集，形成学校人、财、物的权威数据池的同时也形成学校的核心资产，

为学校的发展决策提供数据支撑。此外，在构建海量数据仓库的同时，数据中台还充分利用多维数据建立不同模型，实现数据的有效分析，全面助力学校管理和服务水平提升（见图6.12）。

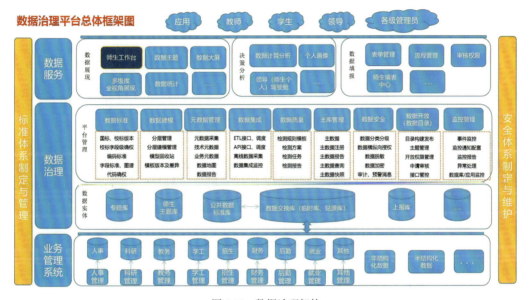

图 6.11　数据治理架构

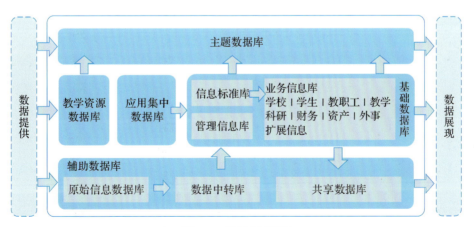

图 6.12　数据交互流程

（二）以标准为主线，形成常态化数据治理体系

结合教育管理信息化标准和学校实际，浙江工商大学在数据中台中建设以数据项为核心的数据标准体系，应用于数据采集、处理和使用的全流程，有效规范信息从采集、处理、交换到综合利用的全过程，逐渐形成有效的信息化管理运行机制，为学校领导和有关部门信息利用、分析、决策提供支持。此外，为进一步提升数据质量，数据中台中还配套建设专门的数据质量管理体系，通过监测数据质量、处理异常数据，再将数据质量报告提供至相应业务部门，形成数据质量改善闭环，不断提高数据中台中标准数据的质量，支撑各相关业务高效运行（见图6.13）。

图 6.13　数据运行监测

（三）以共享为突破，提供高效率数据服务体验

数据的高效利用是智慧校园发展的重要基础。学校以校级的数据字典和信息编码标准为基础，统一数据交换标准，全面建立安全高效、充分共享的数据集成服务，重构数据共享机制，消除"数据孤岛"，实现数据的有序流转。数据中台通过不同角色权限与功能的划分机制，进一步明确平台管理员、数据需求方、数

据提供方的权责，真正实现数据"谁产生、谁维护、谁负责"。此外，平台还采用数据资源菜单式呈现、资源自助化申请等创新方式，实现部门间数据资源的自助共享，为不同业务系统、不同数据库、不同数据格式提供高效、便捷、流畅的数据服务体验（见图6.14）。

图 6.14　数据交换监控大屏

三、主要成效

高校智慧校园是师生工作、学习和生活的融合环境，建设数据中台，实现高效治理是构建智慧校园的核心，是学校数字化转型的基础。浙江工商大学高度关注数据治理建设，持续沉淀数据资源，挖掘数据价值，为学校业务和人员提供丰富的数据服务，帮助学校显著提升管理、服务、教学、科研等方面的能力，实现了三个方面的数字化转变。

（一）数据管理从"孤岛式"到"统一化"转变

通过数据中台建设，消灭"数据孤岛"，消除"应用烟囱"。学校统一标准体系，统一代码、存储、治理、管理标准等，制定智慧标准底座，消除二义性，提升了数据资产的管理和运维能力。同时，基于数据中台打造可在线编辑、实时分析的可视化大屏，加速提升数据治理水平和数据感知力度，并为校领导提供重要决策依据。

（二）日常服务从"被动式"向"主动式"转变

通过数据中台建设，实现高效数据治理，为业务流程重组、校内信息共享和交换提供有力保障，全校范围内实现业务服务数字化、智能化，同时，基于数据中台实现日常服务的全时、适时、实时传递，变被动获取为主动推送。全方位、多角度为师生提供服务，极大提升了师生对信息化建设的获得感。

（三）师生管理从"抽样"评估向"全面"掌控转变

通过数据中台建设，全面采集和分析校园内的各类信息，实现了基于数据的精细化管理和快速决策。除了从传统的教务、学工、一卡通、图书馆等业务系统采集数据之外，数据治理建设还充分利用了物联网数据、日志分析等新技术全面关爱学生的生活、学习行为。通过全面的数据素材和自动化的数据统计分析，可获取问题和需求，实现精准人才培养、数字化陪伴。

三、总结和思考

现阶段，浙江工商大学在智慧校园数据治理的探索中取得了一定的成效，但是这对于实现浙江工商大学建设"数字高校"的目标来说还仅仅只是一个起点。下一步，浙江工商大学将继续发挥优势，补齐短板，力争跨越，努力建设起全国数字高校改革创新标杆。

第四节　浙江农林大学：学科系统建设 [①]

一、背景分析

2015 年，国家颁布《统筹推进世界一流大学和一流学科建设总体方案》以来，各高校纷纷出台学科建设规划与方案，助推学科建设工作。然而，学科的发展需要多要素、多维度、多层面的相互作用、相互融合、相互支撑，落实到组织设置、知识创新、规训制度、技术方法等方面。随着数字技术赋能的时代到来，充分利用信息化的手段成为推进学科建设与管理的主要方法，可为学科发展的各要素提

---

① 作者：莫路锋。

供有效载体，实现共建共享和优化配置。

浙江农林大学在数字化改革与"一库一表"工程的背景下，本着让学科管理团队少填表、多掌握学科发展动态数据的思路，基于相关职能部门少重复核算、多聚焦通过数据发现学科发展短板的目的，建设了学科信息综合系统。系统建设完全依托学校一体化业务系统的框架，运用大数据技术挖掘和整理学科建设的各类数据。实践应用充分说明，"数据驱动学校、分析变革教育"的结果为学科建设提供了更科学与精准的支撑，进一步促进了学校学科建设目标的完成。

二、案例阐述

学科信息综合系统建立在学校"一库一表"工程的基础上，按照学校业务系统一体化的思路，从数据、填报、流程、项目管理四个角度，充分共享学校前期信息化建设的成果，结合信息设计了学科类数据管理模块、学科综合分析模块、学科检测和评估模块等。

该系统基于学校信息化整体架构，在数据仓的基础上，在流程中枢、填报中枢、数据中枢、组织中枢、项目中枢，以及整体的身份认证和消息机制等手段支持下，搭建系统化的学科管理工具。所涉及的条线部门基础数据全部由教育大数据仓提供，数据中枢按照数据小屏的要求进行制作和呈现，涵盖了师资队伍、人才培养、教育教学、科学研究、社会服务、国际化等16个方面的基础数据；所涉及管理和考核的报告和表格，全部由填报中枢提供；管理流程、事务申请、任务传达由流程中枢提供；涉及的人员权限由组织中枢统一处理。这样能大大减少由管理人员变动而产生的账户管理和权限分配的工作，从学科管理和考核的角度、材料填报便捷性和科学性的角度、研究生培养和学科发展更加融合的角度，为学科建设提供科学的咨询服务。界面设计人性化，图表表达意思清晰明确，数据统计详细完善。

（一）数据管理模块

数据管理分为学科数据报送、学科支撑数据智能采集和公共数据维护3个方面。学科数据报送是根据学科管理建设主管部门和校内管理内在的要求，需要根据实际的使用领域进行补充，目前学科系统单独使用且需要补充的有11个类别数据，其中有7类是学科建设领域较权威的榜单相关信息，即ESI学科领域、ESI

前 1% 学科领域各学科贡献、教育部学科评估对标、教育部学科评估信息、邱均平学科排名信息、软科学科排名信息、校友会排名信息，另外 4 类则是学科基础数据信息，如学科年度绩效评估、学科经费、学科文化典型案例管理、一级学科管理。

学科支撑数据智能采集主要基于学校一体化业务平台的管理内容，直接由各业务系统提供，采集到的公共数据经过清洗与治理，以符合学科管理的规范与标准。清洗与治理转换后的数据作为数据中枢的一部分提供给业务系统，目前已实现将科研、教学、社会合作、平台基础、学生基础、教师基础、学科归属等方面数据的同步和汇集。

公共数据维护主要包括采集近年来学校和国内各大高校一流学科建设所涉及的评价指标数据，包括国家级科研项目、国内外核心期刊论文、高校优秀成果奖、优秀人才、师资队伍、重点学科等，用于学科评估模型的建立。

（二）学科综合分析模块

学科综合分析包括数据分析和评估报告。按照学科建设和发展方向，以学科所属的数据为基础设立了 16 个目标，按照权重、关联度以及学校发展的定位进行设置，主要目标包括学科影响力、师资队伍、人才培养、教育教学、科学研究、社会服务、国际化程度等。

评估报告按照年度和阶段（5 年）管理，从多个角度设置了超过 30 种类型的分析报告。在报告管理中，可以实现一流学科建设报告的自动填写和导出功能；可以按照设定的发展目标，对全校每个学科进行发展评估，包括该学科在本年度的重点指标突破情况和年度绩效指标完成情况，评估报告是学校的学科经费分配的重要依据。

（三）学科检测和评估模块

学科检测和评估主要针对学科横向对比数据的管理和分析，在部分外部数据的支持下，能够实现同类高校学科数据展示、同类高校数据检测对比，还能展示同类高校学科的发展现状、水平、前景和竞争力等情况，以及筛选轮次、选择院校来展示内容。如本校比其他学校差，数据右方会有红色箭头，如果要好于其他学校，则出现绿色箭头。可以对比具有竞争关系的兄弟院校的学科发展情况，通过筛选比对指标，对比同类高校学科的评估情况，为相应学科提供指导性的发展建议。

三、主要成效

学科信息化系统的建设首先是理清学科建设资源需求与信息化供给能力，根据学科发展的变化，从教、学、研、管多方面实现多中心的供给。其次是建立学科信息化组织结构。对一些重大项目涉及的研究平台、协同平台、资源进行重组，同时建立相应的制度，对资源进行共享，对研究进行交叉。通过信息化的"催化"与"融合"为学科建设提质增效，为实现人才培养目标输出综合能力。学科信息化促进多元化的融合，在不同学科领域中搭建桥梁，特别是跨领域交叉促进知识挖掘与知识创新，助力产学研过程，打造"尖峰"和特色。

经过一段时间的运行与使用，学科办与各学院都已实际参与应用，学科信息化系统在学位点申报、学科评估等工作中发挥了很大的作用。在各类数据统计、学科经费分配等方面取得了良好的成效。为学科发展年度绩效评估的数字化评估奠定了基础，让学科不再奔波于材料的汇总与录入工作，同时建立了学校重要发展管理部门与学科办的信息沟通机制。在学位点中，有效整合全校的申报材料，做到有用材料一个不落，有用材料一个不重复。建立了对全校包括"林学""计算机""园林"共66个学科的发展评价模型，清晰而准确地评价学科发展成效，从而更好地分配学科发展经费。

四、总结和思考

学科建设赋予了学科师资队伍建设、人才培养、科学研究、社会服务、国际交流与合作、文化传承等功能，是缩小版的大学建设。与之相对应的学科系统有其建设的特殊性，需要学校各学院、各部门团结一心，打破学院、部门之间的管理壁垒，共同助力学科发展与成长。学科建设永远在路上，在"双一流"建设和信息化的大背景下，学科建设要顺应时代潮流，紧跟社会步伐，通过系统实现学科管理与治理能力现代化。

第五节　温州大学：
数据驱动"人才第一要事"服务体系建设 [①]

一、背景分析

习近平总书记在浙江工作期间，曾语重心长地指出："要高度重视教育和人才工作，特别要办好温州大学等高等院校。" [②] 2021年，习近平总书记在中央人才工作会议上再次强调，要深入实施新时代人才强国战略，全方位培养、引进、用好人才，加快建设世界重要人才中心和创新高地。高校是人才高地、创新高地，肩负着服务社会的使命。温州大学深入贯彻中央和省委要求，在省委数字化改革战略的指引下，深入实施"人才强校"战略，聚焦人才需求，创新数字赋能，打造数据驱动型人才服务体系，实现人才服务的全周期全渠道智能化。

学校数字化改革领导小组深入全校20个学院和30个部门开展实地走访调研，收集总结了人才在实际工作生活中遇到的一些长期受困、亟须解决的问题。

（一）进一步加强人才对接产业需求

如何提高高校引进人才与地方产业发展的契合度，实现高校、地方以及人才三方共赢以及利益最大化，是当前高校与地方政府亟须破解的难题。

（二）进一步改善人才入职管理制度

新聘任的人才入职要办理校园卡、工资卡，申请住房等，办理入职手续很烦琐，需要填写的表格很多，需要联系的校内外部门也不少。由于新聘人才对城市和学校都不太熟悉，往往要花好多天才能办完入职手续。

（三）进一步优化人才待遇申请流程

根据温州市和学校的规定，学校新聘人才和本校毕业生在温就业，均可在温州市认定人才类型、申领相应补贴并享受各类人才政策。但是目前相关申报手续

---

① 作者：姚渺波、彭超云、唐苏琼。
② 习近平.干在实处　走在前列——推进浙江新发展的思考与实践[M].北京：中共中央党校出版社，2006：490.

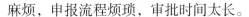

麻烦，申报流程烦琐，审批时间太长。

（四）进一步简化人才职称评审过程

人才申报高一级职称，需要经过漫长的数据整理、繁杂的数据审核、重复的表格填写等过程，申报、审核等过程均涉及很多重复劳动，让人烦不胜烦，急需简化改善。

（五）进一步提高科学研究效率

人才在做科学研究的过程中，不同来源的科研课题的申报、立项流程和要求各不相同，每次申报都要花费大量时间，尤其是在交叉学科蓬勃发展的新形势下，需要很多时间去寻找合适的科研合作团队，极大地影响了科学研究的效率。

（六）进一步完善人才数据整理机制

人才的科研、教学、奖项等个人信息比较分散，经常需要人才个人去整理。特别是多年前的教学业绩，或者自己不担任主持人的课题，以及自己不是第一作者的论文，经常容易错报、漏报。

二、案例阐述

温州大学（简称温大）依托学校的数据中枢和业务中枢的数字赋能，通过与浙江省教育厅、温州市委人才办、温州市科技局、温州市大数据局等各部门之间的数据共享和轻耦合的业务协同，建设数据驱动型人才服务体系，打造"人才第一要事"多跨场景应用。该应用分为引才、用才、留才三个板块和"引才易""大礼包""科研帮""数据宝""人才云""职称通"六个场景，实现温大引才、用才、留才的全链数智化，有效提升了人才工作的效能。

（一）"引才易"实现人才引进精准配

与地方政府建立"联合引才"机制，构建"学科＋产业"双标准引才模式，结合温州"5＋5＋N"产业布局，利用大数据技术集成温州市12个县（市、区）50个首位产业发展数据，绘制地方产业发展"一张图"，将人才研究领域与产业发展进行精准匹配，加大力度引进学科与产业双契合的人才，让高校引进的人才与地方产业更匹配，原来是"仅服务学科"，现在是"又服务产业"。

（二）"大礼包"实现人才入职不用跑

打通人事、财务、国资等部门数据共享通道，新入职人才只需要在线填报一次信息，通过数据自动推送，各部门就能主动办理人才入职的相关手续。人才到岗时，由人才专员将校园卡、工资卡等实物一并交给人才，完成报到。人才入职从跑6个部门到一次不用跑，办理时长从14天缩短到1天。人才入职过去是"有求才应"，现在是"不求自应"。

（三）"科研帮"实现人才科研在线帮

打通科研、财务、教学、权威期刊库、温州市科技局数据共享通道，实现了科研项目自动抓取、实时认领，科研经费及时预警、一键公开，科研成果智能匹配、精准推介。科研成果转化过去是"成果难嫁几多愁"，现在是"智能推介乐悠悠"。

（四）"数据宝"实现人才数据一宝聚

与温州市大数据局协同，将人才常用的教学、科研、获奖等校内数据，公积金、社保、房产等政务数据全部归集在"数据宝"，供人才随时查询。人才数据过去是"数据到处找"，现在是"数据一宝聚"。

（五）"人才云"实现人才补贴一键领

与温州市委人才办业务多跨协同，将"人才云"政务服务延伸到校园，通过数据共享、智能计算、结果回流，做到人才层次准确认定和人才政策精准推送，人才奖励、住房补贴、子女就学等优惠政策一个都不会落下。人才政策兑现过去是"人才找政策"，现在是"政策找人才"。

（六）"职称通"实现人才评审一表通

对标省人力社保厅职称服务平台，打通教学、科研、服务社会等数据通道，人才只需点击申报按钮，职称申报信息就能自动生成、一键办理，实现了人才职称评审一表通。职称评审过去是"反复跑多次"，现在是"一次不用跑"。

三、主要成效

该应用在全省率先创新校地人才工作"一体融合"新模式，通过创新双标准引才模式、优化人才政策"数享"服务、实施平台战略、协助校企对接等有效举措，实现了学科建设与产业发展双契合、学校与地方人才政策双叠加，并成功构建成果加速转化双通道。自2021年上线以来，帮助学校成功引进了国际钠离子电池领域顶尖人才俞术雷、"亚太地区35周岁以下35人"袁一斐等一批学科与产业双匹配人才，带动了温州钠离子电池、新能源汽车等多个"百千亿"项目深入推进。

据统计，2021 年，学校引进与产业相匹配的高层次人才超 110 名，占全年引进人才近一半，较 2020 年提升近 30%；智算出拟认定人才 1054 人并主动提醒，帮助 611 位人才享受到校地人才政策红利；人才专利转化 83 项，其中专利转让 21 项，专利许可 62 项。

通过该应用的建设，学校进行了制度重塑和流程再造：出台《人才引进与聘任实施办法》，形成标准清晰的引才政策；制定《温州大学信息标准 2.0》《温州大学信息化数据资源管理办法》，保障数据交换的合法性、规范性和安全性；打造人才服务统一入口，整合引才选才、入职报到、人才认定、职称评审、科研服务、数据统一归集等服务内容，实现人才全周期全渠道智能化的服务。

四、总结和思考

在该应用的建设过程中，我们也发现了一些问题：

一是在与地方部门的业务协同中，高校和地方部门都要认清各自的工作边界，各司其职又业务协同，通过安全可靠的数据共享和轻耦合的业务协同进行多跨场景应用的建设，才能更加高效。

二是高校通过数字化改革，利用信息技术与高校治理体系深度融合，必须要立足高校治理过程中遇到的真正的堵点、难点，找出准确的切入口，理顺机制，再造流程，利用数字化改革对制度进行变革重塑。数字化是手段，改革才是核心。

三是构建教育信息化新生态，不仅仅是数据的交换和流程的互通，需要通过建设可复用的算法和模型，以算力换人力，以智能增效能。

第六节 浙江音乐学院：
数字技术在音乐教学中的应用实践 [①]

一、背景分析

后疫情时期，高等教育涉及的很多课程和教学实践从线下搬到了线上，音乐

———————————

① 作者：王国华。

教育面临更高的要素要求，如需要音乐大师亲临指导教学，需要个性化自我训练和实践思考空间，需要教学实践成果及时展示，需要学习效果数据分析支持等。而传统音乐教育存在着音乐资源无法及时有效配置，如：因疫情等因素，国内外的音乐大师无法亲临授课；用于学生实践的琴房、排练厅等场所管理效率低下，学生使用体验感差；师生教学实践成果展示时台下没有观众，演出效果打折扣等现象普遍存在。浙江音乐学院围绕音乐教育特点，围绕音乐教学中教学、实践、演出三个环节，以数字赋能音乐教育教学，通过数字技术，打造国际远程钢琴教室、智慧琴房、线上音乐会数字化应用场景，实现了音乐教育教学过程"教、学、练、测"的闭环，突破音乐教学的时空局限，有效提升音乐教育质量。

二、案例阐述

（一）国际远程沉浸式教学环境

学院以国际钢琴艺术中心、室内乐学院为依托，高标准建设国际远程钢琴教室，为学生提供不出校门即可享受国际钢琴艺术大师沉浸式教学的优质平台；利用国际链路，钢琴、音视频等智能物联终端、软件平台等搭建沉浸式的音乐教育环境，能够最大限度地还原音乐教学现场，从而达到身临其境的效果。而要在异地实时实现高质量无延时的音视频传播，在虚拟仿真、互联网技术、智能物联等方面需要目前最前沿的技术支撑。音乐类国际远程教学环境建设采用雅马哈Disklavier系列三角钢琴和CERNET 30M国际宽带链路，以及触摸式集控管理平台、摄像机、大屏等设备。原声钢琴可以实现对某一地点正在弹奏钢琴的演奏信息的完美采集，并通过网络将所有信息传送到世界另一端的另一台连网的钢琴上。在现场真实的表演过程中，运用远程教育系统，演奏者所有的触键与脚踏运动的每个细节就都会被精确无误地实时远程再现在世界另一端的钢琴上，让师生有参加现场表演、身临其境的神奇体验。

（二）智慧琴房

浙江音乐学院围绕音乐教学实践的实际需求，通过物联网技术，定制建设智慧琴房。场景逐一实现学生自助上琴、远程巡查、琴房智能管控等实用性功能，打通数据壁垒，将学生琴房指数纳入学校学风体系建设，实现多跨场景一体化的师生应用平台。针对琴房数量多、管理难度大、练琴无数据等问题，建设基于物联网的智慧琴房系统，将物联网智能锁、物联网控制盒、AI音视频监控、琴房自助终端等多种智能化设备结合起来，实现了琴房日常维护涉及的琴房调度、琴时管理、上下琴自助、掌上端服务、琴房事件追溯等智能化服务功能，系统集成学校统一身份认证、与学校掌上端平台进行融合，通过学校大数据公共平台与教务系统、校园一卡通等多个系统形成数据实时对接，将日常琴房管理状态及使用情况及时通过大屏进行实时展示，有效优化教育资源的配置。

开展智慧琴房标准化试点工作。以国家标准为纲，以琴房建设、琴房管理、琴房服务等为核心要素，全面构建通用基础、保障标准、服务提供等三大类标准体系。完成《智慧琴房管理和服务规范》《智慧琴房信息化平台建设规范》等35项具体标准，发布《智慧琴房管理和服务规范》杭州市地方标准编制工作。智慧琴房标准化工作以优秀成绩通过省级标准化试点项目验收，成功获批国家级标准化试点项目。

（三）线上音乐会

围绕师生音乐教学成果展示的问题，立足浙江省高质量建设共同富裕示范区大场景，为满足全省人民群众精神文化需求，将师生日常教学实践音乐会同步到线上，以线上音乐会的形式向社会输送音乐文化，通过直播、展播和回放等形式，为互联网群众提供优质的"精神食粮"，以精神富有助力共同富裕示范区建设。在后疫情时代，学院聚焦师生教学成果展示活动协同难的问题，针对活动申报场地预约等需求，在校办事大厅的基础上，开发建设了活动审批场地预约微应用，有效协同相关业务单位，实现师生活动审批预约线上办理，有效提升办事效率和工作的协同性。针对展示效果不佳等问题，在学校官方视频号、抖音号进行线上直播，以跨平台的形式，与央视网、华东TV、浙广直播等主流直播平台合作，同步面向社会直播。同时，与浙江大学"智云学堂"合作，以线上课堂教学的方式同步直播学院实践性教学活动，突破高校专业限制，打造新型教学空间，以音乐资源共享方式助力高校协同发展。2022年4月至2022年底，学院累计直播实践性教学活动30余场，访问量累计达2000多万人次，线上音乐会从活动申报、场地预约、活动保障、线上直播等环节，形成"多跨协同、闭环管理"的具有艺术院校辨识度的数字化应用，给全省人民带来了音乐视听的享受，也为学院师生展示教学成果提供了数字化载体。

三、主要成效

学院开展数字技术在音乐教育实践中的应用，以音乐师生教学实践为主体，以数字赋能音乐教育，提高管理实效，有效提升学校日常管理水平，促进校园资源优化配置，开展标准化工作，将探索实践的成果形成标准，对于同类行业具有一定的借鉴作用。

（一）构建音乐教学新范式

积极探索国际远程教学环境在音乐教育中的创新应用。利用物联网技术的音乐教育应用，为音乐教育打破地域和时间限制，是音乐教育与信息技术融合发展的良好示范，促进了学院音乐教学资源建设，丰富了建设载体和渠道。通过远程直播、录播等多种形式，实施研究式、案例式、在线开放式、虚拟课堂教学，探索多样化教学方法，建立线上教学与线下教学有机结合、跨国异地实时教学音乐教学运行机制。开展国际大师阶段性授课，加强高端引领，拓展学生国际化视野。

（二）提升音乐管理服务效率

积极构建音乐教育管理服务新流程，努力提升内部治理水平，以"练琴""活动"一件事，重塑服务流程，强化数字协同，给师生办事带来切实的获得感。活动审批场地预约将线下办理的事项搬到了线上，解决了一场活动需要三四个部门盖章，甚至一天还办不下来的情况，有效提升办事效率。智慧琴房引导学生走入琴房，提升学生技能水平。535间学生琴房每天开放16小时，面向4000多名学生的练琴实践，只有6名工作人员，有效提升教学资源配置。学生使用率年增长率达到12.1%。每月发布琴房指数，实时准确地体现上琴记录，实现学生精准管理。

（三）助力音乐教育创新发展

积极助推音乐教学创新发展，助推学院各项成绩的历史性突破。2021年5月，文旅部数字音乐智能处理技术重点实验室落户学院；《智慧琴房建设与管理标准指南》已于2020年8月出版；2022年9月，完成智慧琴房管理服务杭州市地方标准编制工作。与此同时，省内外高校已陆续采用学院智慧琴房模式进行建设管理，以数字赋能音乐教育输出学院智慧样本。

四、总结和思考

信息技术高速发展，沉浸式的教育和文化传承是时代所需、发展所向。如何结合时代背景，利用好现有技术，使其赋能新时代音乐教育教学创新发展，是我们亟须探索实践的课题。学院在音乐教育空间中结合单位实际进行了一些探索实践，对于音乐教育实践构建新型教育空间有所促进和推动，但对照时代发展、音乐教育需要，仍需进行探索实践。

因认知和技术等局限，目前还停留在粗放的管理上，只对学生自我实践的场地预约、场所智能管理等进行了探索，还未涉及学生具体实践环节的行为采集分析等，如将练习曲与经典大家演奏的曲子进行对比分析；线上平台实践录制和专业教师评价跟踪还未开展；学生音乐实践成长轨迹大数据建设还未有所思考，需要在现有的应用研究基础上，进行分类思考和研究；从学校角度来看，在应用研究过程中，虽制定了相关标准，但从社会来看，相关标准的应用和推广、迭代和升级需要进一步推进，社会面的场景比如"城市琴房"有待试点实践。相关标准后续将在国内外同类高校中进行应用和宣贯，力求最大公约数，有效提升标准质量，将音乐教育资源优化配置和音乐教育大数据理念融合到数字文化系统应用中去，从而推进形成具有普遍意义的音乐教育数字化场景。

第七节　浙江旅游职业学院：
数治"五个一"打造有温度的育人服务 [①]

一、背景分析

数字化改革要实现整体最大效应，数据治理是基础工程、核心工程，也是难点工程；然而，当前大部分高校一方面对数据治理"是什么、做什么、成什么"的基础性思考尚需要进一步理清思路，另一方面实际工作中普遍存在系统建设不统筹、数据底数不清楚、数据责任不明确、数据信息不在线、技术能力不具备等

---

① 作者：张永波。

问题，导致学校长期存在数据不统一、不准确、不在线等现状，无法满足当前高校数字化改革多跨场景业务协同的数据需求，影响数字化改革的工作推进。

二、案例阐述

浙江旅游职业学院自数字化改革工作启动以来，构建了以数据治理为核心的协同"一中枢"、平台"一体化"、改革"一件事"、填报"一张表"、决策"一张图"等"五个一"改革体系，达成了"底数清楚、能力具备、场景丰富"的改革成效，为高素质技能型人才培养提供了有温度的育人服务（见图6.15）。

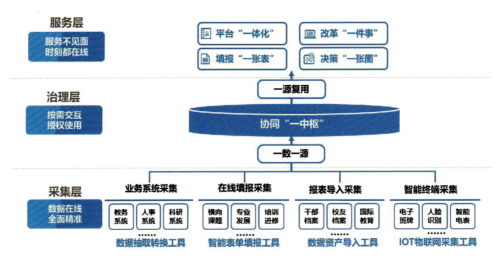

图 6.15　数据治理架构

"五个一"改革体系，技术实现上分为采集、治理、服务三层架构，其中采集层为实现数据精准在线提供规范接入，治理层是数据整合、提纯加工、按需交互、授权使用的数据中枢，服务层通过"一体化"平台、"一件事"改革、"一张表"填报、"一张图"决策的业务场景设计，面向师生实现数据服务可视化，是数据价值变现的窗口。

（一）数据治理，全面实现数据精准在线

1. 厘清一张清单

按照数字化逻辑，梳理和重构职能部门的业务场景。全面排查学校数据资产，理清3074张业务数据表、91项主题数据、697项元数据资产的关联关系，编制

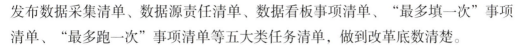

发布数据采集清单、数据源责任清单、数据看板事项清单、"最多填一次"事项清单、"最多跑一次"事项清单等五大类任务清单，做到改革底数清楚。

2.搭建一个平台

全面打通现有22个业务系统、70个数据源数据库之间的数据壁垒，完成11个文件类型、530张数据表的报表导入，数据中枢实现可视化智能填表、数据看板的"拖拉拽"应用定制能力。数据中枢可视化工具不仅具备灵活多样的快速实现能力，也很好地解决了高职院校数据治理绩效和技术人才短缺的问题。

3.组建一支队伍

出台数据管理办法，建立"一数一源，一源复用"管理机制，组建二级部门数据管理员队伍，明确数据采集、维护、使用等全生命周期的管理职责，全面实现数据有效交互、精准在线，促进数字化改革可持续发展。

（二）场景丰富，激活学校发展新动能

依托数据治理基础，强化数据服务效能，创新数字服务场景应用。

1.设计"一项工作一看板"应用

聚焦教学、科研、管理、生活等校园业务场景，挖掘隐藏的数据价值，完成办学条件、师生状况、教务科研、智慧思政、招生就业、财务资产、平安校园、图书资料、服务效能、宿舍管理、校园能耗等25项专题数据看板和8个二级学院专属数据看板定制，让数据充分赋能学校科学决策。

2.构建"最多填一次"应用

完成组织部、人事处、教务处、科研处等部门49张在线填报表单的配置，实现年度考核、科研成果、竞赛获奖等校内表单"最多填一次"或"不用填"，切实解决教师重复填表、多头填报的难题。定制个人信息"一张表"，通过数据中枢的数据采集交互，自动汇集教职工基础信息、教学、科研、教育培训等20项数据，形成教师个人成长信息档案表。

3.丰富"掌上办"应用

上线新版"浙旅院钉"移动门户，定制教师、学生个性化钉钉工作台，开发待办事项、专题应用、通知公告、我的服务四大功能模块，新建资产采购、访客审批、洗车预约、晨跑打卡、工会活动报名等"掌上办"便民业务场景50余个，实现校务事项"掌上办"全覆盖。

4. 推出"终端办"应用

打通校务服务"最后一公里"，在教学楼、食堂、图书馆、事务中心等师生活动区域推出"一网通办"自助服务终端。校园自助终端集成校内办公、教务、学工、人事、后勤等部门基于线下交互的服务事项，实现证明材料办理、证件注册、自助打印等五大类22项"终端办"应用，为师生提供"24小时不打烊"的自助服务窗口。

三、实践成效

（一）改革突破

1. 数据治理能力提升

数据中枢采集、交互和服务定制（自动填表、数据看板"画布"定制）等一体化、可视化工具集成，很好地解决了原先高校数据中心存在的架构不清晰、投入成本大、系统效率低、技术要求高等难点问题，具备灵活多样的技术实现能力。

2. 数据治理服务提升

校务数据的精准在线，解决了高校数据不统一、不准确、不完整、不在线等痛点问题，为学校数字化改革多跨协同的应用、整体效应的达成等奠定了坚实的基础。例如人脸信息数据的复用，以保卫处采集的师生人脸信息为唯一数据源，通过数据中枢的交互，为校园出入门禁、归寝考勤、晨跑打卡、图书借阅、一卡通消费、上课考勤等多个人脸识别场景提供数据支撑，真正做到"一数一源，一源复用"的高效率服务。

（二）应用成效

"五个一"工作体系为学校当前和未来的数字化改革确立方向，基于数据中枢可视化采集、交互的技术能力，消除了高职院校长期存在的"数据孤岛"，实现了所有数字化应用"业务通、数据通、单点登录、一网通办"，校务管理和服务"网上办、掌上办、终端办"全面达成，校园数字化治理具备了"应用随身、服务随行、时刻在线"的服务能力，办事效率和便捷性大幅度提升。成绩单打印、等级考试证明、学生证注册等原先需要"上门办"的服务事项，现在通过人脸或校园卡刷卡等身份认证方式，学生可以随时在终端机自行盖章打印取件；教学工作量、科研成果、培训进修、实践锻炼等教师年度考核信息，现在通过一次填报、职能部门集中维护、系统读取等方式，实现了数据交互复用，能够自动生成考核报表，有效减少教师填表工作量。数据多跨协同构建的"五个一"改革体系从上到下，由内而外，全方位地展现了学校"无微不至暖人心，高效服务无止境"的治理理念和改革愿景，也为学校高质量、可持续发展提供了强劲的动力。

四、总结和思考

数字化改革是一项需要使长劲、下慢功的工作，不可能一蹴而就，需要长期持续不断地迭代优化。学校应本着"目标项目化、项目清单化、清单责任化"的方法论，全面梳理数据清单、事项清单、责任清单等改革清单，加强数字化思维的简政放权、制度重塑、流程再造、一件事协同以及数据通达的最佳路径设计。顶层设计上要坚持问题导向、需求导向和成果导向的原则，加强技术和业务的深度融合研究，形成数字化改革理论体系和"底座＋生态"的技术架构。

浙江旅游职业学院化繁为简提出的采集、治理、服务三层技术架构及协同"一中枢"、平台"一体化"、改革"一件事"、填报"一张表"、决策"一张图"等"五个一"改革体系，为当前高职院校数字化改革提供了良好的解决方案，具有可复制、可推广的示范意义。

第八节　浙江机电职业技术学院：
数字孪生赋能智能制造实训教学[①]

一、背景分析

数字化、网络化、智能化的融合发展深刻改变了各行各业的工作模式，也给高职教育带来了重大影响。实训教学是职业院校理论课堂的延伸，是职业教育人才掌握技术技能的关键环节。为地方经济提供和输送实用型人才的高职院校应以就业为导向，着重培养学生胜任实际工作岗位的职业能力，使其快速适应工作岗

---

① 作者：蒋立正。

位的要求，为地方经济和社会发展提供合格的"厚基础、重实践、强交叉"的高端技术技能人才。但传统实训教学偏重单一技能训练，复合性、创新能力训练不足，人才培养与产业需求脱节。职业教育的核心是职业技术技能的传授，学生如果仅仅观看三维模型、视频等，很难真正掌握各类技术技能，他们更需要的是操作体验，通过实操过程，不断熟悉相关的操作流程和规范，更好地理解企业和客户的实际需求，然而，当前我国职业教育的实训教学以及数字化资源是缺乏实时交互体验的。

我国职业教育实训教学经历了三个发展阶段（依赖物理空间的实训教学1.0、依托信息空间的实训教学2.0和虚实简单交互的实训教学3.0），当前正在向第四个发展阶段（智能技术支持的实训教学4.0，强调物理空间与信息空间实时交互）迈进。高职院校应积极利用数字孪生技术改革实训教学，迭代优化实训教学过程和评价模式，培养更多适应产业发展的高素质技术技能型人才。

二、案例阐述

2019年开始，我校智能制造专业群针对实训基地设备、技术、运行管理滞后，实践教学项目及配套资源针对性不强，教学手段与高端设备不匹配，评价标准不清晰等"基地内涵建设不够，无法满足产业对高端、复合型技术技能人才新需求"问题，创新性应用数字孪生技术构建有机融合的技术层和教学层，建立集智能设计、生产、服务于一体的虚实结合实训教学环境，以满足智能制造背景下对技术技能人才提出的高端性、复合性要求。基于数字孪生技术，构建数据驱动的专业群实训基地新模式，建立集设计、生产、服务等关键环节技术技能于一体的虚实结合教学环境，通过数模与实物映射，提升高端设备使用效能，服务高端、复合型技术技能人才能力培养。搭建实践教学云平台，共享数据通信，实现教与学全过程数据监测、分析、评价，提高运行管理协作性（见图6.16）。

（一）实训设备智能化

通过引入智能特征的先进设备，提升软硬件数字化水平，赋能教学内涵迭代，保证技术技能先进性。

2019年开始，学校投入专项建设经费约1600万元，全面扩充了西门子工业软硬件的数量，建成省级产教融合实习实训基地（见图6.17）。该基地将数字孪

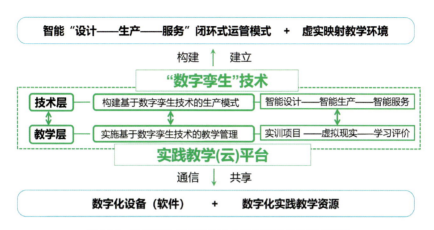

图 6.16　数字孪生技术赋能专业群实训教学数字化转型

图 6.17　数字孪生技术（智造产线应用）实践教学基地

生技术应用于学校的真实汽车法兰盘自动化生产线中，围绕智能制造全生命周期中设计、制造、检测与服务等关键环节，开展实训课程教学、技术服务与技能培训等。

（二）教学内容项目化

搭建协同工作环境，精准推送实训课程资源。针对岗位需求，基于数字孪生技术设计"分阶递进式"多层次企业真实项目和创新实践内容，体现生产性、综合性和创新性；基于智能化实训设备、信息化教学平台、模块化教学团队开展教学；与专业社团、创新创业、各类比赛、技能等级证书多维度融合，提升学生综合能力和创新能力。一方面，小组成员能够围绕同一个数字孪生模型进行操作演练，随着操作流程的进行，数字孪生体的最新状态以可视化的方式呈现，便于小组成员随时判断操作流程的合理性。另一方面，小组成员一旦发现实训对象朝着不可预估的方向发展，可以反思操作流程中的不足之处，迅速改进操作步骤，促进实训任务保质保量地完成。

（三）实践教学评价标准化

融合岗位要求、智能制造生产管理与控制 1 + X 证书标准等多元要素，采用数据驱动的伴随式评价，提供可靠有效的反馈，制定并实施评价标准，保证教学质量。

三、主要成效

（一）通过创建虚实无缝连接的映射空间，赋能学生技术技能的实训与发展

为"智能制造产线应用""智造产线设备虚拟装调应用"等实训课程、毕业设计、"西门子杯"全国智能制造挑战赛等提供服务。以"智能制造产线应用"课程实训教学为例，通过实施基于数字孪生技术的产线教学，学生获得了智能产线结构设计、装配调试、应用维护等知识，提升了智造产线设计、装调与运行操作等技能。通过对智能制造产业发展历程及其在国民经济中的重要性教育，强化了学生的制造强国意识和爱国敬业精神等。以数控 1902 班"桁架式机器人装调与运行"工作任务教学为例：学生的数字化虚拟装调完成度高达 95%，优秀率高达 50%；真实法兰盘产线调试运行成功率高达 85%，全班 32 个学生在本项目教学中全部参与互动讨论，其中有 28 名同学在数字化课程平台的讨论区发布主讨论课题、提出并解决典型问题 20 个，制订智能产线调试、运行方案 12 个；实践操作训练通过率为 100%。从整体上看，实现了预期的教学目标，学习效果和教学质量有了提升。在个性化学习方面，近年来教师每年为 60% 的知识、技术掌握层次较好的学生布置了更复杂的产线数字化虚拟装调与运行任务作业，并抽取 3 项作业参加浙江省智能机器人比赛，获得一等奖 2 项，极大地提升了学生学习的主动性、积极性和荣誉感。为 30% 操作技能掌握较好的学生，选择了更复杂的智能制造产线的实践装调与运行训练，提升了学生的实践操作能力。

（二）迭代优化实训教学和实操步骤，提高学生的问题解决与深度学习能力

基于数字孪生技术的实训教学还支持学生开展岗前预演和锻炼，使每位学生的学习结果得到实际应用与验证，提高了学习效率和学习质量，便于学生对问题进行深层挖掘，探究问题关键所在，培养其洞察、怡情和自我认识的深度学习能力（见图6.18）。

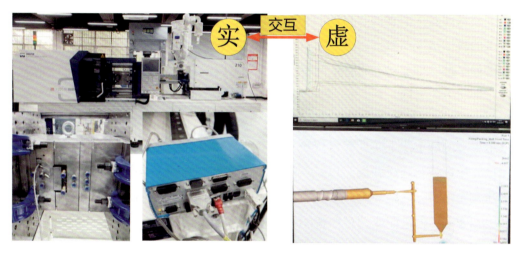

图6.18　数字孪生技术助力材料成型与控制本科实训教学

专业群基于数字孪生技术开展材料成型与控制实训，助力提升本科层次教学质量，实训所用设备及操作参照知名企业的注塑机型号及操作过程来设计。通过实训，学生可进行面板的虚实操作、注塑仪器模具参数和注塑参数设置、注塑控制柜的操作，进行模拟注塑机螺杆操作并观察挤出物料流动状态，进行管（棒）材的冷却、定型、切割和堆放，完成在工厂实训环节中不能亲手操作的项目；通过在注塑模具内设置温度、压力智能传感元件，实时感知注塑过程模内温度、压力的变化，对比模流分析温度变化，体会注塑模流分析工具的强大作用。该模式通过"虚拟－现场"的交互补充，提升实训教学质量，让学习者的学习更具深度。

四、总结和思考

数字孪生技术赋能智能制造专业群实训教学数字化转型的成功之处在于：引

入数字孪生技术，实现了设备、技术的虚实结合，全生命周期各关键环节技术技能的融通，教与学全过程数据的可测、可控、可优化，同时提升设备的使用率，有效解决高端设备因内涵庞大、数量少难以开展实践教学的问题；虚实映射的教学方式创新提升了学生的学习获得感，提高了教学质量。

但是，在具体实施过程中，由于率先在实训教学中具体应用实施数字孪生技术，存在可借鉴教学经验不足、缺乏 5G 智能互联环境、偶尔会出现信号映射延迟等技术问题。个别同学在实践操作过程中，出现了一些突发技术问题导致个别时段的教学进度与教案进度产生偏差，但专业群教学团队通过信息化教学和数字化课程平台进行了动态的进度调整与把控，完成了预期教学目标。

针对上述问题，下一步，智能制造专业群将借助 5G ＋技术，打破信息壁垒，遵循以学习者为中心的专业群实训教学方法改革思路，围绕实践教学活动开发、重组更多的线上线下实训教学资源，将专业群现有的实训工作场景转化为数字化模拟应用场景，建设并推广以融入数字化技术为主体特征的产教融合实训基地，构建自主学习、智能环境、多元合作、协同创新的智慧学习工场，重塑实训教学新生态体系，促进职业教育在智能时代的发展。

第七章 高校信息化治理能力发展的展望与思考

第一节 以新基建为契机，提升高校信息化支撑地位

新基建被誉为构筑数字时代的新结构性力量，而教育新基建的革命性意义在于以教育的技术革命推动教育自身的革命。教育新基建是国家新基建的重要组成部分，是信息化时代教育变革的牵引力量，是加快推进教育现代化、建设教育强国的战略举措。2021 年 7 月 8 日，教育部等多部门印发《关于推进教育新型基础设施建设构建高质量教育支撑体系的指导意见》（简称《意见》），吹响了教育领域新基建的号角，为高质量教育体系提供了有力支撑，也为新时期教育信息化乃至教育现代化图景的实现带来重要契机。教育部 2022 年工作要点中也明确指出要实施教育数字化战略行动，推进信息网络新型基础设施、平台体系新型基础设施、数字资源新型基础设施、智慧校园新型基础设施、创新应用新型基础设施、可信安全新型基础设施共六大类新型基础设施建设。教育新型基础设施是以新发展为引领，以信息化为主导，面向教育高质量发展需要而建立的新型基础设施体系。作为新一代的教育新型基础设施体系，教育新基建以其特有的技术特质和教育要义，为教育信息化的发展带来新思维。

一、推进高校信息网络新型基础设施建设

高质量的信息网络是新基建健康持续发展的基础。教育新型基础设施包括六个部分，其中信息网络基础设施是平台体系数字资源、创新应用、智慧校园的基础。

教育信息网络基础设施包括公共教育专网、各类校园的校园网络等。教育信息网络作为教育行业专用网络，高速连接各类教育平台、数字教育资源公共服务

体系等公共信息设施，对接各类学校的智慧校园，支撑各类创新应用的开展。教育专网在逻辑上应与公众互联网隔离，学生、教师、教育管理人员等用户可以高速、便捷地使用教育专网内的各种资源与服务，也可以在可信安全基础设施的保护下使用公众互联网上的社会教育资源与教育应用。

为落实以人为本的数字化转型原则，更大限度发挥信息化在教育领域的效能，教育专网应由国家主干网、省级教育网和学校校园网等三级网络组成，其中国家主干网将基于中国教育和科研计算机网（CERNET）升级改造建设，还应在充分利用国家公共通信资源的基础上，按照分级建设的原则推进教育专网建设，提供高速、便捷、绿色、安全的网络服务逻辑专网。此外，在建设教育专网的过程中要深入推进 IPv6 等新一代网络技术的规模部署和应用，在网络管理层面统一分配网络地址，优先使用 IPv6 技术，它与教育专网一起为教育发展铺设全新的数字基座，使学校真正建立在互联互通的网络之上，而不是物理层面的建筑之上。

二、推进高校平台体系新型基础设施建设

信息化平台是高校新基建的重要建设内容之一，也是高校信息化应用承载的重要基础。高校平台建设要围绕高校核心应用需要，以新型数据中心核心数据支撑、新型服务中台核心功能支撑为基础，充分利用云服务模式，全面打造全新网络学习空间，支持高校优秀人才培养。

新型数据中心在教育新基建中肩负着平台型基础设施的角色，能有效推进当下高校数据中心"云化"转型的建设。未来高校数据中心建设将具备以下几点发展趋势。一是边缘计算将越来越多地融入高校数据中心的建设中来，使数据一方面汇聚于依托云计算平台的大规模云数据中心，另一方面散布于靠近应用侧的边缘设备，从而满足互动式教学、沉浸式体验等应用超低时延、高实时性、高安全性、本地化等服务开展需求。二是高校数据中心的云化转型速度将进一步加快，随着云技术的日趋成熟和业务的发展，今后高校将有更多业务迁移至云端，重要的核心数据如人事、考试数据等将更多采用私有云方式部署，但也有大量数据可采用混合云方式部署，以支撑业务的"双活"。三是未来数据中心建设的集约共享模式将进一步突出，未来大数据中心体系化发展是大势所趋，高校信息部门应发挥主观能动性，加强全校统一规划设计，探索数据中心整合发展之路，消除盲

目建设和重复建设。具体将体现在校内超算资源和 AI 算力资源将进一步聚合共享，校内数据权威源将进一步明确，数据中台数据处理能力将进一步归集，乃至在省级教育部门的统筹协调下，跨高校的区域算力也可能进一步集中，形成规模化效应，推动实质效益提升。四是数据中心绿色、节能、小型化趋势将进一步推进，数据中心是典型的高耗能产业，需要 24 小时不间断运行，其中电力成本占数据中心营运成本 50% 以上，在"能耗双控"和"双碳"背景下，借助技术发展，PUE（power vsage effectiveness，数据中心耗能评估指标电能利用效率）和机柜功率密度等关键指标进一步优化，数据中心高密度部署趋势将进一步增强，负载率将进一步提升，能耗将有效降低，结合绿色节能和灵活管理技术的发展，未来高校数据中心必将迈向绿色、节能及小微型化发展之路。

成体系、开放式、高韧性的教育中台服务架构将为教育新基建夯实有效的软实力。高校信息化经过 10 多年的快速发展，已经建立了很多教育信息化服务系统，但出于顶层设计不足、建设部门众多分散等原因，烟囱林立式的教育信息化应用格局是当前很多高校信息化建设过程中面临的实际问题。2015 年，阿里巴巴提出了"大中台、小前台"战略部署概念，这一概念的出现也为高校消除应用孤立等现象提供了可能。目前国内已经有一些高校开始启动校内教育中台的部署尝试，最为典型的如浙江大学的"学在浙大"教学空间就是在中台这一概念基础上逐步开展搭建的，其依托浙大混合云环境，积极打通教学选课、排课、班级通讯录、统一认证、权限分配、教室直播、线上录播、线上答疑、线上考试、跨部门流程流转、跨终端交互等业务组件，形成了较为有效的软件中间支撑层，初步实现了教育中台较为完整的功能体系，为全校高韧性、大并发线上线下融合教学提供了很好的支撑。中台建设是一个宏大的信息化工程，涉及全校各业务的方方面面，必须从顶层开展整体规划、组织搭建，才能确保做出正确的抽象决策，形成高度复用的功能群。目前中台技术还处于发展过程中，高校教育中台的发展之路还比较漫长，高校中台建设要从打通学校现有基础支撑系统出发，从先期构建互联互通、应用齐备、协同服务的软件支撑层出发，然后要在教育业务服务中进一步准确把握深度逻辑的教育复杂和高度关联性，在有效制定数据和业务标准的基础上，逐步实现数据处理、业务管理等功能模块下移，最终形成有效的教育中台闭环，实现标准化、开放式、体系化的教育中台服务生态，为弹性、大并发的网络化教学提供支撑。

全新网络学习空间的打造是高校平台体系新型基础设施建设的终极目标，是在数据中心和教育中台建设基础上架构起来的校园上层应用服务新生态。第一，高校全新网络学习空间建设要积极落实《教育部关于数字教育资源公共服务体系建设与应用的指导意见》，实现与国家数字教育资源公共服务体系的高度联动，让各个高校的网络学习空间成为全国推进公平化教育、实现教育共同富裕的服务阵地之一。要充分发挥空间作为数字教育资源共建共享主渠道的作用，创新教育资源供给模式，扩大教育资源有效供给。按照服务教师教学、学生学习、学校管理的要求，广泛汇聚社会各类优质资源，集成各类应用，帮助师生免费获取各类公益性资源。第二，要帮助教育管理者有效利用空间开展工作，提高教育治理能力。要有助于支持高校开展网络空间教育教学及综合实践，创设教育环境，推进教育教学方式变革，培养学生的创新思维和创新能力；要有助于高校基于空间开展学生综合素质评价，实现个性化教学和精准化施策，促进教育治理现代化。第三，空间建设要能有效支撑高校教师突破课堂时空界限，实施项目式教学、探究式教学、混合式教学等新模式构建。要能支撑教师利用空间进行学习评价和问题诊断，开展差异性和个性化教学与指导，促进教育公平，提高教育质量。第四，空间建设要有效支撑学生利用空间开展课内外教学活动，记录成长过程，管理和展现学习成果。要支撑学生能有效根据自身学习需要，通过空间选择网络课程、在线测试、智力资源服务等进行自主学习，强化应用空间解决问题的意识。要有助于学生利用空间组建学习共同体，跨班级、跨学校、跨区域开展交互活动，提升学习兴趣和学习效果。要有助于学生利用空间集成的丰富多元的资源与服务进行探究学习，培养解决问题的能力、创新意识和创新能力。要有助于学生利用学习诊断、学习预警等可视化分析结果，发现问题，改善学习方法，促进学生全面发展。

三、推进高校数字资源新型基础设施建设

在"互联网＋"背景下，新兴信息技术迅猛发展推动了高校数字资源的生产，高校数字资源知识化服务的内容日益丰富，服务内容不仅包括数字化的文献资源（图书、期刊、各类数据库等），还涵盖课程资源、科研资源、场馆资源、网络资源等多种形式的新型数字资源。在数字资源与服务日益丰富的情况下，如何进

一步结合信息化新技术手段，提高资源的利用率，提升服务功能的多样性，减少资源重复建设，提高服务有效性已经成为越来越重要的内容。2021 年，在教育部等多部门联合出台的《关于推进教育新型基础设施建设构建高质量教育支撑体系的指导意见》中就明确指出要积极推动数字资源的供给侧结构性改革，创新供给模式，要从开发新型资源和工具、优化资源供给服务等角度出发，提高供给质量。

新型资源及工具的开发是高校实现我国优秀人才全方位素养提升所不可或缺的新时代利器。应充分利用数字化高清、融合媒体等技术手段，加强战略型紧缺人才培养和优质教学资源储备，打造高等学校线上一流专业化课程、通识课程、网络思政课程，推动数字教学资源质量有效提升，促进高水平人才培养；应充分利用云端化技术推进高校 MOOC、SPOC 等服务平台建设，提高资源利用率，扩大服务覆盖面，为教育领域的知识共享和人才素养全方位提升提供支持；应充分利用 AI 等技术，有效推进知识问答、跨媒体知识检索、知识同步翻译、知识推荐等新工具、新手段，为普适化知识服务提供帮助；应充分利用 5G 网络等技术，极大释放网络跨时空特性，推进同步课堂、翻转课堂等建设，提升教育服务的公平性；应充分适应网络时代教师线上备授课、虚拟教研需要，积极推进虚拟教研室建设，提升教学师资整体水平；应兼顾特殊教育学生学习需求，开发满足其学习需求的特色化线上服务资源、设备及工具。

创新资源供给模式、优化资源供给服务是有效实现高校高水平个性化优秀人才培养的重要手段。应充分针对高校学生个性化发展需要，有效重构知识培养方案，重组构建面向不同行业发展方向的个性化特色数字培养知识体系，为高素养专业化人才培育提供支持；应结合学科知识特色，充分利用知识提取、知识挖掘、知识图谱等技术手段，系统梳理各学科知识脉络，明确各知识点间的关系，构建垂直领域特色知识库，提供基于知识点的微课知识服务手段，促进知识学习的连贯性；应充分利用虚拟现实、知识可视化等技术手段，积极推进 VR 课堂、AR 课堂、元宇宙课堂等新型知识供给模式打造，让学生突破课堂时空限制，全方位多感官提高知识获取能力；应积极汇聚数字图书馆、数字博物馆、数字科技馆等社会资源，共享社会各方开发的个性化资源，逐步建立面向高校的教育大资源服务机制。

四、推进高校智慧校园新型基础设施

（一）智慧教学设施

加快智慧教室环境改造。面向智慧化教学和线上线下融合教学需要，配备高速无线网络、互动大屏、高清追踪摄像头和远程麦克风等，为学生提供优质的听课体验及同步互动环境。通过人工智能技术实现自动画面追随和切换，板书、投影、语音识别自动生成课堂笔记，自动录制、剪辑教学视频等功能。使用同一套软硬件设备支撑远程教学、小组讨论、标准化考场、慕课录制等，进一步实现资源复用。

构建功能齐全的智慧教室，满足不同班级规模、不同授课形式需求，并能够根据个性化需要进行灵活调整。对教室上课人数、环境温度、空气质量、光照度等参数进行采集并及时在线发布，为动态调整教学楼的设施设备运行提供数据支撑。另外，根据学校教育教学改革发展需要，选用个性化、碎片化、移动化教学模式和线上线下教学全过程数据记录也逐渐成为新趋势。

（二）智慧科研设施

构建校级统一的实验室运行管理和科研协同平台正成为新常态。通过物联网技术对实验仪器设备进行管理，自动采集设备的运行状态，开放共享预约数据，记录操作者身份、审核资质及安全培训情况。开展实验耗材的精细化管理并优化采购服务，强化基于信息技术的危险化学用品全生命周期管理，建设实验人员身份识别、防护规范检查、违规操作自动报警等人工智能赋能的视频监管系统。

构建重大科研基础设施、高性能计算平台和大型仪器设备，用信息化手段加强对大型精密贵重仪器设备的管理及监管，简化网上开放申请流程，提升校内外共享使用效率。通过协同创新平台支撑跨学科、跨学校、跨地域的不同领域专家的线上交流。

（三）智慧管理设施

加速高校办公楼、图书馆、体育场馆、学生宿舍、食堂等设施的升级改造，利用人工智能技术，升级校园公共安全视频网络，提高事中事后应急响应速度，全面实现校园安全管理线上线下的无缝衔接，提升安保工作精细化程度和个性化服务水平。

探索校园"一网统管"模式，提高办学资源的利用率。双向打通各业务系统数据，在开展交叉融合分析的基础上，实现全校管理的可视化。建设移动支付和身份识别体系，实现进出校门楼宇和支付"一通码"，提供移动化校园导航、停车引导、室内定位、餐饮定制、健康咨询等服务，全面推进文体公共场馆、自习室、会议室等使用状态查询和线上预订，尝试在线借还书、打印、零售、快递、证照拍摄等应用的无人化服务。

五、推进可信安全新型基础设施建设

（一）保障网络安全

在关键数据流节点部署流量采集设备，收集全网流量，通过规则匹配、关联分析、威胁情报等手段对原始流量进行分析，从而实现全网网络安全威胁的发现，并联动边界防火墙实施封锁和访问控制，通过网络安全态势感知系统打造安全事件实时预警机制，并联动各个安全设备实现安全事件闭环处理机制，形成"预知、防护、检测、响应"闭环安全体系。

（二）推动可信应用

针对不同应用的特点，制定其在网络信息安全防护体系中的优先级，强化访问身份认证和网络信息传输保护，形成包括集网络数据流量动态感知、DDOS防御、CC防御、智能管理等于一体的多层协同防护机制。

（三）健全应用监管

打造学校全网业务可视化、威胁可视化、攻击与可疑流量可视化的技术平台，同时结合安全态势（外部威胁态势、威胁事件态势、资产风险态势）展示、威胁统计、实时告警等应用，实现资产管理、预警管理、安全管理的全局智治。

第二节　以评价改革为抓手，优化高校信息化效能建设

一、加快推进信息化发展评价改革工作

高校信息化治理建设是一项长期且艰巨的工作，且与高校人才培养、科学研究和社会服务紧密联系，未来若期望进一步通过指标设计、行动研究和访谈调查挖掘与评价国内诸多高校的治理建设、信息化效能、典型案例、建设经验以及建

设教训，同时将调查对象尽可能地遍布全国各级各类院校，那么无论是项目评价的设计还是实施维度，都将面临较大的问题和挑战，势必需要持续推进信息化发展评价改革工作。

一是反复多次迭代输入输出指标设计，丰富信息化治理评价维度。一方面，根据已有评价工作基础，未来可以进一步丰富完善现有的 137 个指标，通过全国多中心调研，采用层次分析法增加信息化评价的输入输出指标，用因子分析和灰度分析进行统计学建模，提出修正的输入输出指标，切实反映我国高校信息化建设成效与发展。具体做法是邀请相关领域的教育专家、信息化行业专家和统计学专家等进行一定轮次分类观察、科学论证，确定相应指标体系，并进行信度评价、效度评价和结构效度评价的信效度检验。另一方面，随着高校信息化建设数据的不断增加和填报准确性的逐步提高，多源异构数据集规模也将不断扩大，因此未来对高校的行业分类和特征统计分类显得尤为重要，需要研究工作者凝练问题，透过现实治理现象增添不同分析视角。例如，面对不同类院校间个体特征差异较大的问题，采取聚类分析等分类的多元统计方法，在没有先验知识的情况下按照个体性质进行自动分类，产生多个分类结果，有针对性地指导各院校根据自身性质进行信息化的资源配置。

二是开展高校信息化治理评价的常态化连续性研究工作。既有研究的设计与实施建立在时间节点上，为能更准确地反映实际情况的变化和趋势，未来研究团队将改进研究方法，采取持续化跟踪的研究方式，持续跟踪 3—5 年，甚至更长时间内的高校信息化治理数据，形成常态化研究和趋势性研究，产出相应的各类趋势报告，为各省各高校提供有效翔实数据报告，用信息化的大数据更好地促进高等教育发展、高校人才培养、社会经济服务。此外，现有研究设计与结果评价仅停留在高校信息化治理建设情况维度，而对于信息化治理的绩效没有过多触及，常态化连续性的研究工作也为今后进一步的绩效评估提供了统计可能。

二、优化数据驱动的效能评价方法

现有的信息化相关评价模型大多以投入体量作为主要计量标准，该类评价方式容易助长单一的"体量思维"，而忽视对高校资源分配方式的"诊断"等。因此，需要从效能视角出发评价、优化高校信息化治理能力，尝试采取"两套数据、两个阶段"的评价体系。具体而言，两套数据是指信息化投入数据和绩效产出数据，两个阶段则是指数据赋权阶段和效能转化阶段，其评价结论会为两个数据的迭代提供重要参考。

首先，要在第一个阶段对信息化投入的指标进行"局部先放大、整体再优化"的策略。"先放大"是指在指标筛选中充分吸纳教学、管理、科研、后勤等各类教育大数据，从系统科学观出发，合理配置系统内各要素，以达到整个系统的最优化状态，避免主观经验和滞后的技术体验干扰。"再优化"指通过计算信息熵等数理方法，对区分度不高的指标进行低赋权，对于正态分布良好的指标进行高赋权，逐步健全适切现实情况且符合未来走向的评价指标体系。

其次，在第二个阶段要借助已赋权的投入指标与高校的产出指标建立效能转化模型。探索利用数据包络分析等"投入－产出"效能计算方法，结合高校教育信息化建设的实际情况，进行模型的筛选和优化，从中计算出各高校在各投入指标和建设规模上的合理性，并结合各校实际发展定位和需求，为经费在各投入指标间的优化分配提供科学的论据。打破传统的"数豆子"的生均信息化经费预算分配方式，及时对现阶段资源分配不当的院校进行预警和建议，让高校决策者对于信息化建设明白"投多少""怎么投"。

三、建设全国性的高校信息化大数据平台

2021 年 3 月，教育部在《关于加强新时代教育管理信息化工作的通知》中明确提出，为有效解决系统整合不足、数据共享不畅、服务体验不佳、设施重复建设等问题，需要以数据为驱动力，利用新一代信息技术提升教育管理数字化、网络化、智能化水平，并预备到 2025 年，基本形成新时代教育管理信息化制度体系，优化整合信息系统，大幅提升一体化水平。在信息系统趋于多样化的今天，建设全国性的高校信息化治理能力发展平台，推进"数据中台＋业务中台"的双中台结构，提高系统敏捷性、协同性，业务创新性和数据归一性，有效支撑校园"最多跑一次""最多找一人"和"最多点三下"等现代数字治理建设目标，是适应新时代教育管理信息化工作目标和解决教育管理信息化建设实践问题的前瞻举措。

实现高校教育管理信息化的平台赋能，除了依靠现有信息化技术与能力嵌入

外，还需要实现管理理念的精细化、系统化转型。

首先，平台建设需要将基于中长期阶段的粗颗粒度进行宏观呈现，转型为对具体高校、具体指标的高清微距观察，具体而言，强调数据驱动在高校信息化建设管理系统中的核心地位，底层数据的存储、管理和分析构成平台系统发挥效用的基础。基于"一数一源"的治理原则，全国性的高校信息化治理能力发展平台须强化数据源头管控，打通数据脉络，逐项确定数据责任部门，并形成动态更新、质量评估、数据应用等不同维度的标准体系，确保微观数据既能"上得去"，也能"下得来"。

其次，在精准化、一体化理念转型基础上，全国性高校信息化治理能力发展平台建设还需重点关注数据采集和数据诊断两项工作。在数据采集方面，平台建设需要转变以人工编码、填报、评价为主的传统方法，形成集数据自动采集、分析、应用全环节一体化的智能解决方案。过往对于高校信息化发展能力的评估基本依靠人工，数据采集环节存在人工编码效率低下、填报数据不实、效能评价受主观因素干扰严重等问题。因此，高校信息化治理能力发展平台未来需要聚焦传统数据采集痛点：一方面基于一体化平台，加强数据动态监测和实时更新，推动教育数据上传迭代；另一方面则拓宽数据来源，积极推进跨部门数据共享开放，通过共享获取数据，尽可能减少基层负担。在数据诊断方面，基于各高校常态化的数据采集，实现平台自动化实时的诊断干预，不仅能够为高校自身信息化建设效能提供纵向比较，还能通过横向比对来推荐与其发展目标和水平近似的"标杆高校"。在纵横交错的面板数据基础上，大数据平台可以进一步优化效能算法，并为未来信息能力的政策仿真做好数据、模型等方面的积累。

四、科学判断与优化高校信息化建设成效

教育部《教育信息化2.0行动计划》指出，没有信息化就没有现代化，教育信息化是教育现代化的基本内涵和显著特征。随着信息技术与高校发展深度融合，信息化治理能力正成为各高校转化科研成果、保障育人质量、优化社会服务等方面的重要力量。因此，完善和优化以效能思想为核心的高校信息化治理能力评价，不但是促进高校信息化服务效能提升、实现教育现代化的重要路径，更是回归教育本质、不忘初心、迎接下个百年科教兴国伟大事业的重要体现。

　　科学判断与优化高校信息化建设成效，需要探索全过程、多要素高校信息化发展评价机制，提升指标评估目的性、科学性和可靠性。围绕客观反映全国高校信息化建设全貌这一核心目标，一方面，高校信息化综合指标体系需要通过梳理和借鉴国内外高校教育信息化评价指标，建立起能够全面反映国内高校信息化发展能力的主客观指标体系；另一方面，指标建设需要平衡价值与效率，建立有利于业务量化的数字度量，并采用主成分分析等统计方法，在控制指标数量的同时，尽可能多地反映原评估指标所收集信息。

　　科学判断与优化高校信息化建设成效，需要构建多元化、个性化的评估策略，注重指标体系同高校治理实践的适应性，从实际出发提升评估指标的诊断效果。我国高等教育信息化发展具有类型多样、资源投入不均衡等特点。针对不同地域、不同类型，以及不同体量高校采取同质化指标评估体系，不但难以反映高校信息化建设实效，也很难对体量小、资源投入有限的高校产生实质性指导。因此，高校信息化治理能力评估指标需要因地制宜、因时而变，建立起关于特定高校的长效化、脸谱化的面板数据库，通过横纵向比较对参评高校进行个性化、细颗粒度的分析诊断，促使分析结果既能为现阶段资源分配不当的高校提供预警建议，又能为下一阶段高校信息化治理投入提供决策参考。

第三节　以服务为导向，加快高校信息化融合创新

一、挖掘并重视全国高校优秀案例

　　在"以教育信息化引领教育现代化"发展理念指引下，全国高校加大了信息化投入力度，完善了信息化教育教学环境，进一步探索了高校教育教学模式改革。尤其是在近五年的建设中，"双一流"高校各自走出了一条独具特色的高校信息化发展之路，具有各自较成熟的信息化基础。《深化新时代教育评价改革总体方案》指出：要加大对科学教育理念和改革政策的宣传解读力度，合理引导预期，增进社会共识；各地要及时总结、宣传、推广教育评价改革的成功经验和典型案例，扩大辐射面，提高影响力。因此，挖掘并重视全国高校优秀案例对高校信息化发展经验互学互鉴也十分重要。

一是通过更精细化的案例分类，为具有不同特点的高校提供更适配的可借鉴成果。根据高校发展历史、学科门类、所在区域及信息化发展的异同，可以按照"双一流"建设高校、普通高校、各区域高校等划分标准，分析大学、专门学院、专科学校等不同培养层次需要，结合学科建设特点，深度挖掘综合大学、理工院校、农林院校、林业院校、医药院校、师范院校、语言院校、财经院校、政法院校、体育院校、艺术院校和民族院校等不同高校信息化的建设特点。对各类高校信息化建设成果经验和典型案例的挖掘，能够引导各类高校在信息化建设中量体裁衣、对标对表，以不同维度重新审视自己的优势与不足。

二是通过更标准化的指标分析，为不同类型的高校提供更精确的可借鉴成果。一方面需要重视描述性，从描述性统计出发，评述"双一流"建设高校信息化发展50强与其余"双一流"建设高校信息化治理中的异同，分析"双一流"建设高校中前50强高校信息化建设成果经验和典型案例。另一方面从效能角度评价"双一流"建设高校信息化发展，强调"双一流"建设高校信息化相对生产效率，使各高校不仅关注信息化绝对体量，更关注信息化资源分配的有效性和信息化治理能力。此外，模型产生结果可以评估学校信息化治理的投入－产出是否有效，以及哪些指标需要调整以到达更高的治理效率，为经费投入分配提供科学依据。

二、鼓励并发展信息化特色成果

第一，结合自身实际完善特色制度，创新组织协同。《"十四五"国家信息化规划》明确指出，要提升教育信息化基础设施建设水平，完善国家数字教育资源公共服务体系，推进深度融合信息技术、智能技术的教育教学变革。加快推动从经验治理向制度治理、智慧治理、整体智治转变，实现教育行政部门履职方式和校园治理方式的系统性重塑。组织架构对于信息化治理能力的提升有着重要意义。党的十九届五中全会强调要加快推进教育治理体系和治理能力现代化，增强改革的系统性、整体性和协同性。各高校应根据自身实际，结合现有的内部组织形式，进一步推动首席信息官（CIO）的落实，建设具有特色的专班制度，通过校级和部门两级或多级的CIO专班的建立，形成"条块化"管理模式，教育信息化组织制度在计划、组织、指挥、控制的重要作用，让校级整体布局能够有效落实到各个职能部门。

第二，立足自身特色发展，建立人才梯队。高等教育信息化既要关注整体发展，也要关注分类发展。各高校应根据自身的环境和特点厘清学校的培养特色、科研特色和管理特色，抓住整体水平，分类发展个性化特色。通过信息化手段，在人才培养、科学研究和科学管理上取得各自特色的成果。根据新形势下对人才培养的要求，各高校的发展需要新的技术驱动创新。一是应认识发展和生存都必须创新；二是从能力指标上体现创新；三是尊重知识产权，鼓励并帮助各高校信息化人员深入调查，去发现问题、解决问题、总结并提炼创新和推广创新；四是进行创新方面的相关知识技能培训，在政策上公平对待信息化项目和课题的申报。

第三，立足学科特色服务导向，加快融合创新。教育教学是高校的重要服务内容，高校信息化目的之一就是通过信息技术提高教育教学质量和人才培养质量。教育部高等教育司2022年工作要点是以新工科、新医科、新农科、新文科建设为工作统领，以高等教育数字化为战略引擎，以培养卓越拔尖人才为核心目标，以振兴中西部高等教育为战略重点，以调整优化学科专业结构为关键举措，加快完善以"四新"建设为代表的高等教育发展中国范式，这是高校教育信息化的发力点。高校要把学习革命作为一种新的教育生产力，根据各高校的学科特色，建立"互联网＋教学""智能＋教学"新形态，促进学习方式变革，提高教学效率，激发教与学的活力。一是关注和规划信息化手段如何融入特色学科建设、提升教师水平、优化学生学习结构；二是研究信息化项目如何在现有条件下更适应线上、线下的课堂教学和实践活动，更好地制定支持科学研究、师生职业发展的规划和全新方案；三是根据学科特色，修订信息化的能力指标，使之全方位融入教育教学；四是信息化的特色管理与服务、理论和应用研究也应围绕教育教学与科学研究展开。

三、研判并推广更多信息化项目

随着"互联网＋教育"计划的不断实践以及《教育信息化2.0行动计划》和《中国教育现代化2035》的规划设计，得益于教育信息化合作伙伴和基础配套设施的跟进，全国高校信息化治理迎来了更先进、更开放、更智能的信息技术和信息化产品，包括智慧校园、人工智能、疫情防控、数据管理与治理、IT赋能高校治理、信息化评价、混合式教学、隐私保护等高校信息化建设热点。未来研究需要聚焦于解读年度高校信息化治理热点内容，分析发展趋势，以更好、更快地管理并推动国内高校铺开更多信息化项目建设。

首先，及时评估高校信息化建设情况，深入解读高校信息化年度热点内涵。通过构建科学有效的信息化能力评价指标体系以及熵权法、主成分分析等定量手段，对国内"双一流"建设高校信息化发展水平的各项指标进行成效分析，除"双一流"建设高校外，许多单项排名靠前的学校并不是很著名的大学，也可以通过行动研究和访谈调查挖掘与总结这些学校的典型案例、建设经验、建设教训，有助于高校信息化从业者和研究者准确理解并把握信息化建设热点所隐含的信息化建设主要目标、核心内容、关键指标、预期成果、建设路径等信息，而不同类型高校的优质信息化建设经验也可为其他类型高校开展信息化建设提供参考学习的范本，从而切实帮助国内高校开展信息化治理建设。

其次，撰写中国高校信息化治理能力年度发展报告，研判高校信息化建设发展趋势。随着技术革命的浪潮和国家建设"双一流"的新要求，高校教育信息化发展的重要性日益突出，需要根据指标体系及 DEA 模型等评价手段定期梳理中国高校信息化治理能力年度发展报告，持续追踪、调查"双一流"建设高校、非"双一流"普通高校、高等职业技术院校和其他院校在信息系统建设、学校信息基础设施、教育资源、网络安全保障、网络空间和信息化工作保障等维度的信息化建设情况，梳理高校信息化建设年度热点，并观察、对比分析不同年份高校信息化建设侧重点的变化，挖掘信息化建设潜在的问题，从而为研判高校信息化建设发展趋势提供依据，进而为相关单位制定信息化发展规划和行动计划提供参考。

最后，加强制定与推广信息化项目，深入线上、线下的课堂教学和实践活动。教育教学是高校的重要服务内容，高校信息化目的之一就是通过信息技术提高教育教学质量和人才培养质量，因此，在深入解读高校信息化年度热点内涵以及研判高校信息化建设发展趋势的基础上，未来需进一步思考如何围绕热点建设内容，瞄准教育教学和科学研究的主战场，制定并推广信息化项目深入线上、线下的课堂教学和实践活动，更好地支持科学研究、师生职业发展的规划和全新方案，更加关注教学科研部门的信息化建设需求，加强与教学科研部门的沟通。

四、修订并迭代信息化能力指标

高校信息化经过 20 多年的发展，从高校信息化治理能力分析既有工作能够看出，我国高等教育信息化治理建设规模庞大，投入巨量，信息化建设的内容日益丰富，信息化建设体系更为完善，信息化人才队伍的技能水平更高，但与此同时重投入、轻成效，强建设、少效能等现象开始凸显，因此在建设和应用过程中，针对效能和增量的信息化治理能力进行科学全面的绩效评价研究尤显重要。

现有的教育信息化评估指标体系是在国家信息化的六要素评估框架的基础之上修改而来的，主要包括信息网络、信息资源建设、信息资源的利用与信息技术的应用、信息化人才、信息技术产业、信息化政策法规和标准六个方面。然而，在对信息化治理效益评估方面的研究较少，指标设置较为匮乏，增加适当的投入指标和产出指标的工作迫在眉睫，需要借助高教学会等相关部门的大力支持，前期积累大量扎实的实验素材和数据基础，反复迭代并完善原有指标和投入—产出指标，有意义地进行内容和数据深度挖掘，更好地为我国高等教育信息化各级部门提供翔实状态数据，真正使高校信息化成为高校人才培养、科学研究和社会服务的强劲驱动力。

与此同时，也需要呼吁我国各级教育主管部门和高校通力配合，切实落实教育信息化发展大计，以高度的责任感和使命感提升教育信息化内涵建设水平，建立健全动态监测评估机制，推动我国教育信息化治理能力评估的实时化、数据化和可视化，为及时更新高校信息化治理能力指标体系提供基础信息保障。

五、完善并优化信息化标准规范

信息化标准规范建设对于保障高校治理信息有序流通，促进部门间信息系统协同，最大限度发挥信息资源综合效益具有重要作用。[1] 教育部于 2021 年 3 月发布的《高等学校数字校园建设规范（试行）》就提出，要结合高等学校信息化发展实际，以标准规范促进教育信息化支撑引领教育现代化发展。通过不断完善优化信息化标准规范，高等院校能够基于科学规范将云计算、大数据、人工智能等

---

[1]　沈锡臣，陈怀楚. 高校信息化建设标准规范 [J]. 清华大学学报（自然科学版），2003(4): 529.

先进技术系统融入线上、线下课堂教学和科研实践，进而更好地提升高校信息化治理能力和教育教学质量。

通过促进信息化标准建设，高等院校能够更好地构建数据驱动下的高校数据治理体系，推动高校数据资产利用科学化、规范化、精细化，保障管理、服务过程中的数据共享及交换的安全性、稳定性。高等教育管理信息化标准建设对于激发高校治理创新活力、盘活高校数据资产具有重要作用。基于数据全生命周期规范体系，高等院校能够深层次、多方面、高效率挖掘现有数据，进一步扩大算力设施规模，优化算法应用，实现对多元数据的分类评价和综合利用，为高校治理决策提供翔实数据支撑。

与此同时，信息化标准的完善优化能够更好地关切管理服务过程中的用户需求，真正构建以人为本的高等教育数据治理生态。随着新信息技术在高等教育领域的应用逐渐深入，高校师生及行政人员对于信息化支撑下的体验需求不断上升。这需要信息化标准建设者以用户需求为中心，落地一批实用性较强且能够落地的业务数据管理和操作规范，同时注重完善高校数据和隐私标准，进而指引师生、行政人员按照标准规范有序采集、处理、交换及传输教学、科研及办公信息，以及正确应对技术应用存在的各类风险。

附录一　高校信息化评价投入指标体系

一、治理体系（150分）

二级指标	三级指标	评价标准与主要观测点	分值	实施细则
领导力 （55分）	领导机构 （20分）	成立学校主要领导为组长的网络安全和信息化建设领导小组，领导小组办公室设在信息化职能管理机构，信息化建设职能分工明确	15	网络安全和信息化工作领导小组组长（单选）： A. 正校级（10分）；B. 副校级（7分）；C. 其他（0分）； 领导小组办公室职责明确，机构设在（单选）： A. 信息化职能部门（5分）；其他部门（1分）
		发布阶段性的信息化建设规划及行动计划，作为学校信息化服务建设的行动纲领	5	制定信息化中长期规划（单选）： A. 具有5年专项规划（5分）； B. 纳入学校5年总体规划（3分）； C. 没有5年规划（0分）
	顶层设计 （30分）	制订全校信息化建设年度工作计划，强化推进的整体性与协同性，二级单位或部门的信息化工作纳入学校年度考评价	20	制定信息化年度规划（单选）： A. 是（5分）；B. 否（0分） 信息化年度规划具有明确的任务设计、责任分工和时间安排等清单（单选）： A. 是（10分）；B. 否（0分） 信息化是否纳入学校年度考核（单选）： A. 是（5分）；B. 否（0分）
	智库建设 （5分）	成立由校内外信息化专家组成的专家委员会，开展建设规划和重大工程的咨询	5	召开年度建设规划和重大工程的专家咨询、论证（单选）： A. 是（5分）；B. 否（0分）

二级指标	三级指标	评价标准与主要观测点	分值	实施细则
执行力（75分）	专职技术部门（5分）	有独立设置的技术部门，负责智慧校园建设工作	5	具有独立设置的（单选）信息化专职部门负责智慧校园建设工作，部门名称（填空）：A.正处级（5分）；B副处级（2分）；C.科级（1分）；D.无（0分）
	资金保障（25分）	由网络安全和信息化建设领导小组统筹预算学校信息化建设专项经费和日常运维经费	10	学校信息化建设专项经费和日常运维经费由网络安全和信息化工作领导小组办公室归集统筹：A.是（15分）；B.否（0分）
		近3年学校年均信息化建设总投入经费不少于学校预算开支经费的2%（统计口径覆盖全部专职技术支撑部门，学院系所及行政管理部门）	15	本年度学校信息化总投入经费（万元）占预算开支总经费（万元）的比例（根据填入数据，系统公式计算赋分）：A.2%以上（10分）；B.1.5—2%（5分）；C.1.5%及以下（3分）
	队伍建设（30分）	专职技术部门配备教育或信息技术学科的专业人员，专职人员配比（师生数与专职机构人员数）不小于700：1	15	学校专职技术部门人员配比（专职人员与师生数之比）：A.大于等于1：700（15分）；B.小于1：700，大于等于1：900（12分）；C.小于1：900（5分）；专职技术部门人数占教职工总数：A.大于等于4%（15分）；B.小于4%，大于等于3%（12分）；C.小于3%（5分）
		院、系、所及行政机构有明确的信息化分管领导，配备信息化专管工作人员	5	职能部门和二级学院具有明确的网络安全和信息化主管领导：A.是（3分）；B.否（0分）；二级部门配备信息化专管人员：A.是（3分）；B.否（0分）

续表

二级指标	三级指标	评价标准与主要观测点	分值	实施细则
执行力 （75分）	队伍建设 （30分）	根据信息化行业薪酬的特殊性，创新用人机制，建立健全信息化专职队伍的薪酬管理体系，完善信息化专职队伍的职称晋升通道	10	在编信息化专职人员人均薪酬是否达到到学校人均薪酬（单选）： A. 达到或超过（5分）；B. 未达到（3分）；C. 不知道（0分） 学校信息化专职人员副高以上技术职称是否达到到学校平均职称（单选）： A. 达到或超过（5分）；B. 未达到（3分）；C. 不知道（0分）
	运维体系 （15分）	设立信息化服务咨询的电话一号通	5	具有一号通信息化服务、咨询热线电话（单选）： A. 是（5分）；B. 否（0分）
		提供桌面级的故障处理	5	提供办公计算机、智能终端等信息设备桌面级维护服务（单选）： A. 是（5分）；B. 否（0分）
		构建信息化服务综合管理平台，实现网络服务、信息化应用的可视化系统监控	5	建有网络安全、网络服务、应用系统等稳定运行和故障监测的即时信息提醒系统（单选）： A. 是（5分）；B. 否（0分）
	信息化领导力培训（10分）	面向校领导、学院、系所及管理部门的负责人，开展信息化应用或信息技术专家讲座，每年至少2次	10	本年度面向中层以上干部专家讲座次数（单选）： A.2次及以上（10分）；B.1次（5分）；C.无（0分）
信息素养 （20分）	师生信息素养培训（10分）	面向全校师生，通过校内网络媒体，开展信息化应用，理念及安全等信息素养培训每年不少于20篇（次）。	10	面向全校师生，通过校内网络媒体，开展信息化应用，理念及安全等信息素养或宣传篇数（单选）： A.20次（篇）及以上（10分）； B.12次（篇）及以上（6分）； C.6次（篇）及以上（3分）； D.6次（篇）以下（0分）

二、智慧环境（250分）

二级指标	三级指标	评价标准与主要观测点	分值	实施细则
基础网络（45分）	通信网络（35分）	全网支持IPv6，校园网接入中国教育和科研计算机网	15	IPv6部署情况（单选）： A. 全网支持（12分）； B. 汇聚层、核心层支持IPv6（10分）； C. 学校主要网站支持IPv6（8分）； D. 未部署（0分） 接入中国教育和科研计算机网（单选）： A. 是（3分）；B. 否（0分）
		校园网骨干带宽10G以上，万兆到楼宇，千兆（百兆）到桌面	10	校园网络带宽（单选）： A. 万兆到楼宇，千兆（百兆）到桌面（10分）； B. 千兆到楼宇，百兆到桌面（8分）
		实现校园有线网络和无线网络全覆盖	10	校园有线网络和无线网络部署情况（单选）： A. 有线、无线网络全覆盖（10分）； B. 有线网络全覆盖，无线网络部分覆盖（7分）； C. 两者皆为部分覆盖（5分）
	专用网络（10分）	根据不同业务需求，设置逻辑子网或物理专网	10	专有网络部署情况（多选）（5个选项以上得10分，每个2分计算）： A. 安防专网； B. 保密（机要）专网； C. 标准化考场逻辑子网； D. 一卡通逻辑子网； E. 财务逻辑子网； F. 课堂教学逻辑子网； G. 其他专网

二级指标	三级指标	评价标准与主要观测点	分值	实施细则
教学设施（45分）	多媒体教室（5分）	多媒体教室的比例达到100%；多媒体教室至少配备设备中央控制系统、投影仪、计算机或配备云桌面终端、自动幕布或电子屏	5	教室总数（ ）间；多媒体教室数量（ ）间；多媒体教室的比例达到：A.100%（5分）；B.高于80%（3分）；C.低于80%（0分）
	智慧教室（20分）	智慧教室的比例≥15%。智慧教室在多媒体教室的基础上，整合前沿科学技术，通过智能终端、控制设备、软件工具、优质资源等应用与课堂教学的深度融合，实现课堂管理、教学互动、数据采集、教学评价、资源获取、智能录播、跨域拓展、环境感知等功能	20	智慧教室数量（ ）间；智慧教室功能包括（多选）：A.大屏一体机；B.空间管理（包括预约、考勤等功能）；C.物联网管理设备设施；D.智能录播；E.互动教学软件；F.空调；G.其他（智慧教室数量达标得10分，比例达到10%及以上得5分，功能每项得2分，最高得10分）
	学习共享空间（10分）	学习共享空间是学生自主学习、小组研讨、学术沙龙、师生互动交流的场所，配备终端、大屏、音响等设施。学习共享空间配比（师生数与学习空间数）不小于2000：1	10	学习共享空间数量（ ）间；功能达到评价标准要求，学习共享空间与学生数配比：A.大于等于1：2000，（10分）；B.大于等于1：3000（7分）；C.大于等于1：5000（3分）
	虚拟仿真实验实训（10分）	建有虚拟仿真实验教学中心、虚实融合实验室、信息化实验实践场所等教学空间和环境	10	虚拟仿真实训教室数量（ ）间；虚拟仿真实验教学空间与学生数的配比：A.大于等于1：3000（10分）；B.大于等于1：5000（6分）；C.1：5000以下（4分）

一级指标	二级指标	评价标准与主要观测点	分值	实施细则
数据中心（20分）	计算和存储能力（20分）	采用云计算技术架构，统一提供服务器、存储等计算资源和操作系统、数据库等系统软件。具有在线申请、统一分配、动态管理，无缝扩容等功能。及时支撑全校信息化发展需求，且有20%以上冗余	20	学校中心机房服务器建设方式与功能（多选）： A. 统一采购，集约化部署计算资源和储存资源； B. 具有在线申请、动态管理，无缝扩容等功能（10分）
校园安防（30分）	视频监控覆盖（15分）	高清视频监控覆盖学校主要公共区域，重点区域通过图像识别技术实现火灾、防盗、边界环境安全的自动感知预警	15	校园安防监控具有以下功能（多选）（每项按3分计算）： A. 高清视频全覆盖； B. 视频保存时间大于30天； C. 校园出入口实现人脸识别通过； D. 实现烟火、热感消防预警； E. 重点部位实现边界预警
	集中管控中心（5分）	具备全天候服务的集中管控中心	5	建有校园安防集中管控中心，实现全校安防视频大屏集中呈现（单选）： A. 是（5分）；B. 否（0分）
	门禁管理（10分）	采用刷卡、指纹、手机或人脸识别等多种技术手段，实现分层分级的综合应用	10	校园楼宇、办公室、教学空间门禁实现功能（多选）（实现两个及以上10分，单个5分）： A. 刷卡；B. 指纹；C. 密码；D. 人脸识别
能耗管控（35分）	校园节能（15分）	通过人工智能、物联网等技术，实现楼宇、教室、道路灯光等公共区域智能控制	15	办公楼宇、教室、道路等公共区域的节能管控覆盖情况（单选）： A. 全覆盖（15分）；B. 部分覆盖（10分）；C. 未覆盖（0分） 实现方式（多选）： A. 人工智能（图像识别）；B. 物联网；C. 红外感知；D. 声控；E. 光控

续表

二级指标	三级指标	评价标准与主要观测点	分值	实施细则
能耗管控（35分）	能耗管控中心（20分）	应用物联网、大数据、网络通信等技术，采集校园能耗数据，实现校园能耗集中式管控与展现	20	应用物联网、大数据、网络通信等技术，采集校园能耗数据，实现校园能耗集中式管控与展现（单选）： A. 实现水、电能耗数据采集，数据实时展现（10分）； B. 实现水电能耗其中一项数据采集，展现（5分）； C. 没有实现（0分） 电能耗数据采集终端是否具有过流、过压、烟雾报警等安全防护功能（单选）： A. 是（5分）；B. 否（0分）
基础平台（75分）	统一身份认证（15分）	构建全局唯一的校园电子身份，实现自适应、多终端（Windows、iOS、Android）、多平台、多形式（用户名密码、手机短信、二维码、人脸识别）的统一身份认证	15	统一身份认证实现情况（多选）： A. 建立全局唯一用户认证体系，实现校园业务系统一个账号、一个密码、单点登录，应用漫游（5分）； B. 实现用户名密码、短信动态密码、二维码、钉钉、微信、QQ、人脸识别等两种及以上的登录方式认证（5分）； C. 具有通过短信、邮件、钉钉或微信等方式实现自主修改或找回密码功能（5分）
	信息门户（15分）	集成校园信息化应用展现及系统漫游，兼容多种浏览器，实现师生个性化信息服务	15	信息门户实现（多选）： A. 通过信息门户或办事大厅实现学校信息系统集中呈现，一网通办（4分）； B. 支持个性化门户界面定制（5分）； C. 兼容三种以上主流浏览器访问（3分） 学校信息门户实现单点登录漫游覆盖率： A. 80%以上（3分）； B. 60%—80%（1分）； C. 60%以下（0分）

续表

二级指标	三级指标	评价标准与主要观测点	分值	实施细则
基础平台（75分）	数据交换中心（15分）	建立可视化数据交互平台和数据治理中心，按需实现校园信息系统之间同构与异构、结构化与非结构化的数据交换和应用	15	数据中心建设情况（多选）： A. 具有明确的数据交换规则、交换策略、数据源和数据维护责任清单（5分）； B. 具有可视化数据交互平台和数据交换工具，能对外提供统一的数据调用接口（5分）； C. 建有数据治理中心，实现数据清洗和数据转换，确保数据精准有效（5分）
	流程平台（10分）	具有学校统一的业务流程管理公共平台，实现管理流程的定义、调度等功能的集中管理	10	建有规范、标准、统一的业务流程管理公共平台： A. 是（4分）；B. 否（0分） 建有标准化的表单引擎，支持流程定义、流程交互、流程配置： A. 是（2分）；B. 否（0分） 实现流程的可视化报表统计与管理： A. 是（2分）；B. 否（0分） 支持流程消息提醒： A. 是（2分）；B. 否（0分）
	网站群平台（10分）	建有统一标准、统一规范、统一技术架构的网站群，实现所有部门门级网站的统一管理和维护	10	站群建设（多选）： A. 具有全校统一的站群系统（5分）； B. 职能部门和二级学院网站90%以上纳入站群建设、管理（5分）
	一卡通平台（10分）	建设校园一卡通平台，实现校园"一卡通"的应用格局，支持校园卡身份识别和无现金支付	10	本校一卡通系统实现的服务功能数量（多选，5个以上10分，缺一个扣2分）： A. 学生证；B. 洗浴卡；C. 购物卡；D. 考勤卡；E. 水卡；F. 银行卡；G. 校内乘车卡；H. 门禁卡；I. 饭卡；J. 图书卡；K. 其他

三、智慧教育（400分）

一级指标	二级指标	三级指标	评价标准与主要观测点	分值	实施细则
	智慧教学（180分）	教学平台（20分）	建有统一的网络教学平台（PC端、移动端）和师生空间，有效支撑课堂教学、网络教研、在线学习、在线考试、质量评价等教学活动	20	建有统一的网络教学平台和师生空间（多选）： A. PC端平台（3分）； B. 移动端平台（3分） 网络教学平台点击率（点击数/学生总数） A. 大于等于5（6分）； B. 小于5（3分） 通过平台或空间开展（每项1分，满分8分。多选）： A. 在线交互教学；B. 学习；C. 教研；D. 答疑；E. 讨论；F. 作业；G. 考试；H. 互评；I. 小组讨论；J. 资源分享等活动
		资源应用（50分）	学校资源建设具有统一规划、统一部署、统筹建设的机制与平台，实现资源便捷搜索、服务按需推送等有效应用	15	学校建有统一资源分类标准（单选）： A.（5分）；B. 否（0分） 学校建有统一入口、集中呈现的资源平台（单选）： A. 是（10分）；B. 否（0分）
			国家或省级在线开放课程、线上线下混合课程、虚拟仿真项目、资源共享课、视频公开课、行业资源等不少于学校开设课程总数的1%	15	学校精品课程、一流本科课程、国家资源库等在线课程或资源数量：国家级（）门（项）、省级（行业）（）门（项），满分限15分 （国家级每项5分、省级每项2分，满分限15分）
			自建网络课程、慕课课程、SPOC课程、系列微课等数字化课程资源占全校课程的30%以上	10	具有网络课程、资源建设考评制度（单选）： A. 是（3分）；B. 否（0分） 列入教学单位和教师教学业绩的年度考核（单选）： A. 是（7分）；B. 否（0分）

续表

二级指标	三级指标	评价标准与主要观测点	分值	实施细则
智慧教学（180分）	资源应用（50分）	建有一定规模、形式多样的专题知识库、课程试题库等学科专业特色资源，数量不少于二级学科总数的15%	10	二级学科专业知识库、试题库等学科资源数量占总授课课程比例： A.15%及以上（10分）； B.10%及以上（6分）； C.10%以下（3分）
		以学生为中心，应用信息技术探索教与学方法，改革创新课堂教学模式。制定考核、评价和激励机制，促进技术与课堂教学有效深度融合	20	制定课堂信息化教学考评激励机制，信息化教学纳入岗位聘任、职称评审、授课酬金、奖金分配等学校相关政策文件（10分）： A.是（10分）；B.否（0分）； 覆盖30%以上专职教师的信息化课堂教学素养和能力培训，每学年4次及以上（4分）： A.是（4分）；B.否（0分）； 教师在国家、省级教学信息化竞赛中获特等奖或一等奖，省级每项1分，国家每项2分，满分6分。勾选
	课堂教学（55分）	通过智慧化课堂学习环境，实现课前、课中、课后等环节线上线下的教学创新	35	为师生提供信息化教学工具下载的服务、教室装有上课、交互和直播等常用课堂教学和学习工具（5分）： A.是（5分）；B.否（0分）； 50%以上中青年专任教师能熟练运用信息技术（软件、工具）进行课堂教学或在线直播（15分）： A.是（15分）；B.否（0分）； 具备网络教学功能的课程（课前预习、课后作业、课堂讨论等教学环节）占开设线上课程总数的： A.50%及以上（15分）；B.30%及以上（10分）； C.15%及以上（6分）

续表

二级指标	三级指标	评价标准与主要观测点	分值	实施细则
智慧教学（180分）	实践教学（25分）	开展虚拟仿真、虚实融合、远程交互等智慧实践教学，实践教学信息化课程数不少于实践课程数的15%，实验实训设施管理实现综合查询、服务预约、绩效分析等功能	25	根据教学计划，学校统筹建设虚拟仿真、虚实融合、远程交互等实践实训项目（2分）：A. 是（2分）；B. 否（0分）。实践教学信息化课程数不少于实践课程总数15%（5分）：A. 是（5分）；B. 否（0分）。建立统一的实践教学管理平台（6分）：A. 实现综合查询（1.5分）；B. 服务预约（1.5分）；C. 实验室监控（1.5分）；D. 绩效分析等功能（1.5分）。年度获得虚拟仿真实训基地、一流课程等省级项目（　）项，国家级项目（　）项（备注：省级项目1项4分，国家级1项12分，总分12分）
	教学质量（30分）	具有实时、准确、完整的教学过程信息采集机制，通过信息采集、数据分析、质量预警等功能，建立专业、课程、学生成长、教师发展等教学工作诊断与改进管理平台，运用平台实现常态化教学管理、质量监控和精准教学	16	（多选）教学管理系统监测学生学习过程能力，包括（每项1分，满分8分）：A. 提供学生专业概况与培养计划；B. 课程大纲；C. 课表；D. 论文；E. 实习；F. 作业；G. 成绩与学分绩点；H. 学业预警等个人信息查询。实现常态化教学质量的主要流程管理，包括（每项1分，满分8分）：A. 课程审修订；B. 排课；C. 排考；D. 学籍异动；E. 选课；F. 监考；G. 成绩登记；H. 成绩异常警示和毕业生审核等教务教学活动的信息化管理

续表

二级指标	三级指标	评价标准与主要观测点	分值	实施细则
智慧教学（180分）	教学质量（30分）	具有实时、准确、完整的教学过程信息采集，通过信息采集、数据分析、质量预警等功能，建立专业、课程、学生成长、教师发展等教学工作诊断与改进管理平台，运用平台实现常态化教学管理、质量监控和精准教学	14	构建教学质量管理平台，开展学生、教师、督导和分管领导在线评教，及时生成教学状态数据报告，为教学误差纠正、教学质量改进、精准实施教和教学业绩考核提供信息服务（10分）A.是（10分）；B.否（0分）通过标准化考场系统实现教学巡课和巡考（4分）A.是（4分）；B.否（0分）
智慧科研（10分）	科研协作（10分）	建有校际或校内项目协作和交流服务平台，提供科研数据、环境资源等科研要素共享；具有科研项目申报、管理、跟踪、信息查询和统计分析等服务能力	10	建有科研协作和交流服务平台（3分）：A.是（3分）；B.否（0分）运用平台实现校际、社会、校内科研项目协作（每一类协作项目1分，满分3分）：A.校际协作；B.社会协作；C.校内协作平台具有科研项目申报、管理、跟踪、信息查询和统计分析等功能（每项1分，满分4分）：A.申报功能；B.管理功能；C.跟踪功能；D.信息查询和统计分析功能
智慧管理（105分）	管理信息化覆盖率（20分）	学校办公、人事、教务、学工、财务、科研、资产、后勤等部门管理信息化的应用覆盖率达到100%	20	办公、教务、学工、财务、人事、科研、档案、后勤等业务部门信息系统实现100%覆盖（20分，每个系统2分，10个以上业务系统满分）：A.办公；B.教务；C.学工；D.财务；E.人事；F.科研；G.档案；H.后勤；I.医务；J.校友

续表

二级指标	三级指标	评价标准与主要观测点	分值	实施细则
智慧管理（105分）	跨部门协同（25分）	以信息化推动扁平化校务治理改革，再造业务管理流程，实现跨部门的应用整合，核心协同管理业务实现率100%	25	具有信息化推动校务治理数字化改革的工作举措和政策（单选）：A. 是（5分）；B. 否（0分）。实现跨部门，跨系统协同应用实现"一件事联办"（每项2分，满分20分）包括：A. 迎新；B. 离校；C. 外事出国；D. 财务报销；E. 物资采购；F. 科研信息审核；G. 学籍异动；H. 奖助贷；I. 公务出差；J. 职工信息使用
	大数据管理决策（30分）	开展大数据挖掘，为人才培养、科学研究、校务治理、社会治理等提供综合性、多维度的数据分析，趋势判断和精准决策支持	30	建成数据治理平台，实现结构化、半结构化和非结构化数据的交互，具有用户可视化、可定义的采集工具和画布工具（单选）：A. 是（10分）；B. 否（0分）。开展多维度的校情数据分析，服务学校人才培养、科学研究、校务治理、科学决策和社会服务等（每项5分，满分20分）包括：A. 人才培养；B. 科学研究；C. 校务治理；D. 科学决策；E. 社会服务
	校园管理（30分）	开展人工智能、物联网、智能机器人等前沿技术在校园管理和服务中的创新应用	30	具有统一的生物特征（人脸、指纹、声音等）数据采集管理平台，通过应用和数据标准接口，实现生物特征"一数一源、一源复用"（单选）：A. 是（10分）；B. 否（0分）。人工智能、物联网、智能机器人在校园管理中的应用（多选）（每项4分，最高20分）：A. 考勤；B. 支付；C. 图书借阅；D. 车辆识别；E. 智能咨询；F. 其他

续表

二级指标	三级指标	评价标准与主要观测点	分值	实施细则
智慧服务（105分）	网上办事（30分）	构建网上办事大厅，推动学校"最多跑一次"管理改革，公开业务部门的"责任清单、审批清单和服务清单"，校园办事"最多跑一次"实现率≥85%	30	学校网上办事大厅事务总数量（ ）项，"零跑腿"事项（ ）项，年度月均办理事务（ ）人次。 "零跑腿"事项占总事项数的80%以上（5分）： A. 是（5分）；B. 否（0分） 月均办理事务人次/（学生总数+在编教职工总数）： A. 大于等于2（25分）；B. 大于等于1.5，小于2（20分）； C. 小于2，大于等于1（15分）；D. 小于等于1（10分）
	大数据师生服务（30分）	依托数据交换中心，构建师生成长档案，提供综合数据查询和自动填表服务，推进"最多填一次"工程，避免或减少不同管理部门的重复填表	30	建成师生工作、学习、社会实践，科研和获奖等信息的"一人一表"基础数据库（10分）： A. 是（10分）；B. 否（0分） 提供综合数据查询和分析服务（5分）： A. 是（5分）；B. 否（0分） 信息自动填报服务（系统从师生基础数据库采集数据自动生成报表）（每项3分，满分15分）（多选）： A. 职称评审；B. 年度考核；C. 人才项目评审；D. 教学业绩考核；E. 科研项目审核
	校园自助服务（15分）	基于服务终端，提供打印、缴费、查询等自助服务	15	公共区域设置多业务融合的自助服务终端，提供以下服务（多选）： A. 提供学生成绩；B. 收入证明；C. 在职证明；D. 学籍证明（在读证明）；E. 计算机等级考试证明；F. 毕业证明；G. 无犯罪记录证明；H. 户籍证明；I. 英语等级证明等等事项查询打印服务（每项1分，满分9分） 提供考务费，水电费充值缴费服务（3分）： A. 是（3分）；B. 否（0分）

续表

二级指标	三级指标	评价标准与主要观测点	分值	实施细则
智慧服务（105分）	校园自助服务（15分）	基于服务终端，提供打印、缴费、查询等自助服务	15	提供A.网上办事大厅，B.校园通知，C.后勤报修等信息服务（3分）。多选
	移动服务（30分）	开展校园事务办理、信息查询、生活服务等移动化应用，由统一平台提供移动服务，校园移动服务实现率≥85%	30	校园事务办理智能终端实现率：A.大于85%（30分）；B.大于70%小于等于85%（20分）；C.大于50%小于等于70%（10分）；D.小于50%（0分）

四、网络空间安全（100分）

二级指标	三级指标	评价标准与主要观测点	分值	实施细则
基础网络安全（55分）	管理措施（10分）	制定体系化的网络与信息安全管理制度及网络与信息安全突发事件应急预案	5	网络安全管理措施（多选）（每项1分）：A.制度完善；B.网络安全责任人明确；C.具有网络安全、设备安全预警及应急预案；D.参加省教育厅年度教育网络安全培训班培训；E.操作规程和相关记录完善
		按照《信息安全等级保护管理办法》，开展网络与信息系统的定级测评工作	5	完成信息安全等级保护测评、备案（单选）：A.是（5分）；B.否（0分）
	机房环境（5分）	符合《电子计算机场地通用规范》（GB/T2887）和《计算机场地安全要求》（GB/T9361）	2	机房安装精密空调，机房建筑符合防火、防雷、防水、防尘、防鼠害等国家标准要求：A.是（2分）；B.否（0分）
		配备不间断电源（≥2小时），环境监测、视频监控、门禁管理等设施	3	1.配备不间断电源（≥2小时）和环境（温湿度）监测（1分）：A.是（1分）；B.否（0分）

续表

二级指标	三级指标	评价标准与主要观测点	分值	实施细则
基础网络安全（55分）	机房环境（5分）	配备不间断电源（≥2小时），环境监测、视频监控、门禁管理等设施	3	2. 配备视频监控、门禁管理等安全设施（2分）：A. 是（2分）；B. 否（0分）
	网络结构（5分）	采用分层拓扑网络架构，可分层实现基于端口、网段及协议的访问控制	5	分层实现基于端口、网段及协议的访问控制：A. 是（5分）；B. 否（0分）
	技术措施（35分）	校园网络配置检测防护，网络入侵设备，能及时发现系统风险和漏洞，具备主动防御、安全告警、行为和日志审计等功能	35	网络安全设备配置情况（多选）（每个选项5分，最高35分）：A. 防火墙；B.DDoS攻击防护；C. 上网行为管理；D.IPS；E.WAF；F. 堡垒机；G. 日志审计；H. 数据库审计系统；I.VPN；J. 其他
	主机安全（5分）	配置主机安全策略，根据不同系统权限限制用户对系统资源的访问	5	配置主机安全策略，根据不同系统权限限制用户对系统资源的访问：A. 是（5分）；B. 否（0分）
主机与应用安全（20分）	应用安全（15分）	具有专业的安全渗透测试与漏洞发现服务	15	新应用实行上线前安全渗透测试与漏洞扫描（5分）：A. 是（5分）；B. 否（0分）；定期（每年不少于1次）对各类应用进行专业的安全渗透测试服务（5分）：A. 是（5分）；B. 否（0分）；安装防恶意码软件并定期升级恶意码库（2分）：A. 是（2分）；B. 否（0分）；配置相应产品或购买相关服务进行漏洞发现（3分）：A. 是（3分）；B. 否（0分）

续表

一级指标	二级指标	三级指标	评价标准与主要观测点	分值	实施细则
内容安全（15分）	应急响应（15分）		及时处理各类安全预警	5	年度收到上级网络预警安全通报（ ）起，及时处理（ ）起； 备注：通报数＝处理数、得分，通报数＞处理数，不得分
			根据网络与信息安全应急预案，快速处理安全事件	10	年度是否发生网络安全事件（单选）： A. 未发生（10分）； B. 发生1起及以上网络安全事件，但未造成较大影响（扣5分）； C. 发生1起网络安全事件，造成较大负面影响（扣50分）； D. 发生造成恶劣影响的网络安全事件（扣100分）
	存储安全（5分）		具有数据备份策略和灾备系统，对重要数据进行实时备份	5	具有数据备份灾备份系统及相关策略（单选）： A. 是（5分）；B. 否（0分）
数据安全（10分）	数据保护（5分）		执行数据信息使用规范，防止学校核心数据和师生个人信息泄漏	5	制定数据管理办法，对数据进行分级分类管理（1分）： A. 是（1分）；B. 否（0分） 对重要敏感数据的存储应进行加密（1分）： A. 是（1分）；B. 否（0分） 对重要敏感数据的使用，特别是师生个人信息的使用应进行脱敏，并征得本人同意（1分）： A. 是（1分）；B. 否（0分） 存有敏感数据的存储空间被释放或重新分配前应确保得到完全清除（1分）： A. 是（1分）；B. 否（0分） 建立应用系统全生命周期的数据保护措施（1分）： A. 是（1分）；B. 否（0分）

五、特色与创新（100分）

二级指标	三级指标	评估标准与主要观测点	分值	实施细则
特色与创新（100分）	技术应用创新（50分）	1. 前沿信息技术（主要包括人工智能、大数据、物联网等技术）与教育教学深度融合的创新应用，经评审具有推广价值的每一项应用（20分）； 2. 结合学校办学特色、专业特色办学难点，创新教育教学信息化应用，取得良好实绩，经评审具有推广借鉴意义的每一项加10分； 3. 促进智慧校园创新发展、可持续发展的考评激励机制、校企合作机制、市场化内部人机制，信息化内部治理机制，集约化建设机制、经费绩效管控机制、网络安全管控机制等方面的举措与实践，取得良好实绩，经评审具有推广价值的每一项加10分； 4. 入选省级优秀案例每项加10分；入选国家级优秀案例每项加20分； 5. 创新成果获本地市级新闻媒体报道每项加5分；省级新闻媒体报道每项加10分；国家级新闻媒体报道每项加15分； 6. 开展信息化学术（科学）研究，CSSCI收录期刊或国际核心期刊发表信息化相关论文每篇加20分；国家专利每项加20分；国家专利每项不超过两项，总分不超过100分。 说明：以上每一类加分项不超过100分。	100	此项需上传佐证材料，累计最高得分对应满分值100分，遵循折算计分，即某校此项实际得分＝某校此项累计得分／所有高校中此项累计最高得分 ×100。 主要观测点： 1. 入选年度省教育信息化改革或优秀案例； 2. 入选年度国家级教育信息化试点或优秀案例；评选机构（），案例名称（）； 3. 年度教育信息化创新成果获得国家、省、市新闻媒体报道； 4. 年度专业技术人员发表论文； 5. 年度专业技术人员获得专利或成果著
	体制机制创新（50分）			

附录二 2021 年浙江省参评本科院校教育信息化发展指数细目表

单位：分

学校名称	综合	治理体系	智慧环境	智慧教育	网络空间安全	特色与创新
浙江大学	836	116	203	327	100	90
西湖大学	735	122	216	252	100	45
中国美术学院	790	140	204	306	90	50
浙江工业大学	769	125	204	300	100	40
浙江师范大学	922	144	233	365	90	90
宁波大学	780	114	211	326	99	30
杭州电子科技大学	839	95	202	354	88	100
浙江理工大学	914	143	215	364	92	100
浙江工商大学	867	131	208	328	100	100
浙江中医药大学	757	117	189	339	97	15
温州大学	926	144	225	363	94	100
杭州师范大学	968	142	244	382	100	100
中国计量大学	834	134	213	348	99	40
浙江海洋大学	744	130	208	310	96	0

续表

学校名称	综合	治理体系	智慧环境	智慧教育	网络空间安全	特色与创新
浙江农林大学	839	110	211	346	97	75
温州医科大学	915	145	242	328	100	100
浙江财经大学	803	121	227	317	88	50
浙江科技学院	782	110	213	282	97	80
浙江传媒学院	900	144	238	358	100	60
嘉兴学院	928	142	222	364	100	100
湖州师范学院	815	139	216	330	95	35
绍兴文理学院	867	143	221	358	100	45
台州学院	838	147	219	335	97	40
丽水学院	680	113	200	274	93	0
衢州学院	667	111	210	252	84	10
浙江警察学院	869	150	232	337	95	55
浙江万里学院	795	134	217	320	94	30
浙江树人大学	846	145	228	321	82	70
宁波工程学院	828	125	216	311	96	80
宁波诺丁汉大学	755	130	206	314	100	5
宁波财经学院	796	137	194	305	95	65

续表

学校名称	综合	治理体系	智慧环境	智慧教育	网络空间安全	特色与创新
浙江越秀外国语学院	798	144	223	303	98	30
浙江开放大学	801	138	208	277	98	80
浙江外国语学院	755	128	210	302	95	20
浙大城市学院	785	104	167	315	99	100
浙大宁波理工学院	660	111	180	238	91	40
浙江音乐学院.	818	109	233	338	98	40
浙江水利水电学院	757	122	218	312	95	10
温州肯恩大学	#N/A	#N/A	#N/A	#N/A	#N/A	#N/A
杭州医学院	732	127	192	275	93	45
温州商学院	770	142	202	276	85	65
湖州学院	794	142	213	325	94	20
嘉兴南湖学院	654	117	198	245	94	0
温州理工学院	#N/A	#N/A	#N/A	#N/A	#N/A	#N/A
浙江工业大学之江学院	692	113	177	229	98	75
宁波大学科学技术学院	784	123	188	276	97	100
浙江师范大学行知学院	756	106	229	277	94	50
杭州电子科技大学信息工程学院	632	128	191	194	99	20

续表

学校名称	综合	治理体系	智慧环境	智慧教育	网络空间安全	特色与创新
浙江药科职业大学	717	121	189	286	96	25
浙江理工大学科技与艺术学院	785	137	212	346	85	5
浙江农林大学暨阳学院	714	137	206	242	99	30
温州医科大学仁济学院	780	125	242	313	100	0
浙江中医药大学滨江学院	747	117	189	339	97	5
杭州师范大学钱江学院	#N/A	#N/A	#N/A	#N/A	#N/A	#N/A
绍兴文理学院元培学院	691	100	204	279	98	10
浙江工商大学杭州商学院	464	60	152	152	100	0
中国计量大学现代科技学院	587	112	163	236	76	0
浙江财经大学东方学院	725	113	204	318	90	0
同济大学浙江学院	548	100	184	161	93	10
上海财经大学浙江学院	632	101	197	227	87	20
浙江广厦建设职业技术大学	873	150	232	331	100	60

注：浙江医药高等专科学校已经与浙江海洋大学东海科学技术学院合并为浙江药科职业大学，故本次未用浙江药科职业大学作为评估单位；浙江科贸职业技术学院已确定校名为浙江金华科贸职业技术学院，故本次采用浙江金华科贸职业技术学院作为评估单位；浙江广厦建设职业技术大学为高职本科层次，本书暂将其归为专科类院校；浙江开放大学为成人高校，本书暂将其归为本科类院校。#N/A为本次未参与测评院校。

附录三　2021年浙江省参评专科院校教育信息化发展指数细目表

单位：分

学校名称	综合	治理体系	智慧环境	智慧教育	网络空间安全	特色与创新
宁波幼儿师范高等专科学校	833	132	217	321	98	65
金华职业技术学院	957	146	238	373	100	100
宁波城市职业技术学院	921	149	232	355	100	85
浙江长征职业技术学院	661	126	162	263	100	10
浙江同济科技职业学院	935	146	220	379	100	90
浙江工商职业技术学院	894	148	209	337	100	100
台州职业技术学院	845	126	223	331	100	65
浙江工贸职业技术学院	804	130	224	315	100	35
浙江机电职业技术学院	932	149	241	343	99	100
浙江建设职业技术学院	926	147	239	375	100	65
浙江艺术职业学院	775	149	208	314	99	5
浙江经贸职业技术学院	920	150	232	363	100	75
浙江商业职业技术学院	800	123	201	304	97	75
浙江经济职业技术学院	949	149	249	361	100	90

续表

学校名称	综合	治理体系	智慧环境	智慧教育	网络空间安全	特色与创新
浙江旅游职业学院	929	145	235	360	99	90
浙江警官职业学院	886	149	223	364	100	50
浙江金融职业学院	887	144	228	335	100	80
浙江工业职业技术学院	914	140	222	372	100	80
杭州职业技术学院	895	150	212	358	90	85
嘉兴职业技术学院	954	146	245	363	100	100
湖州职业技术学院	713	139	171	274	99	30
衢州职业技术学院	852	146	230	352	99	25
丽水职业技术学院	770	134	215	268	98	55
义乌工商职业技术学院	804	140	236	313	100	15
浙江邮电职业技术学院	667	112	198	199	98	60
宁波卫生职业技术学院	823	135	208	300	100	80
台州科技职业学院	762	134	210	294	99	25
浙江体育职业技术学院	507	77	149	210	71	0
温州科技职业学院	857	144	241	292	100	80
绍兴职业技术学院	794	134	207	298	100	55
杭州科技职业技术学院	894	150	235	310	99	100
浙江育英职业技术学院	674	142	169	244	89	30

续表

学校名称	综合	治理体系	智慧环境	智慧教育	网络空间安全	特色与创新
嘉兴南洋职业技术学院	580	111	166	194	84	25
杭州万向职业技术学院	605	102	151	197	90	65
浙江汽车职业技术学院	711	149	201	261	100	0
温州职业技术学院	955	149	243	363	100	100
浙江交通职业技术学院	842	150	226	336	100	30
浙江东方职业技术学院	870	150	221	339	90	70
浙江横店影视职业学院	727	137	189	288	83	30
浙江农业商贸职业学院	623	118	195	185	95	30
浙江特殊教育职业学院	657	141	194	224	78	20
浙江金华科贸职业技术学院	363	101	107	101	54	0
宁波职业技术学院	934	149	233	367	100	85
浙江国际海运职业技术学院	654	130	188	242	84	10
浙江纺织服装职业技术学院	899	150	233	358	93	65
浙江安防职业技术学院	805	131	218	270	86	100
浙江舟山群岛新区旅游与健康职业学院	550	107	183	173	87	0
浙江宇翔职业技术学院	#N/A	#N/A	#N/A	#N/A	#N/A	#N/A

注：浙江医药高等专科学校已经与浙江海洋大学东海科学技术学院合并为浙江海洋大学，故本次采用浙江药科职业大学作为评估单位；浙江科贸职业技术学院已确定校名为浙江金华科贸职业技术学院，故本次采用浙江金华科贸职业技术学院作为评估单位；浙江广厦建设职业技术大学为成人高校，浙江开放大学为高职本科层次，本书暂将其归为本科类院校。#N/A为本次未参与测评院校。